Für meine wunderbaren Kinder Vica und
Jenyaa Taylor. Euer Lachen ist für mich
der Klang des Erfolgs.

SANDRA ANNE TAYLOR

GEHEIMNISSE DES
ERFOLGS

Die erstaunliche Gesetzmäßigkeit
hinter Wohlstand und Glück

Aus dem Englischen von Burkhard Hickisch

GOLDMANN
ARKANA

Die Originalausgabe erschien 2006 unter dem Titel
»Quantum Success. The Astounding Science of Wealth
and Happiness« bei Hay House Inc., USA.

FSC
Mix
Produktgruppe aus vorbildlich
bewirtschafteten Wäldern und
anderen kontrollierten Herkünften

Zert.-Nr. SGS-COC-1940
www.fsc.org
© 1996 Forest Stewardship Council

Verlagsgruppe Random House FSC-DEU-0100
Das für dieses Buch verwendete FSC-zertifizierte Papier
München Super liefert Arctic Paper Mochenwangen GmbH.

1. Auflage

Vollständige Taschenbuchausgabe Juni 2009
© 2009 der deutschsprachigen Ausgabe
Arkana, München
in der Verlagsgruppe Random House GmbH
© 2006 by Sandra Anne Taylor
Umschlaggestaltung: UNO Werbeagentur, München
Umschlagmotiv: FinePic, München und
gettyimages/Antar Dayal
Redaktion: Claudia Göbel
SB · Herstellung: cb
Satz: EDV-Fotosatz Huber/Verlagsservice G. Pfeifer,
Germering
Druck: GGP Media GmbH, Pößneck
Printed in Germany
ISBN: 978-3-442-21871-4

www.arkana-verlag.de

Inhalt

Einleitung

Countdown zum Erfolg

Mein Leben veränderte sich von Grund auf, als ich vor fast zwanzig Jahren zum ersten Mal mit der Quantenphysik in Berührung kam. Die neuen Erkenntnisse über die Wirkungsweise von Energie und Bewusstsein eröffneten mir eine andere Welt, die ich vorher nicht wahrgenommen hatte. Seit jenem Moment tausche ich mich mit Menschen auf der ganzen Welt und aus allen Lebensbereichen über diese wissenschaftlichen Ideen aus. Meine Gesprächspartner haben wie ich herausgefunden, dass sich die Muster der physikalischen Welt auf jede Situation anwenden lassen und zu erstaunlichen Ergebnissen führen.

Die Quantenphysik hat etwas Befreiendes, weil sie *uns* die Kontrolle über unsere Zukunft gibt. Sie wirkt inspirierend, weil sie es uns ermöglicht, unser Leben selbst zu gestalten. Was Sie in der Vergangenheit auch erlebt haben mögen – wenn Sie sich diese erstaunlichen universellen Kräfte erschließen, haben Sie Zugang zur wahren Quelle des Erfolgs.

Von der Wissenschaft lernen

Die meisten Menschen glauben, dass zufällige und unkontrollierbare Kräfte für ihre Lebensumstände verantwortlich sind, wie zum Beispiel ihr Familieneinkommen oder ihre soziale Stellung. Diese Vorstellung beruht jedoch auf einem Bild, das nicht der Realität entspricht und uns völlig machtlos erscheinen lässt. In Wahrheit bestimmen wir selbst unsere Erfahrungen durch unsere Interaktion mit den Gesetzen, die die Natur beherrschen.

In der physischen Welt gibt es viele energetische Muster, die wir uns zunutze machen können. Wenn es darum geht, bestimmte Ziele zu erreichen, sind daher die beiden wichtigsten natürlichen Faktoren: die Wissenschaft von der persönlichen Energie und die Wissenschaft von den Gesetzmäßigkeiten des Bewusstseins. Wenn wir die Erkenntnisse dieser Bereiche aktiv in unser Leben integrieren, ergeben sich grundlegende Veränderungen.

Sie kennen sicher die Redensart »Der Glaube versetzt Berge« oder den Satz »Wir erhalten das, worauf wir unsere Aufmerksamkeit richten.« Obgleich diese Aussagen richtig klingen, verbinden wir mit ihnen eine idealistische und irgendwie unpraktische Philosophie. Eigentlich beruhen die beiden Sinnsprüche jedoch auf grundlegenden Naturprinzipien – und das zwingt uns dazu, die Wissenschaft, die diese Prinzipien erforscht, näher zu betrachten.

Forscher aus dem Bereich der Quantenphysik haben herausgefunden, dass alles aus miteinander verwobenen Energiefeldern besteht. Was man einst für feste Materie hielt, besteht in Wirklichkeit aus pulsierenden energetischen Schwingungen, die wir mit unserer Aufmerksamkeit und unserem Willen beeinflussen können. Sie bestimmen nicht nur das individuelle Schicksal eines jeden Menschen, sondern auch das kollektive unserer gesamten Gattung. Tatsächlich gestaltet sich unsere Zukunft genau in diesem Moment.

Was wir mit unserer Aufmerksamkeit und unserer Energie *tun*, bestimmt den Verlauf unserer Erfahrungen. Wenn wir diese Wahrheit erkennen, kann sich unser Leben verändern. Selbst wenn es uns bisher nie bewusst gewesen ist: Die universellen Gesetze der Anziehung beeinflussen jeden Aspekt unseres Lebens, einschließlich unserer Arbeit, unserer Finanzen und Beziehungen.

Im Bereich der Quantenphysik offenbart die Unschärferelation, dass wir in einem Zustand endloser Möglichkeiten leben, für den wir selbst verantwortlich sind. Die Welt ist in einem permanenten Zustand des Fließens, in dem selbst eine kleine Energieveränderung eine sofortige und weitreichende Wirkung auslösen kann. Obwohl die meisten Kräfte des Universums nicht sichtbar sind, können sie doch mit erheblichen Folgen genutzt werden. Wir haben vielleicht nicht die Möglichkeit, ein Atom zu beobachten, aber den Effekt einer Atombombe bekommen wir sehr wohl mit – und unsere unsichtbaren persönlichen Schwingungen haben ebenfalls starke Auswirkungen. Um diese Kräfte für uns nutzbar zu machen, müssen wir jedoch bereit sein, Neuland zu betreten und unsere Innenwelt zu erforschen.

Die Zukunft hinter sich lassen

Viele Menschen fühlen sich wie in einer Tretmühle: Sie sind ständig in Bewegung, kommen aber nirgendwo an. Sie sind es leid, von der Arbeit nach Hause zu hetzen, von

Konferenzen zu privaten Verabredungen, und ihre ganze Zeit damit zu verschwenden, immer neue Aufgaben zu bewältigen und unbefriedigenden Verpflichtungen nachzukommen. Sie wechseln ständig von einer Beziehung zur anderen, von einem Projekt zum nächsten, immer in der Hoffnung, der neue Schritt möge ihnen bringen, was sie suchen. Sie fühlen sich leer und ausgebrannt und sehnen sich danach, frei und unabhängig zu sein. Sie wollen sich verändern, wissen aber nicht, wie, und wiederholen daher ständig ihre eingefahrenen Muster.

Wenn Ihnen das alles bekannt vorkommt und jede neue Enttäuschung nur Ihren bitteren Erfahrungsschatz vergrößert, dann fassen Sie sich ein Herz. Sie *haben* die Macht, sich ein anderes Leben zu erschaffen. Und nicht nur das: Die Quantenphysik zeigt, dass wir im Mittelpunkt einer Welt mit unbegrenzter Energie und einem unerschöpflichen Potenzial stehen. Wir müssen unsere Tage nicht damit zubringen, uns ohne wirkliche Befriedigung über die Runden zu schleppen. Die universellen Gesetze können den Dingen eine völlig neue Richtung geben.

Ich habe diese Prinzipien auf jeden Aspekt meines eigenen Lebens angewendet. Sie haben mir dabei geholfen, mich von einer Highschool-Lehrerin zu einer Lebensberaterin und einer internationalen Vortragsrednerin und Autorin zu entwickeln. Nach zwei gescheiterten Ehen hatte ich die Liebe schon fast abgeschrieben, aber dann entschied ich mich dazu, die universellen Gesetze auch auf diesen Bereich anzuwenden. Innerhalb eines Jahres traf ich meinen heutigen Mann, einen wahrhaft unterstützenden, liebenswürdigen, klugen und humorvollen Vertreter seines Geschlechts, der mein Leben auf unbeschreibliche Weise bereichert.

Die wohl erstaunlichste Erfahrung in Bezug auf diese verblüffenden Prinzipien der Quantenphysik spiegelt allerdings die Geschichte meiner beiden Kinder. Man erklärte meinen Mann und mich für verrückt, als wir zwei nicht miteinander verwandte Kinder im Alter von neun und zwölf Jahren aus einem russischen Waisenhaus adoptieren wollten. Ich wusste, dass die Gesetze der Wirkungsweise von Energie und Bewusstsein allgemeingültig sind. Wenn wir diese Gesetze richtig anwendeten, würden wir schon auf die Kinder stoßen, die am besten zu uns passten – und dies geschah tatsächlich.

Es war ein langer, komplexer Prozess voller »magischer« Ereignisse, die so einzigartig waren, dass ich ein eigenes Buch darüber schreiben könnte. Alles entwickelte sich positiv und führte zu vielen glücklichen Veränderungen in unserem Leben.

Darüber hinaus habe ich die Prinzipien der Quantenphysik fast zwanzig Jahre in meinen Beratungen und Seminaren auf der ganzen Welt gelehrt. Von Anfang an hörte ich viele Erfolgsgeschichten von Menschen, die meine Methoden im Privatleben und im Beruf umgesetzt hatten. Ein Klient gründete in seiner Garage eine Softwarefirma, die er später für fast sieben Millionen Dollar an eine andere Firma verkaufen konnte. Ein anderer überwand seine Depression und die Angst davor, eine schlecht bezahlte Arbeit in der Gastronomie zu kündigen. Er eröffnete ein eigenes Restaurant und einen Verpflegungsservice und wurde so erfolgreich, dass man ihn fragte, ob er aus seinem Service nicht ein landesweites Franchise-Unternehmen machen wolle.

Bei einem meiner Vorträge in Australien kam eine Frau mit einem Kinderwagen auf mich zu. Sie erzählte mir, dass sie vor ein paar Jahren mein Seminar zum Thema Liebe und Beziehung besucht hatte. Damals war sie allein gewesen, hatte sich aber von Herzen eine eigene Familie gewünscht. Nachdem sie von den Gesetzmäßigkeiten erfahren und die Methoden angewendet hatte, traf sie die Liebe ihres Lebens. Sie war gekommen, um sich bei mir zu bedanken und mir ihr Baby zu zeigen.

Ich erhalte aus allen Teilen der Welt E-Mails und Briefe mit ähnlichem Inhalt. Es macht mir große Freude, die Erfolgsgeschichten von so vielen Menschen zu hören, die das erreicht haben, was sie sich wünschten: eine Beförderung oder eine neue Arbeit, einen Lebenspartner, eine eigene Firma oder Familie. Einige berichteten sogar, sie hätten ihr Gewicht reduziert und sähen nun wesentlich jünger aus.

Alles, was sich diese Menschen erarbeitet haben, beruht darauf, dass sie die Wissenschaft des Erfolgs verstanden haben. Sie erkannten, dass alles möglich ist, wenn sie ihre Energie und ihre Aufmerksamkeit anders einsetzen. Manche der in diesem Buch vorgestellten Methoden mögen sich zwar vertraut anhören, letztlich liegt die Quelle unserer Problemlösungen jedoch in der universellen Kraft und der universellen Energie, die uns ständig zur Verfügung stehen. Auch Sie können sich diese machtvollen Ressourcen erschließen und Ihre Träume verwirklichen.

Ihr gewohntes Verhalten macht Sie unglücklich, und Sie blicken wenig hoffnungsvoll in die Zukunft? Sie können diese düstere Perspektive hinter sich lassen und augenblicklich die Weichen für eine neue, glückliche Zukunft stellen.

Der Weg zum Erfolg

Ein wichtiger Bestandteil Ihrer Selbstuntersuchung ist das Führen eines Erfolgsjournals. Früher hat man auf Reisen gern Tagebuch geführt. Auch das Streben nach Erfolg ist eine Art Reise. Daher werden die Aufzeichnungen Ihnen helfen, Ihr größtes Ziel zu erreichen. Ihre Reise kann immer wieder unterbrochen werden – Ihre Eintragungen dienen Ihnen dann als eine persönliche Landkarte, die Ihnen den Weg weist und Sie wieder auf Ihre Ziele ausrichtet.

In den einzelnen Abschnitten mache ich Ihnen Vorschläge dafür, was Sie in Ihr Tagebuch schreiben können. Als ersten Eintrag müssen Sie jedoch festhalten, wohin Ihr Weg Sie am Ende führen soll. Nehmen Sie sich ein wenig Zeit und schreiben Sie eine Wunschliste mit allem, was Sie sich im Leben erträumen. Ob es eine Million Euro ist, ein neues Haus, eine erfüllte Liebesbeziehung, eine Gehaltserhöhung oder ein ganz anderer Berufsweg – lassen Sie nichts aus, was Ihr Herz begehrt. Ergänzen Sie die Liste jedes Mal, wenn Ihnen etwas einfällt, nach dem Sie sich sehnen.

Intentionen

Sobald Sie mit Ihrer Liste fertig sind, sollten Sie jeden Punkt als gezielte Absichtserklärung formulieren. Wenn zum Beispiel eine Million Euro zu Ihren Wünschen zählt, können Sie schreiben: »Ich beabsichtige, Millionär zu sein.« Wenn Sie sich nach einem neuen Partner sehnen, sollten Sie schreiben: »Ich beabsichtige, einen liebevollen Partner zu finden. Ich ziehe in diesem Moment eine dauerhafte Liebesbeziehung an.« Wie Sie noch sehen werden, besteht ein wichtiger Schritt auf dem Weg zum Erfolg darin, Ihre Wünsche stets in Intentionen und Ihre Überzeugungen in Affirmationen zu verwandeln.

Dieser Schwerpunkt bildet auch einen wichtigen Teil Ihrer Verbindung mit den universellen Gesetzen. Damit nutzen Sie nämlich Ihre bewusste Wahrnehmung und Ihre Schwingungsenergie, um einen starken Einfluss auf Ihr persönliches Schicksal zu nehmen. Diese Verbindung ist so wichtig, dass Sie sie öfter unter die Lupe nehmen sollten. Immer wenn ich ein neues Projekt oder eine neue Aktivität beginne, versuche ich mir darüber klar zu werden, was zu diesem Zeitpunkt meine Intention ist. Auf diese Weise lenke ich meine ungeteilte Aufmerksamkeit auf das, was ich tue, und nehme eine Feinabstimmung der Schwingung vor, die damit verbunden ist. Selbst wenn es nur darum geht, einen neuen Tag zu beginnen – eine klare Absicht trägt viel dazu bei, sich in der richtigen Spur zu halten.

Affirmationen

Affirmationen werden von manchen schnell abgetan, obwohl sie ein sehr dynamischer Teil der persönlichen Energie sein können. Wenn wir uns nicht bewusst mit positiven Gedanken beschäftigen, ist die Wahrscheinlichkeit hoch, dass wir unbewusst negative Überlegungen anstellen.

Am Ende jedes Abschnitts finden Sie einige passende Affirmationen. Wählen Sie diejenigen, zu denen Sie sich am meisten hingezogen fühlen. Lesen Sie sich die Affirmationen oft durch und achten Sie darauf, dass Sie gleichzeitig Selbstwertgefühl und Selbstvertrauen affirmieren – unabhängig davon, womit Sie sich gerade beschäftigen. Wiederholen Sie die Sätze häufig vor dem Spiegel, und sprechen Sie sie in der zweiten und dritten Person Singular (*du* und *er* oder *sie*). Wenn Sie die Affirmationen laut aussprechen, verstärkt Ihre akustische Energie Ihre elektromagnetischen Schwingungen und verdoppelt dadurch Ihre Kraft.

Verändern Sie Ihre Affirmationen, sobald Sie mit neuen Themen beschäftigt sind. Vergessen Sie dabei nicht, auch das zu bekräftigen, was Ihnen dabei hilft, sich auf Ihre positiven Intentionen zu konzentrieren, sei es in Bezug auf Sie selbst, Ihre Ziele oder Ihre Lebensumstände. Das Universum wird Ihre Wünsche auf zahllosen Wegen positiv bestärken.

Schnelle Veränderung

Die Quantenphysik zeigt, dass es von einem Moment auf den anderen zu großen Energieumwandlungen kommen kann. Dies trifft auch auf uns zu, denn wir gestalten unser Leben in jeder Sekunde selbst. Der energetische Bereich ist immer bereit, auf unsere Schwingungen zu antworten – erschaffen Sie sich also Ihre Zukunft mit neuen Werkzeugen und mehr Möglichkeiten, Einfluss zu nehmen, als Sie jemals für möglich gehalten hätten! Dies ist ein wissenschaftliches Experiment, das Sie auf keinen Fall verpassen sollten.

Es geht darum, die wissenschaftlichen Erkenntnisse der Quantenphysik für unseren Erfolg zu nutzen. Die Wirklichkeit der Quantenphysik geschieht zwar auf der Zellebene, dennoch sind die quantenmechanischen Vorgänge nicht auf die Zelle beschränkt. Sie wirken vielmehr auch über große Entfernungen und halten sich nicht an eine lineare Zeit. Wenn Sie das Geheimnis des Erfolgs entdeckt haben, werden Sie Ihr Glück in jeder Zelle Ihres Körpers spüren und in jedem Moment Freude und Erfolg genießen.

Dieses Buch besteht aus sieben Kapiteln, und jedes von ihnen hat einen Abschnitt weniger als der vorangehende. Es handelt sich also um eine Art Countdown, der Sie durch die sieben wichtigsten Einflüsse auf Ihren persönlichen Erfolg führt. Wenn Sie die sieben Gesetze und die sechs Kräfte auf Ihrem Weg zum Erfolg nutzen, wird die Verwirklichung Ihrer Träume neuen Schwung bekommen.

Starten Sie Ihren Countdown jetzt: Machen Sie die Methoden, die ich Ihnen in diesem Buch vorstelle, zum aktiven Teil Ihres Alltags, und Ihr Erfolg wird sich schlagartig vervielfachen. Bald werden Sie feststellen, dass sich Ihr Lebensstil, Ihre berufliche Entwicklung, Ihre persönlichen Beziehungen, ja buchstäblich alles zu verändern beginnt. Sie werden sehen, dass nichts unmöglich ist, wenn Sie das erstaunliche Wissen der Quantenphysik nutzen. Ihre Seele ist mit dem Kraftwerk verbunden, das die gesamte Schöpfung mit Energie versorgt, und Sie sollten sich diesem universellen Strom jetzt öffnen – jener pulsierenden Energie, die Ihr Schicksal bestimmt. Wenn Sie das tun, wird Ihr Erfolg alle Erwartungen übertreffen.

Die sieben universellen Gesetze des Erfolgs

Wir leben in einer Welt, in der wunderbare Dinge geschehen, und wir können mit einem Gefühl der Verzauberung an das herangehen, was wir tun und erreichen wollen. Waren Ihre Wünsche bislang nur schwer fassbar, sollten Sie wissen: Eine Welt voller Kraft und Energie wartet nur darauf, Ihre Träume wahr werden zu lassen.

Was als Hexerei erscheint, ist eigentlich das Wirken der energetischen Welt. Was geheimnisvoll erscheint, ist das Ergebnis wissenschaftlich nachweisbarer Strukturen. Bewusstsein und Energie sind in ständiger Bewegung, sie schwingen innerhalb und außerhalb von uns in einem endlosen Freudenfest von Ursache und Wirkung. Dieser »magische« Teil des Prozesses ist für das menschliche Auge noch nicht einmal sichtbar. Die *unsichtbare* Macht des Universums ist keine mystische Erfahrung, sondern eine wissenschaftliche Tatsache.

Die Quantenwelt mit ihrer pulsierenden Kraft und ihren endlosen Möglichkeiten ist eine unleugbare wissenschaftliche Tatsache. Wir sind eine Schwingung im energetischen Gewebe dieser Welt, ein kreatives Bewusstsein, das nicht nur unser eigenes Schicksal, sondern auch das der Menschheit bestimmt. Wir sind – in diesem Moment – an einem großartigen Akt persönlicher und globaler Schöpfung beteiligt. Wenn wir lernen, die kosmische Energie in unserem Innern zu beherrschen, richten wir uns auf die universellen Gesetze aus. Sie ermöglichen es uns, Glück, Erfolg und positive Werte in einem Ausmaß hervorzubringen, das wir nicht für möglich gehalten haben.

Das Gesetz der Manifestation

Das erste universelle Gesetz des Erfolgs

Die erste Ursache entsteht im Geist. Alles fängt mit einer Idee an. Jedes Ereignis, jeder Zustand, jedes Ding ist zuerst eine geistige Vorstellung.
Robert Collier

Die Funktionsweise unseres Geistes offenbart faszinierende Möglichkeiten. Damit ist nicht nur die Kapazität gemeint, sich neue Informationen anzueignen und komplexe Probleme zu lösen, sondern auch die Fähigkeit, über den logischen Verstand hinauszugehen und in den Bereich der physikalischen Schöpfung vorzudringen. Unser Bewusstsein verfügt über diese Schaffenskraft und ist die Quelle, aus der heraus wir unser Leben aktiv gestalten können.

⚖ Das erste Erfolgsgesetz, das **Gesetz der Manifestation**, bezieht sich darauf, wie die Dinge entstehen. Im Bereich der Quantenphysik erzeugt ein bestimmtes Bewusstsein eine bestimmte Realität – dies trifft auch auf unsere persönlichen Lebensumstände zu.

In der modernen Wissenschaft existieren viele Theorien darüber, wie das Bewusstsein eine bestimmte Realität erschafft. Kosmologische Theorien versuchen zu erklären, wie das Universum entstanden ist. Einem solchen Ansatz zufolge ist unsere Welt viel zu komplex, als dass sie den heutigen Entwicklungsstand durch eine bloße Aufeinanderfolge zufälliger Ereignisse erreicht haben könnte. Vielmehr müsse sie das Ergebnis einer bewussten Intention gewesen sein. Eine andere Theorie erklärt, wie die physische Realität aus dem Rohmaterial des Universums erzeugt wird. Eine dritte Richtung befasst sich damit, wie das individuelle Bewusstsein eine Möglichkeit aus dem unendlichen Potenzial auswählt, das uns in jedem Moment zur Verfügung steht. Auch die Vorstellung von einer Realität, die erst vom Beobachter geschaffen wird – was damit zu tun hat, wie Teilchen und Wellen gemessen werden –, weist darauf hin, dass Intention und Bewusstsein zwei sehr reale Kräfte sind.

Die Theorien der Quantenphysik sind zwar faszinierend, aber wir befassen uns hier mit unserer *persönlichen* Realität. Es gilt als Tatsache, dass zum Beispiel der Beobachter eines Experiments allein durch seine Anwesenheit und Aufmerksamkeit bestimmte Dinge erzeugt. Wenden wir dies auf uns selbst an, erkennen wir, dass das Wirklichkeit wird, was wir über uns selbst denken und fühlen. Denken Sie einen Moment nach: Was nehmen Sie in der Regel an sich selbst wahr? Sind Ihre Beobachtungen eher negativ oder positiv? Was für eine Realität schaffen Sie sich auf der Grundlage dieser Wahrnehmungen?

Dies sind wichtige Fragen, und es ist hilfreich, sie in dem bereits erwähnten Tagebuch zu beantworten. Aber die Antworten sind nur der Anfang der gezielten Gestaltung unseres Lebens, da *unser Bewusstsein unsere Realität erzeugt.* Um zu verstehen, wie dies genau geschieht, müssen wir uns ansehen, was »Bewusstsein« ist und wie es als kreative Kraft in unserem Leben wirkt.

Wenn Sie diese Kraft in Aktion sehen wollen, brauchen Sie nur um sich zu schauen. Lässt man einmal die Diskussion darüber außen vor, wie höheres Bewusstsein Realität schafft und welche Bedeutung die natürliche Welt hat, so ist leicht nachzuvollziehen, wie unser Bewusstsein unseren Alltag bestimmt. Wenn ich beim Schreiben kurz innehalte und mich umschaue, kann ich sehen, wie dieses Bewusstsein überall am Werk ist: Die Wesensart des Straßenkünstlers aus St. Petersburg zeigt sich in seinem Gemälde, das bei mir an der Wand hängt. Mozarts Bewusstsein spielt mir über meinen CD-Player etwas vor; Charles Dickens' Energie überträgt sich auf mich, während ich vor dem Einschlafen einige seiner Zeilen lese. Und die Inspiration einer Glaskünstlerin, mit der ich eng befreundet bin, leuchtet mich an, wenn das Sonnenlicht eines ihrer Kunstwerke durchströmt. Das Bewusstsein des Tischlers erleichtert mir das Leben und das des Maurers beschützt mich durch das Haus, das er gebaut hat. Auf diese und vielerlei andere Weise beeinflusst mich täglich die kreative Kraft anderer, und ich werde Zeuge dafür, was Menschen alles erschaffen können.

Bringen wir nun noch die natürliche Welt mit ins Spiel und öffnen uns der Fülle einer Realität, die vom Bewusstsein erzeugt wird, dann sehen wir überall ihre Schönheit und ihre Kraft. Vom kleinen Stein auf dem Feldweg bis zum endlos erscheinenden Abendhimmel, vom Papierflugzeug eines Kindes bis zum landesweiten computergesteuerten Stromnetz begann alles mit geistiger Schaffenskraft. Für jede Form von Manifestation gilt: Alles existiert zuerst im Bewusstsein. Und obgleich nicht alles auch positive Auswirkungen hat, bringt es doch irgendetwas hervor. Bewusstsein erschuf das World Trade Center, und Bewusstsein zerstörte es.

※ In Bezug auf unser persönliches Leben manifestiert sich Erfolg – oder Misserfolg – zuerst in unserem Bewusstsein. Wenn wir uns umschauen und nur sehen, wie schwierig und unvollkommen sich alles gestaltet, ist dies ein Produkt unseres Geistes. Sehen wir Vollendung und Überfluss, entsteht auch diese Wahrnehmung zuerst in unserem Geist. Was auch immer sich uns zeigt, befindet sich zunächst im brodelnden Topf unserer bewussten Energie, wo gekocht wird, was wir später unser Leben nennen. Das Gesetz der Manifestation ist eindeutig: Wenn unser Bewusstsein unsere Realität erschafft, können wir nichts hervorbringen, was nicht zuvor in vollständiger geistiger Form in uns existiert. Wir können keinen Erfolg haben, wenn wir nicht vorher zweifelsfrei wissen, wie er aussieht und wie er sich anfühlt.

Was erzeugt unser Bewusstsein in diesem Moment?

Wenn unser Bewusstsein unser Schicksal hervorbringt, bedeutet dies nicht, dass wir unser Schicksal *bewusst* gestalten. Den meisten ist überhaupt nicht bewusst, wie sie die Umstände herbeiführen, in denen sie sich befinden. Sie wissen noch nicht einmal, *dass* sie ihre Situation selbst erzeugen. Sie nehmen das Leben als eine Abfolge von zufälligen Ereignissen wahr, auf die sie, von wenigen

Ausnahmen abgesehen, keinen Einfluss haben. Nur selten dämmert es dem einen oder anderen, dass er die eigene Erfahrung, wenn auch unbewusst, selbst heraufbeschworen hat.

Aus diesem Grund erfordert das Gesetz der Manifestation, dass wir uns bewusst werden, auf was wir in jedem Moment unsere Aufmerksamkeit richten. Die folgenden Fragen sollen Ihnen dabei helfen, diesen wichtigen Aspekt der Gestaltung Ihrer Zukunft nicht zu vergessen. Im nächsten Abschnitt werden Sie die unterschiedlichen Bereiche der Manifestation kennenlernen. Zunächst soll Ihnen diese Übung jedoch dabei helfen, sich über den Inhalt Ihrer Aufmerksamkeit klar zu werden.

Erfolgstagebuch

Beantworten Sie die folgenden Fragen in Ihrem Erfolgstagebuch. Lesen Sie Ihre Antworten von Zeit zu Zeit durch, um zu überprüfen, worauf Ihre Aufmerksamkeit gerichtet ist.

- Welche Dinge nehmen Sie gewöhnlich bewusst wahr: Über was denken Sie in der Regel am meisten nach? Denken Sie eher an das, was Sie haben, oder an das, was Ihnen fehlt?

- Was ist Ihr wichtigstes berufliches Ziel? Wie viel Zeit verwenden Sie täglich darauf, sich auf Ihren Erfolg zu konzentrieren?

- Was ist Ihre vorrangige Verhaltensweise – Gewohnheit oder sogar Sucht? Wie viel Zeit nimmt sie jeden Tag in

Anspruch? Wie stark müssen Sie an sie denken, wenn Sie ihr nicht nachgehen?

- Nehmen Sie meist positive Dinge wahr oder Probleme, die immer wieder auftauchen? Sind Ihre Gedanken eher positiv oder negativ?

Die Antworten auf diese Fragen geben Ihnen entscheidende Hinweise, worauf Sie Ihre Aufmerksamkeit normalerweise richten. Sie haben die innere Macht, Ihr Leben so zu gestalten, wie Sie es sich wünschen – und genau in diesem Moment gestalten Sie Ihre Zukunft. Aber wie ein Architekt mit geschlossenen Augen kein meisterhaftes Gebäude entwerfen kann, werden auch Sie erst dann zum Baumeister Ihrer Träume, wenn Sie begreifen, für was Sie sich in jedem Moment entscheiden.

Bewusst werden

Haben Sie jemals innegehalten und bemerkt, über was Sie gerade nachdenken? Wie oft machen Sie sich Gedanken über die Konsequenzen Ihrer Entscheidungen, *bevor* Sie diese fällen? Es gibt viele Menschen, die nicht wissen, warum sie das tun, was sie tun, oder die nicht wenigstens die Folgen ihres Handelns bedenken. Sie reagieren jahrzehntelang unbewusst nur auf das, womit sie konfrontiert sind, ohne sich je Gedanken über ihr Verhalten zu machen. Mir kommen diese Menschen wie »Bewusstseins-Zombies« vor, die sich Tag für Tag in einem unbewussten Zustand durchs Leben schleppen. Sie folgen ihren Gewohnheiten, lassen ihren Emotionen freien Lauf und tun nur das Nötigste. Machen Sie sich keine Sorgen, falls Sie sich in dieser Beschreibung wiederfinden sollten. Es steht in Ihrer Macht, aus dem Reich der Untoten zu erwachen. Sie können ein anderes, höheres und strahlenderes Bewusstsein wählen und ein besseres Leben als bisher führen – vielleicht sogar ein besseres, als Sie sich jemals erträumt haben.

✵ Sie haben immer die Möglichkeit, bewusste Entscheidungen zu treffen. Sie können sich immer Klarheit über den gegenwärtigen Moment verschaffen und sich für das entscheiden, was wirklich wichtig ist und Ihr Leben verbessert. Fragen Sie sich ständig: »Auf was richte ich in diesem Moment meine Aufmerksamkeit?« Und stellen Sie sich auch die Frage, die daraus folgt: »Welche Realität wird dieser Bewusstseinsinhalt für mich schaffen?«

Eine meiner Klientinnen gab offen zu, dass sie die meiste Zeit ans Essen dachte. Erstaunlicherweise hatte sie nur ein paar Pfund Übergewicht, aber sie bekannte ehrlich ihre Manie, stets daran zu denken, was sie wann und wie essen könnte. Weil sie ständig bemüht war, ihr Verlangen unter Kontrolle zu halten, bewegte sie sich viel und sah daher nie wirklich dick aus. Sie nahm immer nur wenig zu oder ab, doch dies änderte nichts daran, dass sie unzufrieden mit ihrem Gewicht war.

In Bezug auf ihren Beruf hatte sie die gleichen schlechten Gefühle. Sie hatte langweilige, kaum erträgliche Jobs und verdiente gerade genug Geld, um über die Runden zu kommen. Nebenher arbeitete sie als Autorin. Ihr war nicht klar, dass sich weder ihre Gewichts- noch ihre beruflichen Probleme jemals verändern würden, wenn sie sich nicht bewusst mehr auf die Arbeit als auf das Essen konzentrierte.

Sie bemühte sich, ihre Manie zu überwinden und eine gesunde Einstellung zum Essen zu entwickeln. Sie versicherte sich in einer Affirmation, jedes Gewicht bei sich zu akzeptieren, und verschaffte sich innere Klarheit über ihre beruflichen Prioritäten. Ich empfahl ihr, jedes Mal, wenn sie ans Essen dachte, positiv an ihre Arbeit und daran zu denken, was sie in dem Bereich tun konnte, um eine vorteilhafte Wandlung herbeizuführen. Sie veränderte ihren Fokus und ihre Motivation und erhielt so die gewünschten Resultate. Mit der Zeit nahm sie nicht nur ab, sondern hatte so viel Erfolg mit ihrem Schreiben, dass sie ihren Job kündigen konnte und doppelt so viel Geld mit einer Tätigkeit verdiente, die ihr wirklich Spaß machte.

Auch Sie können die Kontrolle über das erlangen, was sich in Ihrem Leben manifestiert. Um beeinflussen zu können, was Ihr Bewusstseinszustand erschafft, müssen Sie erheblich mehr an das Positive als an das Negative denken – und natürlich an Ihre Werte und Prioritäten. Konzentrieren Sie sich auf die guten Dinge, die Sie bereits haben und vermehren wollen. Machen Sie immer einen bewussten Schritt auf Ihr Ziel zu, statt unbewusst Probleme zu erzeugen und sich ablenken zu lassen.

Im nächsten Abschnitt geht es um spezielle Techniken, mit denen Sie Ihr Bewusstsein grundlegend verändern können. Doch Sie können bereits jetzt die Möglichkeiten, die Sie haben, erkennen und dementsprechend handeln. Denken Sie daran: Wenn Ihnen das nicht gefällt, was Sie erschaffen, müssen Sie das verändern, was Sie bewusst wahrnehmen. Wenn Sie sich bei negativen Gedanken ertappen, machen Sie sich klar, dass Ihr Geist dadurch negative Resultate produziert. Verändern Sie Ihren Fokus, auch wenn Ihnen dies nicht leichtfällt. Schon bald sehen Sie das positive Ergebnis, das ein wahrhaft optimistisches Bewusstsein erschaffen kann.

Affirmationen, um eine bewusste Manifestation zu stärken

- Jeden Tag wird mir bewusster, welche Prioritäten ich setze und worauf ich meine Aufmerksamkeit richte. Meine Ziele sind für mich das Wichtigste. Ich konzentriere mich auf das, was mir wirklich etwas bedeutet.

- Ich entscheide mich dafür, bewusster wahrzunehmen, was mir an meinem Leben gefällt.

- Ich bin mir meines Einfallsreichtums, meiner Kreativität und meiner Macht bewusst, mir das im Leben zu erschaffen, was ich mir wünsche.

- Ich weiß, dass mein Bewusstseinszustand meine Realität bestimmt. Ich entscheide mich immer für eine optimistische Geisteshaltung.

- Ich wünsche mir Hoffnung, Freude und Frieden in meinem täglichen Leben.

Das Gesetz des Magnetismus

Das zweite universelle Gesetz des Erfolgs

*Jeder ist von einer Atmosphäre aus Gedanken
umgeben ... Durch die Kraft der Gedanken
ziehen wir etwas entweder an, oder wir stoßen es ab.
Gleiches zieht Gleiches an ... wir ziehen das an, was
unserem Geisteszustand entspricht.*
Ernest Holmes

Während sich das erste Gesetz des Erfolgs auf das bezieht, was wir *erschaffen*, bezieht sich das zweite – das Gesetz des Magnetismus – darauf, was wir *anziehen*. Zusammen haben diese beiden Kräfte einen starken Einfluss auf unser Leben: Die erste Kraft hat etwas mit der Macht unseres Bewusstseins zu tun; die zweite bezieht sich auf die Macht unserer Energie.

In der heutigen Welt sind verschiedene Energiemuster aktiv. Erstaunlich starke und dennoch unsichtbare Kräfte haben ganz reale und vorhersagbare Auswirkungen. Wenn wir zum Beispiel Zahlen in unser Mobiltelefon tippen, wird die spezielle Kombination an einen Satelliten gesendet, der Zehntausende von Kilometern entfernt ist und das Signal an den richtigen Empfänger weiterleitet.

Irgendwo klingelt das Telefon, und die Energie Ihrer Stimme wird hin- und herübertragen, und dies erlaubt ein deutliches Gespräch, selbst wenn eine große Distanz zwischen Ihnen und der anderen Person liegt. Betätigen Sie Ihre Fernbedienung, wird ein Signal an das Gerät in der Zimmerecke gesendet und das Fernsehbild erscheint – komplett mit Ton –, und es wird ebenfalls aus einer entfernten Quelle übertragen. Die moderne Computer- und Magnetresonanztomografie benutzt Energie, um ein Bild des Körpers zu zeichnen. Mikrowellen erhitzen Essen, Sensoren sorgen für Sicherheit, und Laser entfernen Tumore.

Will man aufzählen, wofür wir Menschen in jüngster Zeit Energie nutzbar machen und gezielt einsetzen, so ist die Liste beinahe endlos. Alle oben aufgeführten Phänomene – und zahllose mehr – haben bedeutende physikalische Auswirkungen, und ihre Anwendung ist nicht auf Medizin, Kommunikation und technische Geräte beschränkt. Die energetische Funktionsweise des Universums wirkt sich auf jeden Einzelnen von uns aus, und zwar in einer Weise, die den meisten Menschen nicht bewusst ist – bis hin zu individuellen Erfahrungen von Glück und Erfolg.

⚖ Das **Gesetz des Magnetismus** besagt, dass wir nur die Energie anziehen können, die wir selbst aussenden. Es beruht auf dem Prinzip der Quantenphysik, dass alles – auch jeder Mensch – eine eigene Energie ausstrahlt. Tatsächlich ist das Universum voller Schwingungen, die die Wissenschaftler »Strings« nennen. Diese Energiebänder bewegen sich in uns, gehen von uns aus und umgeben uns buchstäblich die ganze Zeit. Ob wir uns dessen bewusst sind oder nicht, jeder von uns ist ein Teil dieses Energieprozesses, der in jedem Moment im Universum stattfindet.

Wir strahlen unsere persönliche Energie aus und verbinden uns mit anderen, die die gleiche Resonanz haben. Auf diese Weise bestimmen wir, wen und was wir in unserem Leben anziehen. Jeder von uns ist ein kleiner Radiosender, der ständig Signale über sich und sein Leben aussendet. Menschen und Situationen, die diese Signale auffangen, schwingen sich auf uns ein und werden so in unser Leben gezogen. Was wir *die richtige Chemie* nennen, ist in Wirklichkeit eine Resonanz, die dadurch zustande kommt, dass bestimmte Signale und persönliche Schwingungen zueinander passen. Wenn Sie also Erfolg haben wollen, ist es wichtig, dass Sie verstehen, wie Ihre Energie zustande kommt und was Ihre Schwingung selbst in diesem Moment über Sie verbreitet.

Unsere energetische Visitenkarte

Im 19. Jahrhundert wurde ein Besucher oder Freund mit einer Visitenkarte angekündigt oder man schickte Briefe voraus, in denen man sich vorstellte. Dies ebnete den Weg und half einem Ankömmling, mit Menschen seines Standes in Kontakt zu treten. Es handelte sich um einen formalen Vorgang, der dem Empfänger mitteilte: Der Angemeldete hat gute Verbindungen und genießt hohes Ansehen.

Unsere persönliche Schwingung hat eine ähnliche Wirkung. Lange bevor wir eine Erfahrung im Leben machen, sendet unsere Schwingung Mitteilungen über uns zu den

Menschen, mit denen wir es zu tun haben. Sie kündigt uns bei anderen an und offenbart ihnen unseren persönlichen Energiezustand, auf den sie unbewusst, aber zwingend reagieren. Gefallen uns also die Menschen oder die Situationen nicht, die wir bislang angezogen haben, oder stellt sich der Erfolg nicht ein, den wir uns wünschen, müssen wir verändern, was in unserer energetischen Visitenkarte steht.

Da wir die Frequenz, die wir aussenden, selbst produzieren, können wir sie zum Glück auch selbst verändern. Wenn wir uns im Klaren darüber sind, was alles zu unserer individuellen Schwingung beiträgt, können wir aktive Schritte unternehmen und unsere magnetische Frequenz erhöhen – mit dem Ergebnis, dass wir andere Menschen und andere Situationen anziehen.

Unsere persönliche Schwingung wird durch drei grundlegende Faktoren erzeugt:

1. durch unsere emotionale Energie oder die Schwingung unserer Gefühle

2. durch unsere kognitive Energie oder die Schwingungen unserer Gedanken

3. durch unsere physische Energie oder die Schwingungen unseres Körpers.

Wir wollen uns Punkt 1 und 2 näher anschauen.

Der emotionale Sender

Unsere emotionale Schwingung sagt am meisten über uns aus. Unsere täglichen Gefühle senden klar und deutlich Signale darüber, wer wir sind und was wir von der Welt erwarten. Wenn wir zum Beispiel ständig Angst haben, strahlen wir dies aus und ziehen nur die Situationen an, die uns Angst machen. Wenn Wut das vorherrschende Gefühl ist, senden wir aus, dass wir Feindseligkeit erwarten – wodurch uns andere feindselig gegenüberstehen werden.

Aber wenn wir eine fröhliche und glückliche Haltung einnehmen, senden wir die Botschaft aus, dass die Welt ein positiver Ort für uns ist, und sowohl unsere Schwingung als auch unsere Erwartung bringen uns mehr Freude und Glück. Sind wir voller Selbstvertrauen und innerem Frieden, geht eine starke magnetische Schwingung von uns aus, und wir ziehen Menschen und Erfahrungen an, die eine heitere Gelassenheit in unserem Leben verstärken. Alles geschieht nach dem Prinzip der Resonanz: Was wir ausstrahlen, kommt wahrscheinlich auch zu uns zurück.

Unsere vorherrschenden Gefühle tragen durch ihre starke Anwesenheit in unserem Herzen und in unserem Geist zu dem bei, was wir aus unserem Leben machen. Je emotionaler eine Erfahrung oder ein bestimmtes Thema ist, desto mehr Energie ist damit verbunden. Aus diesem Grund ist der Wechsel zu positiven Gefühlen eine grundlegende Forderung, die das Gesetz des Magnetismus an uns stellt. Es ist eine energetische Wahrheit, dass unsere Lebensqualität zum größten Teil von unseren Emotionen bestimmt wird. In diesem Sinn ist das Gesetz sehr streng: Das Universum gibt uns unsere Freude, Liebe und Zufrie-

denheit zurück, aber auch unsere Angst, Wut und Trau-
rigkeit.

Doch wodurch entstehen Gefühle überhaupt? Woher
stammt diese machtvolle Energie, die wir ständig in der
einen oder anderen Weise nutzen? Jedes Gefühl wird
durch irgendetwas ausgelöst. Ob es sich um Wut oder
Liebe, Kummer oder Freude, Depression oder Begeisterung, Langeweile oder Seligkeit handelt, jede emotionale
Blüte und jeder emotionale Stachel haben bestimmte
Ursachen – und diese liegen in unserem Denken.

Achten Sie auf Ihre Gedanken

Unsere kognitive Kraft ist die zweite Möglichkeit, mit der
wir unsere Energie in die Welt ausstrahlen. Da unsere
Gedanken unaufhörlich in unserem Kopf umherschwir-
ren, füttern wir unser energetisches Feld ständig mit
bestimmten Schwingungen. Da sie gleichzeitig die Ursache unserer emotionalen Energie darstellen, sind sie doppelt wichtig für unser Streben nach Erfolg.

Zuversichtliche Gedanken erzeugen hoffnungsvolle
Gefühle, während das Denken an Unzulänglichkeiten
verzweifelte Gefühle hervorruft. Welche Gedanken führen eher zu den gewünschten Ergebnissen? Die positiven
Resultate, nach denen wir uns sehnen, entstehen nur
durch friedvolle Gefühle und positive Gedanken.

Wenn es Ihnen wie den meisten Menschen geht,
geschieht Ihr Denken ziemlich spontan und wird meist
vom Zufall bestimmt: Sie erleben Ihre Gedanken eher
passiv, als dass Sie sich bewusst für sie entscheiden. Vielleicht wurde Ihnen nie beigebracht, positiv zu denken,
oder Ihre Gedanken hängen von der Situation ab, in der

Sie sich befinden, oder davon, mit welchen Menschen Sie zusammen sind. Eines aber ist sicher: Wenn Sie sich umschauen und das Gefühl haben, dass Ihr Leben zu wünschen übrig lässt, rät das Universum Ihnen, besser auf Ihre Gedanken aufzupassen.

Negatives Denken beruht zum größten Teil auf einer der folgenden Ängste:

1. Angst vor der Zukunft
2. Angst vor Zurückweisung
3. Angst vor Versagen

Angst vor der Zukunft kann sich in flüchtigen Sorgen darüber ausdrücken, dass etwas schiefgehen könnte, aber auch in der ungebremsten Vorwegnahme einer persönlichen Katastrophe. Dazu zählen auch Gedanken wie »Was ist, wenn die Besprechung nicht gut läuft?«, »Was ist, wenn ich mein Erspartes verliere?«, »Was ist, wenn ich krank werde oder sterbe?«.

Angst vor Zurückweisung reicht von flüchtigen Bedenken, nicht richtig beurteilt zu werden, bis hin zur offenen Panik, dass der Partner einen verlässt. Menschen mit diesen Gedanken sind oft sehr selbstkritisch oder verachten sich sogar. Gedanken wie »Ich bin nicht gut genug«, »Ich bin zu nichts fähig« und »Ich bin es nicht wert« führen zwangsläufig zu solchen wie »Was ist, wenn mein Partner mich verlässt?« oder »Was ist, wenn ich meinen Arbeitsplatz verliere?«.

Jede Angst schadet einer Energie, die auf Erfolg ausgerichtet ist. Daher erzeugt die Angst vor Versagen unvermeidlich eine sich selbst erfüllende Prophezeiung. Wer sich selbst als Versager betrachtet, kann nur Misserfolg anziehen. Diese negativen Gedanken sind unsere größten Hindernisse auf unserem Weg zu echtem Glück. Sie zerstören den Optimismus und verstärken Angst und Frustration, zwei negative Schwingungen, die negative Resultate hervorbringen. Es heißt, dass unser Leben in die Richtung unseres vorherrschenden Gedankens verläuft. Der Grund dafür liegt in der Energie, die wir mit diesem Gedanken ausstrahlen.

Mein Klient David lebte in einem permanenten Gefühl von Angst. Er machte sich ständig Gedanken darüber, was andere Menschen über ihn dachten, bewertete sich andauernd selbst und nahm an, andere täten das Gleiche. Obwohl er gut genug funktionierte, um seiner Arbeit nachgehen zu können, hinderten ihn seine Ängste daran, sich beruflich weiterzuentwickeln. Er war klug und kreativ und hatte oft gute Ideen, traute sich jedoch nie, sie anderen mitzuteilen. Nach zwanzig Jahren in derselben Firma kam er finanziell zwar gut über die Runden, konnte sich aber nur dadurch die Möglichkeit eröffnen, mehr zu verdienen, wenn er sein Leben veränderte.

David wusste, dass er etwas unternehmen musste. Er war von Angst beherrscht und sorgte sich in Gedanken hauptsächlich darum, beurteilt und zurückgewiesen zu werden. Seine emotionale/kognitive Energie sandte ständig negative Signale aus, und so zog er nur noch mehr Negativität an. Obwohl er schon länger so lebte, war er entschlossen, nicht länger in diesem Muster gefangen zu bleiben.

Er erstellte eine Liste mit Dingen, die ihm Angst machten, und eine Liste mit positiven Möglichkeiten, die seine Gefühle und seine Energie verändern würden. Er arbeitete hartnäckig daran, alte Bedenken loszulassen, und ersetzte sie gezielt durch friedfertige, vertrauensvolle und zuversichtliche Aussagen.

Schritt für Schritt verlor David seine Angst und wurde wesentlich entspannter. Er begann, positive Gefühle zu empfinden, die er schon seit Jahren nicht mehr gekannt hatte – Gefühle wie inneren Frieden, Hoffnung und sogar Glück. Es brauchte seine Zeit, bis er seine Gedanken verändert und somit seine Gefühle beruhigt hatte, aber schließlich spürte er tatsächlich, dass sich auch seine persönliche Schwingung wandelte. Er war selbstbewusst, produktiv und bereit, größere Risiken einzugehen.

All dies blieb seinem Arbeitgeber nicht verborgen. Nach achtzehn Monaten, in denen David gelernt hatte, seine persönliche Energie zu beherrschen, erhielt er die erste von mehreren Beförderungen. Ein paar Jahre später bekam ich einen kurzen Brief mit einigen Bildern von ihm. Der Briefkopf seiner Firma wies ihn als stellvertretenden Geschäftsführer aus, und die Fotos zeigten sein neu erworbenes Ferienhaus auf einer Insel in South Carolina.

In weniger als vier Jahren hatte er die Jahrzehnte während Stagnation seiner Energie ins Gegenteil verkehrt. Weil er bereit war, das Notwendige zu tun, um die Schwingung seiner Gedanken und Gefühle zu verändern, konnte er sich schließlich einen Lebensstil leisten, den er sich schon lange gewünscht hatte.

Die Verbindung zwischen Gedanken, Gefühlen und Energie

Wie auch immer unsere gegenwärtige Situation aussehen mag – wir müssen nicht länger in alten Mustern gefangen bleiben, wenn wir verstehen, wie Gedanken, Gefühle und

Energie bei jedem Einzelnen von uns miteinander verbunden sind. Ich nenne diese Verbindung die individuelle GGE-Gleichung. Sie macht deutlich, wie unsere spezielle Energiefrequenz erzeugt wird. Die Formel lautet:

$$\text{Gedanken} + \text{Gefühle} = \text{Energie}$$

Unsere vorherrschenden Gedanken ergeben zusammen mit unseren häufigsten und stärksten Gefühlen unser persönliches Energiefeld. Diese Schwingung sendet unsere individuellen Signale aus und bestimmt, was wir im Leben anziehen. Wenn wir unzufrieden mit dem sind, was wir anziehen – sei es im Privaten oder bei der Arbeit –, sollten wir unsere Schwingung verändern. Selbst der mathematische Anfänger weiß, dass man die zweite Seite einer Gleichung nur verändern darf, wenn man es auch mit der ersten tut. Wie $2 + 2 = 4$ ist, so sind negative Gedanken + negative Gefühle = negative Energie. Daher sollten wir uns nicht wundern, wenn diese schließlich zu negativen Resultaten führt.

Erfolgstagebuch

Um diesen Aspekt Ihrer aktiven Lebensgestaltung in den Griff zu bekommen, sollten Sie Ihre vorherrschenden Gedanken in einem Tagebuch festhalten. (Ist Ihr Tagebuch zu groß, um es überall mit hinzunehmen, besorgen Sie sich ein kleineres.) Wenn Sie die Gedanken aufschreiben, die hauptsächlich in Ihrem Kopf herumschwirren, werden Sie schnell feststellen, dass Sie sich immer wieder mit den gleichen Themen beschäftigen und die gleichen gedanklichen Schlussfolgerungen ziehen.

Nachdem Sie notiert haben, was Sie geistig beschäftigt, sollten Sie auch Ihre Gefühle festhalten. Falls sich herausstellt, dass Negativität die vorherrschende Energie Ihrer Gedanken und Gefühle ist, sollten Sie den festen Willen entwickeln, diese loszulassen. Wenn Sie sich dabei ertappen, etwas Negatives zu denken, affirmieren Sie: *Ich lasse diese Gedanken los. Es ist nicht nötig, dass ich weiterhin so denke. Ich lasse Befürchtungen und Beurteilungen los und entscheide mich dafür zu vertrauen.*

Wenn Sie spüren, dass Sie von einem unangenehmen Gefühl überwältigt werden, halten Sie kurz inne und erinnern Sie sich daran, was Sie gedacht haben, unmittelbar bevor das Gefühl einsetzte. Gehen Sie dann zurück zur Ursache des Problems, und lassen Sie die negativen Gedanken los. Sie können das Gefühl auch dadurch abschwächen, dass Sie sich körperlich bewegen, einige Male tief atmen, Ihre Muskeln ausschütteln und einfach nur affirmieren: *Ich lasse alle Negativität in mir los.* Wenn es Ihnen möglich ist, ersetzen Sie nun die negativen Gedanken durch positive Affirmationen. Ansonsten genügt es erst einmal, die negativen Gedanken lediglich loszulassen.

Es ist sehr wichtig, dass wir uns darüber bewusst werden, welche energetischen Schwingungen wir jeden Tag aussenden. Statt nur unbewusst zu reagieren und damit kognitive und emotionale Energien auszustrahlen, die im energetischen Bereich kein gutes Bild von uns zeichnen, sollten wir unsere Optionen im Bereich der Gedanken und Gefühle genau kennen. Es mag anfangs nicht einfach sein, aber entscheidend ist, dass wir Erfolg ausstrahlen. Es gibt uns Kraft zu wissen, dass wir selbst die Informationswellen senden, die andere von uns empfangen

– und die bestimmen, was wir von anderen zurückbekommen. Es steht in unserer Macht, diese energetischen Schwingungen in jedem Moment zu beeinflussen. Indem wir nur einen vorherrschenden negativen Gedanken überwinden, bewirken wir eine große Veränderung in unserer Ausstrahlung. Und je mehr wir unser Denken verändern, desto mehr verändert sich auch um uns herum und desto mehr Wünsche gehen in Erfüllung.

Affirmationen für eine starke Anziehungskraft

- Ich erhöhe, sooft ich kann, meine persönliche Energie durch positive Gedanken und friedvolle Gefühle. Ich entscheide mich bewusst für eine positive Energie.

- Ich denke und fühle optimistisch über mich, mein Leben und meine Zukunft.

- Mir wird immer bewusster, welche Energie ich jeden Tag erzeuge. Ich entscheide mich in allem, was ich denke und tue, für eine positive Energie.

- Durch meine Energie habe ich die Möglichkeit, mein Leben jeden Tag zu verbessern. Wenn ich mich für positivere und glücklichere Gedanken und Gefühle entscheide, ziehe ich positive und glückliche Resultate an.

- Ich habe alle Talente und Fähigkeiten, die ich brauche, um das anzuziehen, was ich mir wünsche.

Das Gesetz
des echten Wunsches

Das dritte universelle Gesetz

*In unseren Wünschen sucht
das Mögliche nach seiner Ausdrucksform.*
Ralph Waldo Emerson

Die nächsten beiden Gesetze werden von dem bestimmt, was wir wollen oder was uns inspiriert. Hinter jedem Antrieb oder Wunsch verbirgt sich ein echter Grund, und obgleich wir uns dessen oft nicht bewusst sind, fördert oder blockiert seine energetische Natur das gewünschte Resultat.

Damit wir uns die starke Kraft des dritten universellen Gesetzes zunutze machen können, muss unsere Intention eindeutig sein – nicht manipulativ, ängstlich oder verzweifelt. Unsere Motivation muss also echt sein und darf uns selbst und anderen nicht schaden. Dieses Gesetz und das nächste Gesetz handeln davon, *warum* wir ein bestimmtes Ziel anstreben. Wenn Sie noch nie darüber nachgedacht haben, warum Sie das tun, was Sie tun: Jetzt haben Sie die Gelegenheit dazu.

⚖ Das **Gesetz des echten Wunsches** besagt, dass wir dann unser angestrebtes Ergebnis erzielen, wenn wir von einem echten Wunsch angetrieben werden – der frei ist von Angst und Zweifeln. Angstfreiheit verwandelt negative und unempfängliche Schwingungen in einen positiven und empfänglichen Energiezustand. Verlangen und Verzweiflung verwandeln sich in Hoffnung und frohe Erwartung – also in die beiden entscheidenden Bestandteile dieses Gesetzes.

Wenn wir etwas aus Angst tun oder an unserem Vorhaben zweifeln, erzeugen wir eine dunkle Energie, die unseren Wunsch umgibt. Solche Gefühle haben ihren Ursprung in einer starken Bedürftigkeit und senden abstoßende Schwingungen aus. Die negative Botschaft der Angst lautet: *Ich bin unfähig. Ich verdiene es nicht. Ich bin verloren.* Diese Art von Schwingungen bringt uns nur in Situationen oder in die Gesellschaft von Menschen, die uns den schmerzlichen Beweis dafür liefern, dass unsere negative Einstellung gerechtfertigt ist.

Angst und Zweifel töten alle positiven Energien ab, die wir aussenden könnten, und sabotieren die Grundlagen des dritten universellen Gesetzes. Der Motor echten Wünschens wird durch eine offene und ehrliche innere Einstellung gestartet, sein Benzin ist die positive Energie der Hoffnung, der Begeisterung und der Überzeugung. Unsere Wünsche müssen in diese Gefühle gehüllt sein, damit das Universum sie verwirklichen kann.

Hoffnung gibt uns Kraft und Zuversicht. Sie erhebt die Seele und öffnet das Herz, ihr entspringt unsere Begeisterungsfähigkeit. Ohne Hoffnung können wir uns nicht für unsere Ziele begeistern – oder unsere Leidenschaft auch dann aufrechterhalten, wenn wir mit Hindernissen konfrontiert sind.

Begeisterung und Enthusiasmus sind wie die Verstärker einer Stereoanlage, sie geben unserem Wunsch erst die nötige Energie. Aber diese mächtigen Emotionen haben keinen Bestand, wenn unsere Hoffnung nicht echt ist und wir nicht fest davon überzeugt sind, dass unsere Träume Wirklichkeit werden können. Hoffnungslosigkeit ist ein Hauptauslöser für Depression und Verzweiflung, zwei dunkle Energien, durch die kein Licht und keine Schönheit zu dringen vermag.

Genau diese erlebte meine Klientin Francine. Sie war in einem großen Blumenladen tätig, der schon seit drei Generationen im Familienbesitz war. Francine arbeitete mit den Enkeln der beiden Brüder zusammen, die den Laden vor vielen Jahrzehnten eröffnet hatten, und wusste über alles Bescheid, was mit Blumen zu tun hatte. Sie war die führende Floristin und Dekorateurin und betreute die wichtigen Kunden, unter ihnen Filmstars und Politiker, »Berühmtheiten«, und viele davon wollten nur von ihr bedient werden.

Sie hatte in dem Geschäft zu arbeiten begonnen, als die zweite Generation der Besitzer am Ruder war. Immer hatte sie gehofft, dass ihre Tüchtigkeit im Verkauf und in der Präsentation ihr zum Aufstieg in der Firma verhelfen würde. Aber als die dritte Generation anfing, im Familiengeschäft zu arbeiten, wurde ihr schmerzlich klar, dass sie sich in einer Sackgasse befand. Trotz ihres Mangels an Fähigkeiten und Erfahrung erhielten die Enkel der Gründer bald die Gehaltserhöhungen und Beförderungen, auf die Francine sich gefreut hatte.

Wie zu erwarten, fühlte sie sich tief verletzt und verlor schon bald alle Hoffnung, sich beruflich weiterentwickeln zu können. Ihre Arbeit machte ihr keinen Spaß mehr, und sowohl ihre Leistungsbereitschaft als auch ihre Produktivität ließen immer mehr nach. Es dauerte nicht lange, und die Geschäftsleitung wies sie darauf hin, dass sie entweder wieder so wie früher zu arbeiten hätte oder mit ihrer Kündigung rechnen müsste.

Francine war zutiefst deprimiert, als sie zu mir kam. Ich fand schnell heraus, dass sie zu der Überzeugung gekommen war, niemals beruflich voranzukommen, nachdem sie ihre ursprüngliche Hoffnung auf Beförderung verloren hatte. Wir begannen sofort, ihre negative Energie zu verändern, und ich erklärte ihr, wie sie sich in einem Netz widersprüchlicher Wünsche verfangen hatte.

Widersprüchliche Wünsche auflösen

Es kommt nicht selten vor, dass wir zwei unterschiedliche Gefühle in Bezug auf ein und denselben Wunsch empfinden. Auf der einen Seite reden wir uns vielleicht ein, erfolgreich sein zu wollen, und dies ist der ausschlaggebende Wunsch. Auf der anderen Seite kann eine negative Erfahrung oder eine begrenzte Überzeugung uns aber glauben machen, die Erfüllung unseres Wunsches sei nicht möglich – und dies wird ebenfalls zu einer energetischen Absicht.

In diesem Fall sind unsere Wünsche sowohl aussichtslos als auch unvereinbar – oder einander entgegengesetzt –, und diese Intentionen bekämpfen sich auf der energetischen Ebene. Verstandesmäßig drücken wir aus: *Ich möchte! Ich will wirklich!* Aber unsere emotionale Energie schreit laut: *Es ist hoffnungslos! Daraus wird nie etwas!* Welchen Überzeugungen soll das Universum nun dienen?

Energetisch gesehen haben negative Emotionen meist eine höhere Ladung und dadurch eine stärkere Anziehungskraft. Je mutloser und verzweifelter wir werden, desto mehr wird das Universum unsere destruktiven Absichten erfüllen.

Eben dies geschah mit Francine. Als sie im Blumengeschäft anfing, glaubte sie an sich selbst und war voller Hoffnung, was ihre Zukunft betraf. Im Laufe der Zeit veränderten sich diese positiven Gefühle durch Faktoren, auf die sie keinen Einfluss hatte. Sie glaubte, versagt zu haben, und dieses Gefühl war so negativ geladen, dass sie nur noch seine Schwingung aussandte.

Aber Francine gab sich noch nicht geschlagen. Es bedurfte einer gewissen inneren Arbeit, doch schließlich konnten wir ihren ursprünglichen Gauben an sich selbst und ihre Fähigkeiten wiederherstellen. Wir erzeugten auch wieder Hoffnung, indem sich Francine ein neues Ziel setzte: die Eröffnung eines eigenen Blumengeschäfts. Von jedem Gehalt legte sie eine kleine Summe beiseite und versuchte gleichzeitig, einige ihrer Kunden zu einer Geldanlage in ihr Geschäft zu überreden. Obgleich dies am Anfang nicht einfach war, gelang es Francine, all ihren Mut zusammenzunehmen und ihr Ziel im Auge zu behalten.

Mit Entschlossenheit und Ausdauer hatte sie letztendlich Erfolg. Inzwischen besitzt sie drei Läden, und die Liste ihrer namhaften Kunden ist länger als je zuvor.

Wenn Sie das Gefühl haben, in einer Sackgasse zu stecken, müssen Sie wieder Hoffnung schöpfen und neues Selbstvertrauen fassen. Ohne positive Erwartungen und Vertrauen in Ihren Erfolg können auch Sie sich in einem Netz widersprüchlicher Wünsche verfangen. Das niedrige Niveau von Energie und Aktivität kann so nur zu unerwünschten Resultaten führen. Es ist nicht nur ein

Klischee, sondern eine energetische Wahrheit: Wenn Sie in sich das Gefühl zulassen, versagt zu haben, werden Sie keinen Erfolg haben, so hochfliegend Ihre Wünsche und Ziele auch sein mögen.

Etwas nicht nur wünschen, sondern es auch verdienen

Es reicht nicht, sich etwas nur zu wünschen; wir müssen auch davon überzeugt sein, dass wir es verdienen. Dies ist das nächste wichtige Element des Gesetzes vom echten Wunsch. Damit unser Wunsch authentisch ist, müssen wir aufrichtig daran glauben, dass wir es wert sind, das zu bekommen, was wir uns wünschen.

Der Sinn dafür, dass wir etwas verdienen, wird uns gewöhnlich beigebracht, wenn wir noch sehr klein sind. Er entwickelt sich dadurch, wie man uns behandelt – oder misshandelt –, ob wir gelobt oder kritisiert werden. Er ist grundlegend mit dem Maß an Anerkennung und Zuneigung verbunden, die wir erfahren, wenn wir lernen, wer wir selbst sind. Auch heute halten wir noch an Überzeugungen fest, die wir vor langer Zeit entwickelt haben, Überzeugungen in Fragen, was uns warum zusteht. Diese Glaubenssätze spielen eine entscheidende Rolle im gegenwärtigen Prozess der Anziehung.

Erfolgstagebuch

Um besser zu verstehen, worauf sich Ihre Gefühle gründen, dass Sie etwas sind und etwas verdienen, beantworten Sie in Ihrem Tagebuch bitte die folgenden Fragen:

● Wie haben Ihnen Ihre Eltern oder andere Menschen
  gesagt, dass Sie bestimmte Dinge nicht verdienen?

● Glauben Sie, dass Sie bestimmten Dingen nicht ge-
  wachsen sind, dass Sie nicht über gewisse Eigenschaften verfügen? Wenn ja, wie lauten diese Dinge oder
  Eigenschaften?

● Haben Sie das Gefühl, etwas *tun* zu müssen, etwas
  beweisen oder anders *sein* zu müssen, um bestimmte
  Dinge zu verdienen? Wenn ja, worum handelt es sich
  dabei genau?

Was offenbaren Ihnen Ihre Antworten? Ergeben sie, dass
Sie verschiedene Dinge nicht verdienen, sollten Sie sich
klarmachen, dass dies nicht Ihre Wahrheit ist. Das Gefühl,
nichts wert zu sein, beruht tatsächlich auf der Wahrnehmung anderer Menschen, auf ihren Ängsten und ihrem
Bedürfnis nach Macht. Und ob dieser andere Mensch ein
Elternteil, ein Lehrer, Freund oder irgendjemand sonst
war – Sie brauchen seiner Version der Wahrheit nicht
länger Glauben zu schenken. Was Sie wirklich verdienen,
beruht nicht auf dem, was Ihre Eltern oder sonst jemand
gesagt hat. Ihr Wert wird nicht dadurch bestimmt, wie
viel Geld Sie verdienen, welchen Schulabschluss Sie
haben, wie alt Sie sind oder was Sie wiegen. Ihr wahrer
Wert ist einzig und allein ein göttliches Erbe.

❃ Affirmieren Sie, dass Sie das Beste verdienen. Ihr
  Wert entspringt Ihrem wahren Sein, Ihrem göttlichen Erbe, der bedingungslosen Liebe Ihres
  göttlichen Ursprungs. Aufgrund dieser Abstammung kann sich Ihr Wert niemals verändern; Sie

müssen keine Bedingungen erfüllen und nichts Besonderes dafür tun. Als ein Kind Gottes, das Sie immer schon sind und immer sein werden, verdienen Sie all die wunderbaren Dinge, die Ihnen das Universum zu bieten hat.

Neulich beriet ich eine Klientin, die Probleme bei der Arbeit hatte. Sie trug zu viel Verantwortung und erhielt nicht die Anerkennung oder Entlohnung, die sie zu verdienen glaubte. Ich schlug vor, sie solle sich stärken, indem sie einige Affirmationen mehrmals am Tag wiederholte. Zu diesen Affirmationen gehörten: *Ich verdiene Respekt. Ich verdiene es, glücklich zu sein. Ich verdiene es, gut behandelt zu werden.*

Ein paar Wochen später rief sie mich an und erzählte mir, wie viel besser sie sich fühlte. Zusätzlich hatte sie am Arbeitsplatz eine gute Beurteilung bekommen, einen Belobigungsbrief samt einer netten Gehaltserhöhung.

Nun ist es Zeit, dass Sie sich und Ihren Wert neu definieren, und zwar im Hinblick auf die grundlegende Wahrheit, dass Sie für immer ein geliebtes Kind Gottes sind. Schreiben Sie ein paar positive Sätze in Ihr Tagebuch. Mit ihrer Hilfe können Sie die schädlichen Behauptungen loslassen, auf die Sie oben bei der Beantwortung der Fragen gestoßen sind. Vergessen Sie nicht, positiv zu bekräftigen, dass Sie es verdienen, bedingungslos alles zu empfangen, was das Universum zu bieten hat. Verabschieden Sie sich von alten Gedanken und Gefühlen, die diese neue Sichtweise nicht unterstützen, denn sie sind das Gefängnis, das Ihren Erfolg vereitelt. Wenn Sie daraus ausbrechen, können Sie sogar noch mehr über Bord werfen – und all das empfangen, was Sie sich wünschen.

Lassen Sie los, was Sie sich wünschen

Es klingt nach einem Klischee, aber kein noch so großes Maß an Bedürftigkeit oder Verzweiflung wird Ihnen helfen, sich an irgendetwas festzuhalten. Es erzeugt nur ernsthafte Probleme mit der Energie, von denen wir uns letztlich befreien müssen. Gefühle von Bedürftigkeit und Wertlosigkeit zu überwinden ist der erste elementare Schritt, um die größte Freiheit von allen zu erlangen: die Freiheit von Anhaftungen. Sie ist der letzte Bestandteil des Gesetzes vom echten Wunsch und wird durch den Akt der Hingabe verwirklicht.

Durch diese Hingabe geben wir weder unser Ziel noch unseren Wunsch auf. Stattdessen lassen wir unsere Anhaftungen los: unser verzweifeltes Bedürfnis, bestimmte Dinge zu erzwingen. Es ist unmöglich, einen echten Wunsch zu haben, wenn man sich unglücklich fühlt, denn dann ist die Motivation nicht Vertrauen, sondern Angst. Nur wenn wir die Kontrolle aufgeben, kann sich Vertrauen entwickeln, und zwar in uns selbst wie in Bezug auf die Zukunft. Es stärkt unsere Fähigkeit, für unser eigenes Glücklichsein zu sorgen – was auch immer geschieht. Wie notwendig eine vertrauensvolle Haltung ist, wird auf alarmierende Weise deutlich, wenn wir uns das nächste Gesetz anschauen. Danach sabotieren Verzweiflung und Dringlichkeit unseren Erfolg.

Affirmationen für echtes Wünschen

● Ich bin eine liebenswerte Person mit vielen Qualitäten und verdiene Wohlstand, Überfluss und wirkliches Glück.

● Ich folge meinen Zielen, um meine Freude am Leben zu steigern und jeden Tag glücklicher zu werden.

● Ich weiß, was ich will. Ich weiß, dass mir das, was ich will, zur Verfügung steht, und freue mich auf die glückliche Zukunft, die ich mir selbst in diesem Moment erschaffe.

● Ich verdiene gute Dinge und großartige Erfahrungen.

● Jedes Mal, wenn ich in den Spiegel schaue, bekräftige ich meinen Wert. Ich verdiene das, was ich mir wünsche.

Das Gesetz
der paradoxen Intention

Das vierte universelle Gesetz des Erfolgs

*Das Quantenfeld ist nur eine andere Bezeichnung
für das Feld reinen Bewusstseins oder purer
Möglichkeit. Es kann durch unsere Wünsche und
Intentionen beeinflusst werden.*
Deepak Chopra

Hingabe stellt nur eine Komponente des Gesetzes vom echten Wunsch dar, und doch bildet sie die energetische Achse, um die sich das vierte universelle Gesetz dreht. Dieses Gesetz beschreibt genau, was geschieht, wenn Bedürftigkeit und Dringlichkeit zu unseren entscheidenden Antriebskräften werden. Für sich genommen ist der Erfolgswunsch natürlich und unproblematisch. Erst die Gefühle, die unserer Entscheidung zugrunde liegen, *warum* wir gewisse Dinge erreichen wollen, bestimmen seine energetische Natur.

Vertrauen hat eine sanfte, fließende Schwingung, die zu positiven Resultaten führt. Verzweiflung hingegen ist ein gebrochener, unharmonischer Energiezustand, der positive Resultate sofort abwürgt. Woher kommt unsere

Angst, wenn es darum geht, erfolgreich zu sein? Sie entsteht dadurch, dass wir unzufrieden sind mit dem, was
wir sind und was wir haben. Wir sind zu Menschen geworden, die ständig alles haben müssen. Wir sehen etwas
in der Werbung und müssen es sofort kaufen. Wir sehen,
dass unsere Freunde etwas Neues haben, und müssen es
uns auch gleich zulegen. Wir werden auf der Stelle unzufrieden, wenn wir nicht haben, was wir haben möchten,
und sind bereit, uns zu verschulden, weniger Zeit mit der
Familie zu verbringen und endlos zu arbeiten, nur um
immer mehr besitzen zu können.

Aber was geschieht, während wir verzweifelt darauf
warten, dass unsere Wünsche in Erfüllung gehen? Wir
senden eine schrecklich unattraktive Energie aus, denn
wir sind nicht nur unzufrieden, sondern haben auch das
Gefühl, uns werde etwas vorenthalten. Wir beschäftigen
uns ständig mit dem, was uns fehlt, und werden neidisch
auf andere, die vermeintlich haben, wonach wir uns sehnen. Jemand, der ein Haus besitzt, das 200 000 Euro kostet, sieht ein Haus für 500 000 Euro und fühlt sich arm,
aber die Person, die das teurere Haus besitzt, wird sich in
Anbetracht eines Hauses, das 800 000 Euro kostet, ebenfalls schlecht fühlen.

Die Liste dessen, was man angeblich haben muss,
nimmt kein Ende. Denken Sie nur an die Energie, die
diese negativen Emotionen erzeugen! Unser individuel-
les Energiefeld ist gestört und schwingt mit einer verzweifelten Sehnsucht. Wir senden dann eine derart unru-
hige und unattraktive Energie aus, dass das Universum
darauf unmöglich mit positiven Dingen reagieren kann.
Dies ist die unabdingbare Wahrheit des vierten universellen Gesetzes: *Wir stoßen das von uns fort, was wir uns so verzweifelt wünschen.*

⚖ Das **Gesetz der paradoxen Intention** spiegelt das Gesetz des Magnetismus wider, indem es uns darauf hinweist, dass wir nur eine Reaktion auf unsere negative Energie erhalten. Wenn wir verzweifelt etwas forcieren wollen, wird diese zwanghafte Schwingung es wegstoßen und die Menschen und Situationen von uns fernhalten, die das gewünschte Ergebnis bringen könnten. Unsere verzweifelte Bedürftigkeit erzeugt also ein Paradox – oder genau das Gegenteil – unserer ursprünglichen Intention und führt nicht zum Erfolg, sondern zum Misserfolg.

Das Universum möchte, dass wir alles erhalten, was wir uns wünschen. Wenn wir uns mit den Gesetzen des Erfolgs verbinden, tut es alles, was in seiner Macht steht, um uns auf unserem Weg zu helfen – aber Dringlichkeit und Verzweiflung machen ihm einen Strich durch die Rechnung. Es ist nicht so, dass das Universum unsere Wünsche nicht erfüllen will. Genau das Gegenteil trifft zu: Das Universum möchte, dass wir das Leben genießen und uns *hier und jetzt* auf eine höhere Schwingung einlassen, statt darauf zu warten, dass sich in ferner Zukunft ein vages Glücksversprechen erfüllt. Den besten Energiezustand erreichen wir, wenn wir Bedürftigkeit und Druck loslassen und stattdessen Vertrauen haben, wenn wir uns von der Verzweiflung verabschieden und uns für inneren Frieden entscheiden.

Wir können nicht glücklich sein, wenn wir mit unserem Leben unzufrieden sind. Fixiert auf das, was wir nicht haben, ziehen wir noch mehr Mangel in unser Leben. Wir verzichten auf gegenwärtige Zufriedenheit, indem wir all die Dinge auflisten, die wir vermeintlich haben müssen, um in Zukunft glücklich zu sein.

Tatsache ist, dass wir, solange wir diese Dinge noch nicht besitzen, permanent *un*glücklich sind. Wir haben das Gefühl, dass etwas fehlt, und können uns nicht entspannen, bis wir diese Lücke geschlossen haben. Statt unser Leben zu genießen und wertzuschätzen, was wir haben, sehnen wir uns ständig nach mehr und strampeln uns pausenlos ab, um es zu bekommen.

Mit Blick auf die energetischen Gesetze und die Wirkungsweise des Bewusstseins ist dies ist ein schwerer Fehler. *Wenn wir das gegenwärtige Glück gegen das Elend zukünftiger Unsicherheit eintauschen, sind wir nicht mehr empfangsbereit. Statt den gegenwärtigen Zustand zu würdigen, richten wir unsere Aufmerksamkeit auf Mangel und Bedürftigkeit – und verlieren auf diese Weise unsere Fähigkeit, erfolgreich zu sein.*

Dieser Punkt ist nicht zu unterschätzen. Wir betrachten das, was wir haben, immer mit dem Hintergedanken, eigentlich etwas ganz anderes haben zu wollen. Wir programmieren uns auf Misserfolg, indem wir die äußerst unattraktive Energie der Unzufriedenheit ausstrahlen. Wenn wir etwas anderes brauchen, um glücklich zu sein, werden wir immer die Ansicht vertreten, dass unsere gegenwärtige Situation nicht gut genug ist.

Denken Sie an die Gefühle, die dadurch entstehen, dass Sie sich ständig mit dem beschäftigen, was Ihnen nicht gefällt. Verzweiflung, Kummer und unerfüllte Sehnsucht sind stark aufgeladene Emotionen, die sehr problematische Resultate anziehen. Diese abweisende Energie sabotiert unseren Erfolg. Sie ist eine unwiderstehliche Kraft, und wir haben keine Chance, den Auswirkungen dieser Gesetzmäßigkeit zu entgehen. Wenn wir Verzweiflung ausstrahlen, ziehen wir nur verzweifelte Situationen und das Gefühl der Hoffnungslosigkeit an.

Es ist eine unausweichliche Wahrheit, dass *alle* Gefühle eine positive oder negative Schwingung besitzen. Positive Gefühle erzeugen ein Fließen und wunderbare Resultate, während Unglücklichsein Hindernisse und problematische Situationen schafft. Allerdings können wir unsere Gefühle – und unsere Schwingungen – dadurch verändern, dass wir anders denken und uns auf etwas anderes konzentrieren. Wir müssen Bedürftigkeit und inneren Druck loslassen und vertrauensvolle Gedanken hegen, damit eine positive magnetische Anziehung wirksam werden kann. Richten Sie Ihre Aufmerksamkeit nicht länger auf den Mangel, sondern darauf, was Sie bereits haben. So erzeugen Sie eine Geisteshaltung, die Sie erfolgreich sein lässt.

Wenn wir ständig daran denken, was uns im Leben fehlt, geben wir unserer Energie eine Ausrichtung, die uns noch mehr vermissen lassen wird. Beschweren wir uns immer darüber, was wir nicht haben, erzeugen wir nur noch mehr Zustände, die wir beklagen können.

Wir sollten stattdessen aktiv und bewusst herausfinden, wie wir uns *gegenwärtig* fühlen *wollen*, und mehr von diesem Gefühl anziehen. Es handelt sich dabei um eine sogenannte Phasenkopplung. Sie ist absolut notwendig, um in Harmonie mit dem Gesetz der paradoxen Intention zu sein. Denken Sie an die Anerkennung, die Ihnen zuteil wird, wenn Sie Ihre Ziele erreichen, und seien Sie dankbar für das, was Sie schon jetzt in Ihrem Leben haben.

Die paradoxe Situation überwinden

Zahlreiche Menschen können nur schwer inneren Druck loslassen. Schließlich verbinden sie mit der erhofften Erfüllung ihrer Wünsche viele positive Dinge. Sie machen sich Sorgen, ob sie es überhaupt verkraften würden, wenn ihre Träume niemals wahr werden sollten; sie befürchten, dass ihre Wünsche utopisch sind und sie sich niemals damit abfinden werden. Aber wenn wir den Energiezustand der paradoxen Intention annehmen, lautet der latent vorherrschende Gedanke in Bezug auf unser Ziel: *Ohne die Erfüllung meiner Wünsche kann ich nicht glücklich sein.* Mit diesem zentralen Glaubenssatz wird das fehlende Glück zum Fundament unserer Realität.

In genau diese Falle bin ich selbst getappt, als ich einen Verlag für mein erstes Buch, *Secrets of Attraction* (Geheimnisse der Anziehung), suchte. Ich hatte die Prinzipien der Quantenphysik und der zwischenmenschlichen Anziehung bereits über Jahre mit erstaunlichem Erfolg gelehrt. Irgendwann fing ich an, Seminare zu veranstalten, und wohin ich auch kam, fragten mich die Menschen, ob es ein Buch zu diesem Thema zu kaufen gäbe. Da mir keines bekannt war, in dem die natürlichen Gesetze auf unsere Liebesbeziehungen angewendet wurden, entschloss ich mich, selbst eines zu schreiben.

Ich stellte ein kleines Werk zusammen, das ich im Eigenverlag veröffentlichte. Ich gab es meinen Klienten oder verkaufte es auf Seminaren, aber dann wollten die Teilnehmer auch Bücher für ihre Freunde erwerben und erkundigten sich, ob das Buch auch anderweitig erhältlich sei. Als die Nachfrage weiter stieg, entschloss ich mich, einen Verlag zu suchen.

Diese Entscheidung weckte starke Emotionen in mir, denn ein langgehegter Wunsch kam wieder in mir auf. Seit dem Alter von zwölf Jahren hatte ich schon immer schreiben wollen. Damals hatte ich ein Buch über ein junges Mädchen in Ostberlin gelesen. Die Geschichte spielte unmittelbar nach dem Zweiten Weltkrieg und war voller Pathos, aber auch voller Humor, es ließ mich lachen und weinen. Niemals zuvor hatte mich das geschriebene Wort so stark berührt. Damals traf ich die Entscheidung, auch etwas schreiben zu wollen, was den Menschen zu Herzen geht.

Deshalb war ich sehr aufgeregt, als ich mir vorstellte, mein Buch in einem richtigen Verlag zu veröffentlichen. Doch dies war nicht das einzige Gefühl, das ich hatte. Ich spürte auch die Angst und Dringlichkeit, tatsächlich einen Verleger zu finden. Ich überarbeitete alles bereits Geschriebene und fügte ein Exposé der weiteren Kapitel hinzu. Tatsächlich hatte ich keine Probleme, eine Literaturagentin zu finden – sie hatte allerdings große Schwierigkeiten, einen Verlag für mein Werk zu interessieren.

Meine erste Agentin war von meinem Buch begeistert und zeigte sich überzeugt, dass sie es gleich verkaufen würde. Sie schickte es zu den »großen« Verlagen in New York, die fast alle auf die gleiche Weise reagierten. Mein Buch wurde als ein weiteres Exemplar zum Thema Liebe und Beziehungen abgelehnt, weil es »da draußen bereits zu viele Bücher über Beziehungen gibt«.

Diese Reaktion deprimierte mich sehr, denn ich wusste, dass sich keines der vielen Beziehungsbücher mit der Quantenphysik der Anziehung befasste. Fast jede Woche flatterte eine weitere Ablehnung ins Haus, und meine Verzweiflung wurde immer größer. Nachdem ich etwa ein Dutzend Absagen erhalten hatte, meinte meine Agentin, sie wisse nicht, an welchen Verlag sie sich sonst noch wenden sollte. Daher beauftragte ich eine neue Agentin, die ein weiteres halbes Dutzend Verleger kontaktierte – mit dem gleichen Ergebnis. Irgendwann gab auch sie auf.

Zuerst fiel ich in eine tiefe Depression. Mein Kindheitstraum, eine richtige Schriftstellerin zu sein, schien zu zerplatzen. Eine Zeit lang badete ich in Selbstmitleid, bis ich erkannte, dass ich der paradoxen Intention auf den Leim gegangen war. Trotz all meiner Hoffnung war ich unbewusst zu der Überzeugung gekommen, mein Glück hänge davon ab, ob ich einen Verlag fand oder nicht. Mich blockierten zwei widersprüchliche Intentionen, deswegen ging es mit dem Buch nicht weiter. Diese Erkenntnis führte dazu, dass ich mich immer schlechter fühlte. Ich wusste nur: Ich musste etwas unternehmen.

Jeden Tag konzentrierte ich mich darauf, meine paradoxen Intentionen loszulassen. Ich musste die verzweifelte Bedürftigkeit loswerden, aber jedes Mal, wenn ich affirmierte, dass es in Ordnung war, wenn sich kein Verlag für mein Buch fand, fing ich an zu weinen. Ich erkannte, dass der potenzielle Verlust meines Traums mir großen Kummer machte und ich meine Erwartungen aufgeben musste, um hier und jetzt glücklich und zufrieden sein zu können. So vertraute ich mich meinem inneren Prozess an und erlaubte ihm, mich zu führen, wohin er mich führen wollte. Ich meditierte über mehrere Wochen jeden Tag und ließ meine innere Trauer zu. Gleichzeitig bemühte ich mich, meine Bedürftigkeit loszulassen.

Irgendwann kam der Zeitpunkt, an dem ich alles bedingungslos loslassen konnte. Ich fasste zwar den Entschluss, Verlegern mein Buch weiterhin anzubieten, aber wenn ich es zum Schluss nur im Eigenverlag herausbringen und auf meinen Seminaren verkaufen sollte, würde ich es genauso freudig tun und dankbar für diese Möglichkeit sein. Ich würde an meinem Traum festhalten und mir nicht das Leben vermiesen lassen. Ich vergoss keine Tränen mehr, denn ich hatte meine Wünsche wirklich losgelassen.

Das Interessante am Gesetz der paradoxen Intention besteht darin, dass das gewünschte Ergebnis dann eintritt, wenn wir die Verzweiflung wirklich überwinden – und auch mein Fall war in diesem Punkt keine Ausnahme. Nachdem ich ein paar Monate lang wirklich alles losgelassen hatte, traf ich jemanden, der mir empfahl, mein Buch zum Hay House Verlag zu schicken. Zuerst zog ich diese Möglichkeit nicht in Betracht, hauptsächlich weil ich dachte, dass es dort bereits eingereicht worden war. Bei all den enttäuschenden Absagen hatte ich einfach den Überblick verloren. Aber als ich herausfand, dass Hay House mein Buch noch nicht kannte, fand ich den Vorschlag plötzlich fabelhaft, nicht zuletzt, weil die Bücher von Louise Hay mich immer stark beeinflusst hatten. Mit ihren Werken hatte ich schwierige Zeiten überstanden, und ihre wunderbaren Affirmationen retteten mir nach dem Tod meines Vaters geradezu das Leben. Also entschied ich, dass es einen Versuch wert war.

Ein paar Monate später erhielt ich die Mitteilung, der Verlag wolle mein Buch veröffentlichen – ich war außer mir vor Freude! Mein Traum, eine richtige Autorin zu sein, ging endlich in Erfüllung.

Der Prozess, mein Buch einem Verlag anzubieten, nahm fast zwei Jahre in Anspruch, und ich fühlte mich elend, bis es mir schließlich gelang, alle Erwartungen loszulassen. Erst jetzt weiß ich, was für ein Segen dieser Verlauf war. Manchmal erfüllt das Universum unsere Wünsche nicht dann, wenn wir es gern hätten, weil später noch etwas Besseres auf uns wartet. Es kann ein glücklicheres Resultat sein, es kann unser persönliches Wachstum stärker fördern oder uns besser darin unterstützen, Vertrauen und Loslassen zu lernen.

In meinem Fall bewahrheiteten sich alle Gründe. Ich bin überzeugt, dass es letztlich gut für mich war, im ersten Jahr *keinen* Verleger gefunden zu haben, weil ich dadurch schließlich den Verlag fand, in dem ich am besten aufgehoben bin. Noch wichtiger: Auf diese Weise erhielt ich die Gelegenheit, mich mit meiner Tendenz zur Dringlichkeit und Kontrolle auseinanderzusetzen. Ich musste mir von Anfang an meine paradoxe Intention anschauen und lernen, dass ich *selbst* für mein Glück und Vertrauen verantwortlich war. Wenn ich mich darauf konzentrierte, gegenwärtig Freude und Zufriedenheit zu empfinden, erzielte ich die Resultate, die ich mir wünschte – und nicht andersherum.

⚖ Das **Gesetz der paradoxen Intention** weist auf jenes Paradox hin, das mit persönlichem Erfolg verknüpft ist: Wir bekommen, was wir uns wünschen, wenn wir wissen, dass wir es nicht zum Glücklichsein brauchen. Das Gesetz zwingt uns, eine verzweifelte Absicht loszulassen und die Dinge ruhig und gelassen anzugehen. Senden Sie niemals die Schwingung aus, dass Sie bereit sind, auf Ihr Glück zu warten, oder dass Sie bereit sind, die Erfüllung Ihrer Wünsche auf die lange Bank zu schieben. Das innere Bedürfnis, bestimmte Dinge müssten erfüllt sein, bevor Sie in Glück und Frieden leben können, erzeugt eine verzweifelte Energie, die Ihre Erfolgsaussichten zunichte macht. Achten Sie also darauf, dass Ihre Intentionen eindeutig sind und Sie nicht von negativen Motivationen angetrieben werden. Verfolgen Sie Ihre Ziele, weil Sie Ihr bereits glückliches Leben noch glücklicher machen wollen, und nicht, weil es Ihnen nur gut gehen kann, wenn Sie diese Ziele erreichen.

Auf der Suche nach einem Verleger hatte ich unbewusst ein ganzes Geflecht verzweifelter Wünsche erzeugt. Ich hatte mein Selbstwertgefühl und meine Identität von der Zusage eines Verlags abhängig gemacht und mir katastrophale Folgen ausgemalt, wenn sie nicht erfolgte. In der Veröffentlichung meines Buches hatte ich die Erfüllung eines Kindheitstraums und in der Ablehnung das Ende meines beruflichen Erfolgs gesehen. Ich hatte das Gefühl, nichts anderes mehr schreiben zu können. Aber nichts von dem traf zu, denn ich war bereits eine Autorin und verfolgte den Traum meiner Kindheit. Ich konnte also glücklich sein, während ich daran arbeitete, meine Ziele zu verwirklichen. Ich hatte bereits ein Selbstwertgefühl und war fähig, meinem Leben einen Sinn zu geben.

Ich musste mich daran erinnern, dass *Erfolg nicht von bestimmten Ereignissen abhängt,* und mir meine eigentliche Intention bewusst machen: Ich wollte schreiben, um anderen Menschen zu helfen, ein glücklicheres Leben zu führen. Die anderen Dinge, die so wichtig zu sein schienen, waren nicht wirklich von Belang, und dennoch erledigten sie sich in dem Moment, in dem ich sie loslassen konnte.

Erfolgstagebuch

Sehen Sie sich die Liste Ihrer Wünsche in Ihrem Tagebuch an. Beantworten Sie die folgenden Fragen, um Ihre wahren Intentionen ans Licht zu bringen:

- Was sind die unterschwelligen Bedürfnisse, die Ihren Erfolg zunichte machen könnten? Wenn Sie Ihr Ziel um jeden Preis erreichen müssen, fokussieren Sie Ihre Energie und Ihre Aufmerksamkeit darauf, was in Ihrem Leben fehlt.

- Was erwarten Sie sich von Ihrem Ziel? Machen Sie weder Ihr Selbstwertgefühl noch Ihr Glücksgefühl vom Erreichen Ihres Ziels abhängig. Streben Sie nach Ihrem Ziel um seiner selbst willen. Entscheiden Sie sich immer hier und jetzt dafür, glücklich und zufrieden zu sein.

Haben Sie Geduld und vertrauen Sie dem göttlichen Zeitplan. Wir sind Teil eines universellen Netzwerks, in dem unser Schicksal Gestalt annimmt durch unsere Energie, unsere Aufmerksamkeit und unsere Intention. Schaffen Sie sich mit positiver Energie, bewusster Kreativität und klarer, stimmiger Intention eine glückliche Zukunft. Versteigen Sie sich niemals in die Vorstellung, es gäbe nur eine Möglichkeit oder Lösung, und lassen Sie allen Druck und alle Verzweiflung los. Wenn Ihr wichtigstes Ziel darin besteht, optimistisch und vertrauensvoll zu sein, werden sich auch Ihre anderen Wünsche erfüllen.

Affirmationen zum Loslassen der paradoxen Intention

- Ich weiß, dass im Universum alles im Überfluss vorhanden ist. Alles, was ich mir wünsche, steht mir auch zur Verfügung.

- Ich lasse alle Verzweiflung los und bin innerlich im Frieden mit mir. Ich entspanne mich und bin geduldig und ausdauernd.

- Ich lasse das Gefühl los, dass mir etwas fehlt, und entscheide mich ab jetzt dafür, die positiven Dinge in meinem Leben wahrzunehmen.

- Ich lasse meine innere Unruhe los und habe Vertrauen. Ich weiß, dass sich meine Wünsche erfüllen, wenn ich meine Bedürftigkeit loslasse.

- Ich praktiziere die Kunst der Hingabe. Ich vertraue und lasse alle negativen Gefühle los.

Das Gesetz der Harmonie

Das fünfte universelle Gesetz des Erfolgs

Achten Sie darauf, dass Ihre Gedanken und Gefühle im Einklang mit Ihren Handlungen stehen. Am sichersten erreichen Sie Ihre Ziele, wenn Sie jede Dissonanz und jeden Konflikt aus dem Weg räumen, der zwischen Ihrem Denken und Fühlen sowie Ihrem konkreten Handeln steht.
Dr. Wayne W. Dyer

Der Quantenphysiker John Bell hat den Lehrsatz von der Nichtlokalität aufgestellt. Er besagt, dass ein Teilchen ein anderes über eine große Entfernung beeinflussen kann. Dies trifft auch auf die menschliche Ebene zu, weil wir in einem Universum leben, in dem alles miteinander verbunden ist. Die ganze Zeit über schwingt grenzenlose Energie in uns und um uns herum; sie verbindet uns mit anderen Menschen und mit dem konstanten Fluss der universellen Energie und Ereignisse. Wenn wir in Harmonie sind, partizipieren wir an diesem endlosen Überfluss des Universums. Sind wir jedoch *nicht* in Harmonie, entziehen wir uns diesem freigiebigen Strom und stagnieren am Ufer, von wo aus wir zusehen, wie die schönen Dinge an uns vorbeiziehen.

Unsere harmonische Schwingung ist der Schlüssel für das magische Phänomen der Synchronizität, in der die Energien so vollkommen miteinander verwoben sind, dass sich fantastische Möglichkeiten auftun. Es ergeben sich viele überraschende »Zufälle«, die schließlich zu echten Resultaten führen. Wenn dies geschieht, finden wir das, was wir brauchen, zur richtigen Zeit am richtigen Ort: Wir lernen Menschen kennen, die uns weiterhelfen, erhalten Informationen, wenn wir sie brauchen, und sind aus heiterem Himmel inspiriert. Harmonie ist ein Zusammenfließen von Energieströmen, die bewirken, dass unsere Intentionen auf fast mystische Weise Wirklichkeit werden. Dies hat nichts mit Zauberei oder Zufall zu tun. Bei der Harmonie geht es um Ausrichtung – die gezielte gemeinsame Ausrichtung von Energie, Bewusstsein und Intention.

⚖ Das **Gesetz der Harmonie** besagt: Unsere Intention und unsere Schwingungsfrequenz öffnen die Schleusen des universellen Überflusses und verschaffen uns Zugang zu allen Einsichten, Kräften und Segnungen, die die Welt bietet. Wir sollten uns nur bewusst dafür entscheiden, ein inneres Gleichgewicht herzustellen und uns für das Universum empfänglich zu machen. Um diesen erhabenen Zustand zu erreichen, müssen unsere Energien mit den Schwingungen in uns und außerhalb von uns im Einklang sein. Bringen Sie also Ihre persönliche Schwingung mit Ihrer Intention, mit anderen Menschen und mit dem universellen Überfluss in Einklang.

Harmonie in uns selbst

Alle Gesetze – und alle Problemlösungen – beginnen in uns selbst. Eine innere Harmonie stellen wir am besten dadurch her, dass wir unsere Gedanken, Emotionen und Aktivitäten ins Gleichgewicht bringen und unsere Tätigkeiten jeden Tag aufeinander abstimmen. Die Art und Weise, wie wir unser Leben führen, bestimmt, wie harmonisch unsere persönliche Energie ist – von scheinbar unüberlegten Gedanken bis hin zu folgenschweren Entscheidungen.

Mit ausgeglichenen Gedanken sind wir nicht sprunghaft oder voller Sorge, sondern ruhig und zentriert, wir besinnen uns auf die bevorstehende Aufgabe. Dieser mentale Zustand fängt damit an, dass wir uns selbst akzeptieren, und reicht bis dahin, dass uns die Launen des Schicksals nicht aus der Bahn werfen. Es mag komisch klingen: Die Ausgeglichenheit, die für eine harmonische Schwingung nötig ist, entsteht dadurch, dass wir uns auf zwei scheinbar gegensätzliche Intentionen konzentrieren: die volle Verantwortung zu übernehmen und jegliche Kontrolle loszulassen.

Wirkliche Selbstverantwortung bedeutet, dass wir zu hundert Prozent für unsere Lebensqualität verantwortlich sind. Wir sind verantwortlich für unsere Gedanken und Gefühle sowie für deren Konsequenzen. Dies scheint ein schwieriges Unterfangen zu sein, daher ist es wichtig, das Ganze mehr als einen fortlaufenden Prozess zu betrachten. Wir sind lebendig, kreativ und ziehen alles Mögliche an. Wenn wir uns mehr Gedanken über unsere Entscheidungen und Aktivitäten machen, steigt unsere Schwingung, und unser Bewusstsein verändert sich. Im Laufe der Zeit treffen wir immer spontaner die richtigen

Entscheidungen und verstärken dadurch unseren Harmoniezustand.

Die beste Starthilfe geben wir diesem harmonischen Prozess, indem wir aufhören, uns selbst zu kritisieren. Ausgeglichene Gedanken schwingen mit Liebe, selbst wenn sie sich um uns selbst drehen. Sich selbst zu akzeptieren ist der Schlüssel zu einem höheren Bewusstsein und einer attraktiveren Energie. *Hören Sie ohne Zaudern mit der Selbstkritik auf, denn Sie können nicht gleichzeitig in Harmonie mit sich sein und sich selbst hassen.*

Wir können nicht im göttlichen Strom fließen und zugleich seine Schöpfung ablehnen. Und wir können nicht in Harmonie mit anderen sein, solange wir unsere Gedanken fürchten oder kontrollieren wollen. Dies sind wichtige Erkenntnisse, wenn wir unseren Bewusstseins- und Energiezustand verändern wollen. Um im Gleichgewicht mit dem Universum zu leben und uns den magischen Strom des Überflusses zu erschließen, müssen wir zuerst mit uns selbst in Harmonie sein.

Friedvolle Prioritäten

Versetzen Sie sich zunächst in einen friedvollen Bewusstseinszustand mit einem offenen Herzen, weil alle positiven Dinge aus dieser inneren Haltung heraus entstehen. Dies ist mehr als simples »positives Denken«, es ist eine absolute energetische Wahrheit. Je stärker unsere Gedanken und Gefühle im Konflikt sind, desto mehr Disharmonie ziehen wir in der äußeren Welt an.

Die harmonischsten – und daher erfolgreichsten – Gefühle sind Liebe, Frieden, Akzeptanz und Begeisterung für das eigene Leben. Wenn wir es nicht schaffen, diesen grundlegenden Gefühlen Raum in unserem Alltag zu geben, werden wir ständig irgendetwas anstreben, ohne dabei erfolgreich zu sein. Um dies zu vermeiden, müssen wir erst wieder ein Gleichgewicht in uns herstellen. Die Grundlage unseres bewussten Denkens *muss* Selbstakzeptanz sein; die Grundlage unserer Gefühle *muss* Liebe sein.

Eine friedvolle Grundlage macht es leichter, die persönlichen Aktivitäten im Gleichgewicht zu halten, sowohl bei der zeitlichen Planung als auch bei den Prioritäten. Obgleich das Leben oft erfordert, dass wir unsere Aufmerksamkeit auf mehrere Gebiete gleichzeitig verteilen, wie Beruf und Familie, neigen wir dazu, unsere Energie auf ein Problem zu konzentrieren und die anderen Dinge zu vernachlässigen.

Auch wenn es das Natürlichste der Welt zu sein scheint, bringen unausgeglichene Prioritäten ein energetisches Problem mit sich. In diesem Zustand senden wir nämlich das Signal aus, dass wir bereit sind, etwas aufzugeben, was für uns wichtig ist. Es handelt sich dabei um klare energetische Botschaften, die nur Menschen und Situationen anziehen, die von uns verlangen, noch mehr aufzugeben. Setzen wir uns weiterhin *selbst* an die letzte Stelle, werden wir auch die Letzten sein, deren Wünsche in Erfüllung gehen. Es führt kein Weg darum herum: *Das Universum erfüllt immer die Priorität, die wir uns selbst setzen.*

Harmonisches Handeln hat nicht nur positive Auswirkungen auf uns, sondern auch auf die Menschen, die uns nahestehen, auf unseren beruflichen Weg und unsere persönlichen Ziele. Es ist nicht leicht, ein inneres Gleichgewicht herzustellen, aber es lohnt sich. Um die höchsten harmonischen Schwingungen zu erzeugen, müssen wir uns vergegenwärtigen, wie wir mit unserer physischen und emotionalen Energie umgehen.

Wenn der Arbeitstag kein Ende nimmt und wir von einem Termin zum nächsten hetzen, haben wir eine aufgewühlte Schwingung. Wir ziehen daher schwierige und chaotische Menschen und Situationen an. Wenn wir ständig abgelenkt sind von zwanghaften Aktivitäten und Vergnügungen, kann dieser Seinszustand unsere harmonische Schwingung zerstören. Er unterbricht dann den fließenden Prozess, der zur Erfüllung unserer Träume führen könnte. Wenn wir aus dem Gleichgewicht geraten sind, befinden wir uns nicht in einem harmonischen Zustand, und unsere Schwingungen sind nicht in Resonanz mit dem universellen Energiestrom.

Ein harmonischer Zustand ist von Ruhe und Gelassenheit gekennzeichnet, das heißt: Frieden statt Konflikt, Vertrauen statt Angst, Selbstwertgefühl statt der Beurteilung durch andere. Wir können uns in jedem Moment für diesen Zustand entscheiden. Lassen Sie den Tumult in Ihrem Kopf und die Angst in Ihrem Herzen los. Fühlen Sie stattdessen Frieden und Selbstvertrauen. Schließen Sie die Augen, lassen Sie alles los, und atmen Sie tief ein und aus … fühlen Sie, wie sich Ihr Bewusstseinszustand verändert.

Erfolgstagebuch

Nutzen Sie Ihr Tagebuch, um Ihre negativen Gedanken loszulassen. Wenn Sie deprimiert sind, sollten Sie Ihre Gedanken aufschreiben und sie durch positive Affirmationen ersetzen. Sind Sie ängstlich, affirmieren Sie, dass Sie Vertrauen haben. Auch wenn Sie wütend sind, ver-

trauen Sie Ihre Gefühle Ihrem Tagebuch an. Das Nieder-
schreiben hilft Ihnen dabei, bewusst ausgeglichene Gefühle zu erzeugen. Besinnen Sie sich auf Ihre positive
Energie, und übergeben Sie Ihre Situation dem Universum. Hören Sie auf, mit den Umständen zu hadern, und
lassen Sie sie *aufrichtig* los.

Harmonie mit anderen Menschen

Harmonische Schwingungen fangen in unserem Innern
an und setzen sich nach außen hin fort, um sich mit anderen Lebewesen zu verbinden. Wenn die Menschen in
Harmonie miteinander sind, entsteht eine wunderbare
Schwingungssymphonie. Wir sind dann selbst im Zentrum dieser Musik und können mit ihr in jedem Lebensbereich eine wunderschöne Musik erzeugen. Aber um
ein Teil dieses herrlichen Klanggebildes zu werden – und
nicht nur Zuhörer zu sein –, müssen wir unsere Schwingungen in Einklang mit dem Energiezustand anderer
Menschen bringen.

*Um wirkliche Harmonie zu erzielen, müssen wir uns selbst
und andere akzeptieren und weder nach ihrer Anerkennung
schielen noch ihnen die eigene Anerkennung verweigern.* Dies
ist ganz wichtig, wenn wir uns von den negativen Schwingungen des Konflikts befreien wollen. Wir können keine
Hilfe vom Universum erwarten, wenn wir nicht mit ihm
kooperieren. Einssein und nicht Trennung muss daher
unser Ziel sein, wir sollten die Ähnlichkeiten betonen
und nicht die Unterschiede. Dies ist keine idealistische
Weltsicht, es ist eine fundamentale Notwendigkeit, wenn
wir wirklich den Energiezustand erzeugen wollen, der
uns zum Erfolg führt.

Wie wir andere Menschen sehen, lässt sich nicht davon trennen, wie wir uns selbst sehen. Dies ist die Grundlage unserer persönlichen Wahrnehmung und Realität. Wer die Welt als Schauplatz ständiger Konkurrenzkämpfe betrachtet, kann nicht angstfrei seine Ziele verfolgen. Solange wir im Anderen eine potenzielle Bedrohung für unser Glück sehen, leben wir in Furcht und handeln mit innerem Druck und innerer Verzweiflung.

Ist uns aber klar, dass wir der Ausgangspunkt aller Problemlösungen sind, kann uns niemand bedrohen. Wenn wir die hohen Energien von Liebe und Akzeptanz ausstrahlen, ziehen wir Menschen an, die uns nicht bedrohen, sondern unterstützen. Wenn wir uns weigern, andere zu akzeptieren, geben wir ihnen wahrhaftig unsere Kraft. Unsere Energie sagt: »Du hast die Möglichkeit, in mir Wut oder Angst zu erzeugen, denn du hast Macht über mich.«

Schaffen wir es jedoch, andere zu akzeptieren, holen wir uns unsere Stärke zurück. Wir übernehmen die Verantwortung für unsere Gefühle und Schwingungen und erzeugen einen höheren, friedlicheren Bewusstseinszustand, der im Einklang mit dem Fluss der universellen Intention steht. Unser Wille, andere zu akzeptieren, zeigt, dass wir bereit sind, in Harmonie mit uns selbst, mit anderen und mit der ganzen Welt zu leben. Je mehr wir also akzeptieren, desto größeren Einfluss haben wir im energetischen Bereich. Wenn wir uns weigern, andere anzuerkennen, schwächen wir uns nur selbst und ziehen dadurch Menschen und Situationen an, die uns noch mehr Probleme bereiten.

Negative Gefühle senden feindliche Energiestöße voller Spitzen aus. Ihre Schwingung verletzt nicht nur andere, sondern verstärkt sich noch durch die Negativität aus dem Universum. Dadurch steigt die Schwingungswirkung und eine noch größere Feindseligkeit schlägt auf uns zurück. Auch wenn wir es nur für uns selbst tun – wir müssen aufhören, andere zu verurteilen, alle Angst loslassen und uns stattdessen für Liebe und Akzeptanz entscheiden.

Echte Harmonie besteht, wenn wir anderen gegenüber mitfühlend sind – wenn wir uns selbst zurücknehmen und in ihre Situation versetzen. Wenn immer mehr Menschen begreifen, dass sie zu einer Menschheit gehören und Teil eines umfassenden Bewusstseins sind, stärkt ihr Einfühlungsvermögen den Fluss der Harmonie. Auf diese Weise entsteht eine tiefgreifende energetische Verbindung, eine Harmonie im Verstehen, die nicht nur unsere eigene Schwingung, sondern die aller Beteiligten erhöht.

Harmonie mit dem Universum

Unsere persönlichen Schwingungen sind weder räumlich noch zeitlich begrenzt. Es gibt keinen Punkt in Raum oder Zeit, an dem unser Einfluss nicht gefühlt werden könnte. Alles, was wir denken, sagen und tun, sendet eine Frequenz aus, die durch uns geprägt ist. Nach und nach vermischt sie sich mit gleichartigen Wellenlängen, und diese zusammengeballten Schwingungen kommen dann wieder zurück. Ob wir Gutes oder Schlechtes anziehen, hängt davon ab, welche Art von Energie wir ausstrahlen.

Harmonie mit dem Universum beginnt damit, dass wir uns direkt mit dem Ursprung des Universums verbinden – jenem großen Bewusstsein, das unsere Realität erschaffen hat. Wenn wir unsere Energie wirklich mit den positiven Schwingungen, die uns umgeben, in Einklang bringen wollen, müssen wir uns *mit dem göttlichen Bewusstsein verbinden*. Es ist ständig präsent und jederorts für alle zugänglich.

Es ist erstaunlich, wie viele Menschen diese machtvolle Kraft ungenutzt lassen oder sich ihr sogar aktiv verweigern, wenn es darum geht, sie für die eigenen Ziele zu nutzen. Vielleicht ist die göttliche Allgegenwart eine merkwürdige Vorstellung, die ängstliche Erinnerungen hervorruft oder einfach zu abstrakt – oder dogmatisch – ist. Was auch immer der Grund sein mag, viele lehnen es grundsätzlich ab, diese Macht um Hilfe anzurufen. So schneiden sie sich von der einzigen Quelle ab, die ihre Probleme wirklich lösen könnte. Ob wir dieses allumfassende, kreative Bewusstsein Gott, liebende Quelle, schöpferische Kraft oder einfach nur das Universum nennen, bleibt jedem selbst überlassen. Es zählt nur die unleugbare, direkte Verbindung zu diesem allumfassenden Bewusstsein.

⚛ Jeder von uns ist ein heiliges Wesen mit einer Seele und einem Herzen und existiert als eine Manifestation des göttlichen Willens. Die höhere Intelligenz der Schöpfung schwingt ständig in unserem Innern und außerhalb von uns. Je stärker wir unsere Energie mit diesem alles durchdringenden Herzschlag verbinden, desto mehr befinden wir uns im Strom der universellen Schöpfung. Je klarer wir diesen Teil unserer Identität erkennen, und zwar sowohl auf der bewussten als auch auf der energetischen Ebene, desto klarer und eindeutiger wird unser Handeln. Wenn wir in Harmonie mit der liebevollen Intention des Universums leben, haben wir eine klare Intention, die wir kreativ umsetzen.

Verbinden Sie sich mit dieser inneren Kraft durch die folgenden Affirmationen: *Ich bin eins mit der liebenden Quelle. Ich verbinde mich mit der göttlichen Gegenwart in allen Dingen. Ich öffne mich für die schöpferische Kraft dieser alles durchdringenden Quelle und bin aus ganzem Herzen dankbar.*

Meditation: Unsere heilige Verbindung

Diese Meditation wird Ihnen helfen, Ihre Schwingungen mit dem Universum zu harmonisieren. Meditieren Sie vor dem Schlafengehen, oder nehmen Sie sich im Verlauf des Tages ein paar Minuten, um sich zu entspannen und mit der liebenden Quelle zu verbinden. Wenn es einfacher für Sie ist, können Sie den Text auf ein Audiogerät sprechen und sich die Aufnahme vor dem Einschlafen anhören. Lauschen Sie den Worten, und konzentrieren Sie Ihr Gefühl auf die göttliche Verbindung tief in Ihrem Herzen, wenn Ihr Geist umherzuwandern beginnt.

Stell dir vor, das Licht und die Wärme der Sonne durchströmt dich, und du fühlst dich entspannt und ruhig. Tief in deinem Innern bemerkst du eine stärker werdende, kraftvolle Gegenwart, die aus einer strahlend hellen Lichtquelle entspringt. Dies ist das Licht der göttlichen Liebe, das dir das Gefühl von Geborgenheit gibt und dein Herz mit innerem Frieden erfüllt. Dieses Licht ist der innere Ruhepol, die Verbindung, in der die liebende Gegenwart des Göttlichen dich mit bedingungsloser Liebe umhüllt.

Fühle dieses Licht; atme dieses Licht ein; werde zu diesem Licht. Lasse zu, dass die göttliche Liebe dich ganz erfüllt. Wie eine ewige Quelle füllt dich ein unendlicher Brunnen der Illumination mit Weisheit und Freude. Jeder Tropfen bewirkt Klarheit und Ruhe, jede Schwingung bringt Ermutigung und Liebe.

Bade in dieser gesegneten göttlichen Gegenwart, die ein immerwährendes Geschenk aus der vollkommenen, ewigen Quelle ist. Das vollkommene Licht kann jederzeit und überall empfangen, die Macht und Allgegenwart Gottes immerzu angerufen werden. Verbinde dich mit der strahlenden Energie, die dein heiliges Herz erfüllt – und verknüpfe dein Herz mit dem göttlichen Herzen, deine Liebe mit der göttlichen Liebe, deinen Willen mit dem göttlichen Willen. Dies ist deine heilige Verbindung, die dir jederzeit, überall und bei allen Vorhaben bereitwillig zur Verfügung steht. Öffne dich ihrer wunderbaren Schwingung und vergiss nie, dass dich diese liebevolle Gegenwart jeden Tag umgibt.

Wenn du mit dir selbst, mit anderen und der liebenden Energie des Göttlichen in Harmonie bist, wirkt sich dies magisch auf alle Bereiche deines Lebens aus. Durch diese Harmonie entsteht eine Synchronizität, eine Quelle übernatürlicher Energie, die Konflikte in Frieden und Nöte in Glück verwandelt. Versetze dich, so oft du kannst, in diesen gelassenen, friedvollen Zustand.

Affirmationen für ein Leben in Harmonie

- Ich übernehme ständig die Verantwortung für meine Gedanken, meine Gefühle und meine Lebensqualität.

- Ich führe ein ausgeglichenes und glückliches Leben. Ich befinde mich in diesem Moment in Harmonie mit mir selbst und mit meiner Umwelt.

● Ich akzeptiere mich selbst; ich akzeptiere andere. Ich würdige das göttliche Licht in jedem Menschen.

● Wohlstand und Glück fließen frei durch das Universum, und ich verdiene es, dass alle meine Wünsche in Erfüllung gehen.

● Ich bin eins mit dem Universum. Ich öffne mich der Liebe und den Segnungen, die mich umgeben.

Das Gesetz
des richtigen Handelns

Das sechste universelle Gesetz
des Erfolgs

*Sei du selbst die Veränderung,
die du dir für diese Welt wünschst.*
Mahatma Gandhi

Das Gesetz des richtigen Handelns und das Gesetz des Magnetismus sind eng miteinander verbunden. Sie beziehen sich beide auf den Austausch von Energie, aber es gibt feine Unterschiede zwischen ihnen. Das Gesetz des Magnetismus bezieht sich hauptsächlich darauf, wie wir mit uns selbst umgehen, während das Gesetz in diesem Abschnitt davon handelt, wie wir uns anderen gegenüber verhalten. Dies kann Anlass für ein interessantes Dilemma sein, denn viele Menschen glauben irrtümlich, man könne nicht gleichzeitig nach beiden Gesetzen leben. Sie denken, sie müssten selbstsüchtig sein, um sich selbst etwas Gutes zu tun – oder sie müssten sich selbst aufgeben, um andere gut zu behandeln. Das Gesetz des richtigen Handelns weist jedoch darauf hin, dass dies nicht zwangsläufig der Fall sein muss.

Die energetischen Schwingungen, die wir aussenden – seien sie auf uns selbst oder auf andere ausgerichtet –, sammeln sich an und erzeugen eine Art »Lebenskonto«. Alles, was wir denken oder tun, jede positive oder negative Interaktion mit einem anderen Menschen ist eine Art Einzahlung auf dieses Konto. Wenn wir nur Negativität einzahlen, können wir auch nur Negativität abheben. Dies trifft auf alles zu, was wir tun, ob es sich auf uns selbst bezieht oder auf andere.

⚖ Das **Gesetz des richtigen Handelns** besagt, dass sich unsere Energie in der Welt durch sich selbst aufrechterhält. Positive Werte verstärken sich so weit in unserem Leben, wie wir sie in unserem eigenen Umfeld fördern. Macht unser Handeln jedoch die positiven Werte anderer zunichte, wird sich dieses negative Verhalten über kurz oder lang gegen uns selbst richten. Gemäß diesem Prinzip sollten wir uns vor jeder Entscheidung die Frage stellen: »Hat das, was ich tue, positive Auswirkungen auf mich und andere?«

Dies ist die Schlüsselfrage bei den energetischen Optionen, die wir haben. Im Laufe unseres Lebens treffen wir ständig Entscheidungen, die unsere positiven Werte stärken oder schwächen: in unserem täglichen Verhalten, unseren dauerhaften Selbstgesprächen und unserem Austausch mit anderen. Wir haben einen unendlich großen Handlungsspielraum, und unsere Entscheidungen sind energetisch dafür verantwortlich, ob unser Schicksal einen positiven oder negativen Verlauf nimmt.

Die energetische Schwingung lässt die innere Haltung der Wertschätzung entstehen, sie verfügt über die Frequenz mit der höchsten Anziehungskraft. Wenn wir diese Schwingung ausstrahlen, spüren wir es im Bauch und an unseren Gefühlen. Verhalten wir uns hingegen abschätzig, merken wir, dass etwas nicht richtig ist. Auch wenn die Dinge eine Zeit lang gut laufen, fühlt es sich doch nicht authentisch an. Obgleich es keine festen Regeln gibt, die den Unterschied klar definieren, weiß man es irgendwie im Herzen. Jedes Mal wenn wir einen Gedanken haben, eine Entscheidung treffen, etwas aussprechen oder uns auf eine bestimmte Weise verhalten, wissen wir im Innern, ob wir aus einer grundlegenden Wertschätzung heraus handeln, die sich positiv auf uns selbst auswirken wird.

Ich hatte einmal eine Klientin namens Casey, die in der mittleren Führungsebene einer großen Softwarefirma arbeitete. Sie erhielt täglich Berichte von sieben Personen und leitete die Arbeitsergebnisse ihres Teams an ihre direkte Vorgesetzte weiter, die dann dem obersten Chef berichtete. Casey arbeitete als Teamleiterin sehr gewissenhaft und hatte das Ziel, auf der Verantwortungsleiter weiter nach oben zu steigen.

Kurz nachdem sie ihre gegenwärtige Position eingenommen hatte, fand sie heraus, dass ihre Vorgesetzte die Zahlen im Bericht veränderte, bevor sie sie dem Chef vorlegte. Zuerst schien es bedeutungslos zu sein, aber dennoch hatte Casey ein ungutes Gefühl, auch wenn sie es nicht wagte, ein Wort darüber zu verlieren. Sie scheute eine Konfrontation, denn ihre Vorgesetzte hatte sie schon öfter kritisiert und ihr zu verstehen gegeben, dass sie mit ihrer Arbeit unzufrieden war.

Schließlich musste Casey ihre Vorgesetzte jedoch zur Rede stellen. Diese bat sie, die Sache nicht an die große Glocke zu hängen. Es handele sich nur um geringfügige

Veränderungen, und sie schwor, es nicht wieder zu tun. Außerdem meinte sie, es sei müßig, die Sache in der gegenwärtigen Situation an den Chef heranzutragen.

Die Dinge beruhigten sich für einige Zeit, aber ein paar Monate später musste Casey feststellen, dass ihre Vorgesetzte erneut die Informationen manipuliert hatte, entweder um ein größeres Budget zu erhalten oder um mehr Zeit eingeräumt zu bekommen. Und erneut gelang es dieser, Casey dazu zu bringen, den Mund zu halten. Dies ging etwa ein Jahr so weiter. Während dieser Zeit gab es zwei Beförderungen in der Firma. Meine Klientin bewarb sich auf beide Stellen, wurde aber nicht berücksichtigt. Ihre Vorgesetzte hatte keine Empfehlung für sie ausgesprochen, weil sie die Kontrolle behalten wollte; sie wusste, dass sie Casey manipulieren konnte, und daher sollte sie in ihrem Einflussbereich bleiben.

Casey war inzwischen sehr unzufrieden mit ihrer Arbeit und ärgerte sich darüber, dass ihre Vorgesetzte weder Integrität besaß noch den nötigen Respekt vor ihr an den Tag legte. Auch hatte Casey keine Hoffnung mehr auf eine Beförderung. Sie begann eine Therapie, um ihre Depressionen zu behandeln, erkannte jedoch nicht, dass sie sich zuerst damit auseinandersetzen musste, dass man ihr keine Wertschätzung entgegenbrachte. Dies drückte sich in jedem Aspekt ihrer Erfahrung am Arbeitsplatz aus und war die Ursache für ihre Depressionen.

Das Erste, was Casey falsch gemacht hatte, bestand darin, dass sie es ihrer Vorgesetzten erlaubt hatte, sie nicht zu respektieren. Viele Menschen tappen in diese Falle, weil sie das Gefühl haben, einer Autoritätsperson nicht standhalten zu können. Aber so schwierig es auch zu sein scheint, es führt kein Weg darum herum, einen Mangel an Respekt offen anzusprechen. Selbstverneinung führt auf der energetischen Ebene zu ernsthaften Konsequenzen. Casey ging es schlecht, sie konnte in ihrer Firma nicht aufsteigen – und was das Wichtigste war: Sie hatte ihre eigene Integrität und den Respekt vor sich selbst geopfert, weil sie eine Entlassung befürchtete. Sie hatte keine Wertschätzung, weder für sich selbst noch für ihren Chef, ihre Kunden oder ihre Arbeit. Und obwohl es zunächst nicht so aussah, verachtete sie auch ihre Vorgesetzte, die der Ausgangspunkt aller Probleme war.

Nachdem wir über ihren energetischen Zustand und über die universellen Gesetze gesprochen hatten, wusste Casey, was sie zu tun hatte. Sie ging zu ihrer Vorgesetzten und sagte ihr, dass sich einige Dinge verändern müssten. Es fiel ihr nicht leicht, aber sie sprach aus, dass sie es verdiente, mit Respekt behandelt zu werden. Sie erzählte ihrer Vorgesetzten auch, dass der Chef über die frisierten Berichte informiert werden müsse, und schlug vor, dass sie zusammen mit ihm sprachen. Zu ihrer Überraschung willigte ihre Vorgesetzte ein und ging mit ihr zum Geschäftsführer.

Nun zahlte es sich aus, dass Casey sich selbst und die Situation ernst genommen hatte. Er würdigte ihren Mut und ihre Ehrlichkeit und vergab gleichzeitig der Vorgesetzten, die sich mit dem Rücken zur Wand fühlte, weil sie zu viele Teams zu beaufsichtigen hatte. Der Chef schlug spontan eine Lösung vor: Er ernannte Casey selbst zur Vorgesetzten – mit entsprechender Beförderung und Gehaltserhöhung – und unterstellte ihr ein paar der Teams, für die bislang ihre Vorgesetzte verantwortlich gewesen war.

So verbesserte sich die Situation für alle Beteiligten. Casey verdiente mehr Geld und erhielt die Anerkennung, nach der sie sich schon immer gesehnt hatte, und ihre Vorgesetzte war weniger gestresst. Die Firma erhöhte ihre Produktivität, und der Chef vertraute wieder darauf, dass alles in den richtigen Bahnen lief.

In diesem Fall ist nicht schwer zu erkennen, wie wichtig es ist, sich selbst zu respektieren und ernst zu nehmen. Aber es gibt viele andere Situationen, in denen die richtige Entscheidung nicht so offensichtlich ist. Wir müssen auf unser Herz hören und das tun, was in Einklang mit unserem eigenen Gefühl von persönlicher Würde steht. Es ist nicht immer leicht, die richtige Lösung zu finden, aber richtiges Handeln erzeugt die beste Schwingung für alle Beteiligten. Wenn Sie Zweifel haben, halten Sie sich an die folgenden Prinzipien.

Leitsätze für richtiges Handeln

- Übernehmen Sie stets Verantwortung für sich selbst, für Ihre Entscheidungen, Ihre Gefühle, Ihre Schwingungen und Ihre Verhaltensweisen.

- Treffen Sie Entscheidungen, die Ihrer geistigen, körperlichen und emotionalen Gesundheit dienen. Fragen Sie sich in jeder Situation, was angemessen für Sie ist.

- Entwickeln Sie eine echte innere Kraft, statt von außen zu manipulieren oder zu kontrollieren.

- Respektieren Sie sich selbst, und fordern Sie auch von anderen Respekt.

- Respektieren Sie andere, hören Sie auf, andere zu verurteilen, und zeigen Sie stattdessen Mitgefühl.

- Halten Sie sich an die Wahrheit, ohne dadurch verletzend zu sein.

- Haben Sie den Mut, für sich selbst einzutreten – ohne andere zu beschuldigen und ohne Ausreden.

Wenn wir das Richtige tun, wissen wir es tief im Herzen. Wir spielen eine schöne Melodie, die andere anzieht. Dadurch entsteht eine Harmonie, durch die das universelle Gesetz des richtigen Handelns positiv auf uns zurückwirkt. Dies ist die Wirkungsweise einer echten, liebevollen Intention.

Liebevolle Intention

Die wichtigste Intention, die einem richtigen Handeln zugrunde liegt, besteht im Schaffen positiver Werte und im Verströmen von Liebe. Tatsächlich ist die Liebe der energetische Katalysator für alle erfolgreichen, kreativen Manifestationen. Wenn wir unsere Gedanken auf diese Schwingungskraft ausrichten, verbinden wir unsere Energie mit dem höheren Bewusstsein, das alle Dinge erschaffen hat, und es gibt keine größere Macht, um uns bei der Erfüllung unserer Träume zu helfen.

Die Intention der Liebe lässt uns in einer Weise handeln, die die positiven Werte in unserem Leben und im Leben anderer bestärkt. Wenn wir davon sprechen, das »Richtige« zu tun, geht es uns um das, was sinnvoll ist und anderen guttut. Auf diese Weise haben wir die Möglichkeit, unsere Schwingungsenergie in jeder Erfahrung und jeder Interaktion mit anderen zu erhöhen. Wir haben die Wahl, zu akzeptieren statt zu verurteilen, zu unterstützen statt zu entmutigen, Prioritäten zu setzen statt bestimmte Dinge auszublenden, andere zu ermächtigen und sie nicht zu kontrollieren. Jeden Tag sind wir mit Dutzenden solcher Entscheidungen konfrontiert – sei es in Form eines flüchtigen Kompliments oder einer abwertenden Bemerkung. Die Interaktion mit anderen Menschen prägt uns sehr, fast so stark wie jene mit uns selbst. Wenn wir respektvoll und wertschätzend mit anderen umgehen, handeln wir richtig und senden entsprechende Schwingungen aus.

Jeder Mensch ist etwas Besonderes. Wir alle spielen wichtige Rollen in der ewigen Harmonie der Dinge – und zwar unabhängig davon, was wir an Beweisen auffahren, um diese Tatsache zu widerlegen. Viele glauben, unsere Einzigartigkeit komme durch großartige Leistungen zum Ausdruck, durch riesige Reichtümer oder außergewöhnliches Aussehen beziehungsweise Talent. Aber das Universum ähnelt einem riesigen, ausgetüftelten Uhrwerk: Es gibt große Glocken, wunderschöne bewegliche Figuren und vergoldete Schriftzüge, jedoch auch zahllose Teile, die nicht gleich ins Auge stechen. Selbst das kleinste, scheinbar belangloseste Teil ist wichtig und hat eine spezielle Funktion.

Unsere menschliche Struktur ist ebenfalls ein kompliziertes Netzwerk unterschiedlicher Funktionen, die alle auf bedeutende Weise miteinander verbunden sind. Und ob wir uns dessen bewusst sind oder nicht: Jeder von uns ist ein besonderer Bestandteil im komplexen Zusammenspiel des Universums und bringt seine ureigenste Schwingung in die große Gesamterfahrung ein.

Indem wir unsere besondere Rolle leugnen und unseren eigenen Wert und den von anderen nicht anerkennen, schaffen wir eine Störung im reibungslosen Ablauf des Universums. Schätzen wir jedoch uns und andere und betrachten uns – unabhängig von den individuellen Umständen – als wertvollen Bestandteil des göttlichen Uhrwerks, sind wir in der Lage, die Erhabenheit des Universums zu erkennen und auf allen Ebenen richtig zu handeln.

Richtiges Handeln hat nichts mit Moral zu tun, es geht um die energetischen Zusammenhänge von Ursache und Wirkung. Manche nennen es deshalb auch das Gesetz von Ursache und Wirkung. Welchen Namen man ihr auch gibt, die energetische Wahrheit ist nicht zu leugnen: Wir bekommen die gleiche Energie *zurück*, die wir ausstrahlen. Wenn wir hasserfüllt und manipulativ sind, werden wir ebenfalls so behandelt werden. Wenn wir betrügerisch und unehrlich sind, werden andere nach einer Weile ebenso mit uns umgehen.

Dem Gesetz des Magnetismus zufolge soll sich unsere Wertschätzung darauf konzentrieren, wie wir uns selbst begegnen, während das Gesetz des richtigen Handelns darauf abzielt, wie wir anderen gegenübertreten. Dies klingt wie ein Widerspruch, aber wenn wir im inneren Gleichgewicht sind, können wir uns um andere kümmern, ohne uns selbst zu vernachlässigen, und wir können Wertschätzung – oder richtiges Handeln – zu einem Teil unserer Alltagserfahrung machen.

Respekt und Wertschätzung sind subjektiv, aber ihre Intention gründet sich auf Liebe. Aus Liebe zu handeln gibt uns eine innere Würde und eine echte – und keine betrügerische – Macht. Wir müssen unsere Autorität nicht länger auf die giftigen Frequenzen der Arroganz,

Feindseligkeit oder sogar Angst gründen. Unsere Fähigkeit, die energetischen Konsequenzen unseres Handelns abzuschätzen, hilft uns dabei, richtig zu handeln. Sie wird uns im Zweifelsfall eine liebevolle und wertschätzende Alternative wählen lassen. Richtiges Handeln besteht aus nichts anderem, und es liegt an uns, die Entscheidungen zu treffen, die zu den *richtigen* Resultaten führen.

Affirmationen für richtiges Handeln

- Mit allem, was ich denke und tue, drücke ich stets meine wertschätzende Haltung mir selbst gegenüber aus.

- Ich respektiere andere Menschen. Ich höre auf, sie zu beurteilen, und zeige stattdessen Mitgefühl.

- Mir ist klar, dass mein eigenes Handeln auf mich zurückwirkt. Ich entscheide mich immer für richtiges Handeln.

- Ich lasse jegliches Konkurrenzverhalten los und betrachte die Menschen in einem anderen Licht. Jeder Mensch ist ein Geschenk für mich.

- Ich nehme die Schwingungen anderer bewusster wahr. Meine innere Einstellung gegenüber anderen ist ab jetzt von Liebe und Akzeptanz geprägt.

Das Gesetz
der expandierenden Wirkung

Das siebte universelle Gesetz des Erfolgs

*Es gibt einen denkenden Stoff, aus dem
alle Dinge gemacht sind, und der – in seinem
ursprünglichen Zustand – jeden Winkel
des Universums durchdringt und erfüllt.*
W. D. Wattles

Das siebte Gesetz handelt davon, wie unsere Schwingung andere Menschen beeinflusst – und welche Auswirkung ihre Resonanz auf uns hat. Das Leben an sich besteht in einem Austausch von Energien, die uns ständig überall umgeben und durchdringen. Ein permanenter Prozess der Ansammlung erzeugt ein emotionales Schwingungsmuster, das unser Leben bestimmt.

Einige Phänomene aus dem Bereich der Quantenphysik machen deutlich, wie dieser Prozess abläuft. Die erste Einwirkung nennt sich *Phasenverschränkung*. In der Natur verbinden und trennen sich die atomaren Teilchen und nehmen dabei oft etwas von einem anderen Teilchen mit. Bei der Phasenverschränkung geht es um Folgendes: Wenn zwei Teilchen aufeinandertreffen, verbinden sich ihre Energien miteinander; wenn sie sich wieder trennen, hinterlassen sie einen veränderten Energiezustand.

Unsere emotionale Erfahrung kann ebenfalls zu einer Phasenverschränkung führen. Wir alle erleben dies Tag für Tag. Wir haben mit einer bestimmten Person zu tun und nehmen ihre Schwingung auf – genauso wie sie unsere Schwingung aufnimmt. Diskutieren wir zum Beispiel mit einem schlechtgelaunten Teenager, kann es sein, dass wir selbst schlechte Laune bekommen. Sind wir mit einer Person zusammen, die deprimiert ist, fühlen wir uns selbst so, manchmal sogar noch lange danach. Und wenn wir Zeit mit jemandem verbringen, der gute Stimmung versprüht, werden wir selbst heiter. Gefühle sind ansteckend, und der Energiezustand eines jeden Menschen übt einen großen Einfluss aus.

Dieses wichtige Prinzip müssen wir berücksichtigen, wenn wir erfolgreich sein wollen. Weil wir so leicht energetischen Einflüssen ausgesetzt sind, sollten wir genau darauf achten, mit wem wir uns einlassen, sowohl in unserer Privatsphäre wie im sozialen Leben und im Beruf. Die innere Einstellung anderer Menschen beeinflusst nicht nur unsere Gedanken und Stimmungen, unser Wohlbefinden insgesamt, sie wirkt sich auch auf unser Verhalten aus.

Wenn uns eine Firma gehört oder wir ein Unternehmen leiten, ist es besonders wichtig, diese Zusammenhänge zu verstehen, denn es kommt darauf an, dass wir Menschen einstellen, die eine persönliche Integrität besitzen. Energetische Schwingungen breiten sich unbegrenzt aus, daher ist es nicht wünschenswert, dass eine Person mit einer niedrigen Schwingung die Energie von Nachlässigkeit und Falschheit am Arbeitsplatz verströmt.

Aus dem gleichen Grund sollten auch wir selbst in unserem beruflichen Verhalten Integrität an den Tag legen.

Ein altes Sprichwort lautet: »Wie der Herr, so's Gescherr.« Es weist darauf hin, dass die innere Einstellung und Handlungsweise der Führungsperson von ihren Leuten aufgegriffen und weiterverbreitet wird – in der hier zitierten alten Redensart den Bediensteten des Gutsherrn. Diese Wahrheit ist auch heutzutage noch gültig. Sie trifft auf Länder zu, aber auch auf Gemeinwesen, Unternehmen und Familien.

♎ Das **Gesetz der expandierenden Wirkung** besagt, dass sich unsere Schwingung ausbreitet und sowohl unseren persönlichen Bereich als auch die Welt insgesamt durchdringt. Wir üben auf alles einen energetischen Einfluss aus – sei es auf die Produktivität unserer Firma, auf die Harmonie in unserer Familie oder auf den Frieden in der Welt. Unsere individuelle Schwingung hat nach diesem Gesetz eine unmittelbare globale Auswirkung. Wenn eine positive, glückliche Energie von unserem Herzen ausgeht, verteilt sich diese in konzentrischen Kreisen, bis unser Wunsch nach Harmonie schließlich das Bewusstsein eines jeden Menschen durchdrungen hat.

Wenn Sie wollen, dass es in Ihrer Familie friedlicher zugeht, müssen *Sie* diesen Zustand zuerst *in sich selbst* erzeugen. Wenn Sie möchten, dass Ihre Mitarbeiter mehr tun, müssen *Sie* damit anfangen, diese Energie in Ihrem *eigenen* Verhalten an den Tag zu legen. Die Voraussetzungen für Erfolg sind Ehrlichkeit, Begeisterungsfähigkeit, Ermutigung und Unterstützung. Ob es sich um ein gut gehendes Unternehmen oder eine glückliche und liebevolle Beziehung handelt – diese persönlichen Wellenlängen sind notwendig, um die gewünschten Resultate zu erzielen.

In alle Richtungen aktiv werden

Wie wir bereits oben gesehen haben, besagt der Bell'sche Lehrsatz von der Nichtlokalität, dass das, was an einem Ort geschieht, einen bedeutenden Einfluss auf etwas haben kann, was an einem anderen, weit entfernten Ort passiert. Dies trifft auch auf unsere persönlichen Schwingungen und Verhaltensweisen zu. In unserem erstaunlichen Universum kann alles jederzeit und überall geschehen. Wegen der Verbindungen auf der Quantenebene, durch die wir alle miteinander verknüpft sind, können unsere Intentionen und Handlungen eine sofortige Wirkung an unerwarteten Schauplätzen und in davon überraschten Menschen haben. Vom kleinsten Teilchen bis zur größten Masse ist das Universum ein vibrierendes Potenzial, ein riesiger Bereich endloser Möglichkeiten. Es gibt so viele unüberschaubare Gelegenheiten, und wir haben so viele, nicht an einen Ort gebundene Möglichkeiten, die Dinge zu beeinflussen, dass wir nie den Mut verlieren und unsere Ziele immer aktiv anstreben sollten. Die Ergebnisse sehen manchmal anders aus als erwartet, aber mit der richtigen Energie werden wir das erreichen, was wir uns vornehmen.

Eine Freundin von mir erlebte dieses Phänomen, als sie sich darum bemühte, ein Baby zu adoptieren. Eine Vermittlungsagentur hatte bereits werdende Mütter ausfindig gemacht, die alle die Wahl zwischen mehreren Paaren hatten, denen sie ihr Baby geben konnten.

Nachdem sie fast ein Jahr erfolglos versucht hatte, ein Kind von der Agentur vermittelt zu bekommen, war Megan kurz davor aufzugeben. Ihre Anwältin schlug ihr vor, Gynäkologen und Geburtshelferinnen in ihrem Umkreis anzuschreiben, denn diese hätten oft mit ungewollten Schwangerschaften zu tun, für die Adoptiveltern gesucht wurden. Megan schrieb also Hunderte von Briefen und besuchte viele Treffen, hatte aber immer noch kein Glück.

Während dieser Zeit rief sie mich oft an, um mit mir über ihre Enttäuschung zu sprechen. Ich riet ihr stets, in alle möglichen Richtungen aktiv zu bleiben. Wo auch immer wir die Samen unserer Intention ausbringen, wir wissen nie, wann und wo sie aufgehen werden. Also hielt Megan ihre Suche so gut es ging aufrecht. Nach einigen Monaten erhielt sie einen Anruf von ihrer ursprünglichen Agentur, von der sie sich schon vor langer Zeit abgewendet hatte. Es hatte sich eine Mutter gefunden, deren Geburtstermin im kommenden Januar lag, und Megan und ihr Mann Sam waren zusammen mit zwei anderen Paaren als mögliche Adoptiveltern ausgewählt worden.

Megan und Sam mussten daraufhin mehrere Gespräche mit den richtigen Eltern führen, in denen geklärt wurde, ob sie das Kind bekommen sollten. Megan wollte ab diesem Zeitpunkt keine Briefe mehr schreiben und keine neuen Adoptionskontakte mehr knüpfen, aber ich empfahl ihr, es weiterhin zu tun. Ich erzählte ihr, dass es ihr helfen würde, wenn sie auf mehreren Ebenen an ihrem Vorhaben arbeitete.

In alle Richtungen aktiv zu werden, reduziert die Dringlichkeit und schützt vor dem negativen Einfluss der paradoxen Intention. Megan spürte dies, denn je stärker sie ihre anderen Möglichkeiten verfolgte, desto weniger verzweifelt würde sie sein, wenn sie und Sam nicht als Adoptiveltern ausgesucht würden. Sie hatte bereits bei mehreren Adoptionsentscheidungen den Kürzeren gezogen und musste den Druck loslassen, das Ergebnis erzwingen zu wollen, wenn sie das gewünschte Ziel erreichen wollte. Ihre weitere Aktivität auf diesem Gebiet erinnerte sie ständig daran, dass sie ein Baby haben wollte – wenn es auch nicht *dieses* sein musste. Indem sie ihre unterschiedlichen Möglichkeiten im Auge behielt, konnte sie ihre Zwangsvorstellung und die damit verbundene Dringlichkeit loslassen, die ein positives Ergebnis zunichte gemacht hätte.

Fortgesetztes Handeln reduziert nicht nur die Dringlichkeit, sondern verstärkt auch die Intention. Je mehr wir unternehmen, desto mehr Energie senden wir in Bezug auf unsere Intention aus. Jede einzelne Aktivität wirkt wie eine Bestellung beim Universum, und wir wissen nie, wann und wie unsere Bestellung ausgeliefert wird. Es kann sein, dass wir den Samen in einem Bereich legen, die Pflanze aber schließlich in einem völlig anderen Bereich erblüht.

Genau das war bei Megan der Fall. Sie hatte keine Hoffnung mehr in die Vermittlungsagentur gesetzt, aber ihre fortlaufenden Aktivitäten hatten die Vermittler weiterhin an sie denken lassen. Während sie Gespräche mit leiblichen Eltern führte, streckte sie ihre Fühler weiterhin in alle möglichen Richtungen aus. Sie bewahrte dadurch nicht nur die Ruhe, sondern bekräftigte erneut ihren Willen, ihren Traum Wirklichkeit werden zu lassen.

Langfristig gesehen zahlten sich all ihre Bemühungen aus. Nach und nach schieden die anderen potenziellen Paare aus, und man wählte Megan und Sam als Adoptiveltern für den Jungen aus, der schon bald das Licht der Welt erblicken sollte. Ihr Traum wurde wahr – und zwar nur, weil sie nicht aufgehört hatte, aktiv zu sein.

Die energetische Kraft unserer nichtlokalen Natur ist ungeheuer wirkungsvoll. *Jeder Gedanke und jede Tat legt einen neuen Samen in den Garten unseres Schicksals.* Vielleicht erkennen wir nicht sofort die Auswirkungen, aber wir sollten nie vergessen, dass der Prozess der Intention und Einflussnahme extrem wirkungsvoll ist. Er führt immer in der einen oder anderen Weise zu Resultaten. Von daher können wir uns auch gleich das Beste wünschen und positive Schritte in viele verschiedene Richtungen unternehmen. Wir öffnen uns dadurch allen Möglichkeiten, die das Universum für uns bereithält – selbst den unerwarteten.

Erfolgstagebuch

Nutzen Sie Ihr Tagebuch, um herauszufinden, ob Sie noch mehr Möglichkeiten haben, im Sinne Ihrer Intention aktiv zu werden. Schauen Sie sich jedes Ziel und jeden Wunsch an, und suchen Sie nach unterschiedlichen – vielleicht sogar unorthodoxen – Wegen, um Ihre Ziele und Wünsche Wirklichkeit werden zu lassen. Stellen Sie, wenn nötig, Nachforschungen an, oder bitten Sie Freunde, Ihnen dabei zu helfen, noch auf zusätzliche Ideen zu kommen. Halten Sie diese Anregungen fest, und fügen Sie neue hinzu, wann immer Ihnen spontan welche in den Sinn kommen. Sobald Sie ein paar neue Möglichkeiten in Betracht gezogen haben, sollten Sie diese auch entsprechend in die Tat umsetzen. Manchmal erhalten wir die besten Resultate auf den ungewöhnlichsten Wegen.

Weltweite Einflussmöglichkeiten

Unser energetischer Einfluss ist nicht auf unsere persönlichen Ziele beschränkt. Im Gegenteil, unsere persönlichen Wünsche sind nur ein kleiner Teil der bewussten Schöpfung. Ob wir uns dessen bewusst sind oder nicht, unser Wirkungsbereich reicht bis in die entferntesten Ecken unseres Planeten. Das siebte universelle Gesetz besagt, dass sich unsere Schwingungen außerhalb von uns mit den gleichen Schwingungen verbinden. Diese Energiewolken gleichartiger Schwingungen werden zu Bewusstseinsfeldern, die einen unermesslichen Einfluss auf die Erfahrung unserer Art haben. Diese weltweiten Bewusstseinsfelder werden morphogenetische Felder oder kurz M-Felder genannt. Wie elektromagnetische und Schwerkraftfelder bestehen auch M-Felder aus Kräften, die in der Lage sind, in unsere Lebensgrundlagen einzugreifen. Gefühle und Informationen bauen sich als Energien in diesen Feldern auf und können bedeutende Veränderungen in der Menschheit hervorrufen. Diese großen Bereiche gemeinsamen Bewusstseins setzen sich aus der individuellen Energie jedes einzelnen Menschen zusammen – also auch aus unseren Schwingungen. Die akkumulierte Energie weitet sich aus und berührt und durchdringt alle.

Es gibt zwei große Felder emotionalen Bewusstseins: das der Liebe und das der Angst oder des Hasses. Wir als Individuen tragen mit all unseren Gedanken, Überzeugungen, Entscheidungen und Verhaltensweisen zur Expansion eines dieser Felder bei. Jedes Mal wenn wir uns für die Liebe entscheiden, sei es in Bezug auf uns selbst oder auf andere, verstärken wir das Feld der Liebe. Und jedes Mal wenn wir beurteilen und ablehnen – und zwar erneut sowohl in Bezug auf uns selbst als auch in Bezug auf andere –, vergrößern wir das Feld der Angst.

Wenn sich die gesammelte Energie in einem dieser Bereiche aufbaut, verstärkt sich die Resonanz dieser besonderen Energie im Universum. Dann beginnt das Bewusstsein von Liebe oder Hass, die Entscheidungen anderer zu beeinflussen. Was am meisten Energie von allen erhält, hat den größten Einfluss auf die Welt.

Es ist unsere individuelle Verantwortung, uns in unseren Gedanken und Taten für die Liebe zu entscheiden und dadurch das positive Energiefeld zu stärken. Tun wir dies nicht, breiten sich stattdessen Angst und Hass aus. Die Felder selbst haben keine spezifische Intention, sie verhalten sich neutral. Wie die Schwerkraft dem buchstäblichen Auf und Ab unserer Aktivitäten teilnahmslos gegenübersteht, so ist es auch den Feldern der Liebe und des Hasses gleichgültig, wie wir ihren Einfluss auf die Welt nutzen.

Die Intention jedes einzelnen Menschen bestimmt, in welche Richtung die Menschheit steuert. Die Gefühle und Handlungen jedes Einzelnen tragen zu den Energien und Kräften bei, die uns umgeben. Wenn Sie also wollen, dass sich die Liebe und nicht der Hass in Ihren Beziehungen, Ihren beruflichen Aktivitäten und in der Welt als solcher verstärkt, sollten Sie positive Energie auf sich selbst und andere richten. Wie wir im nächsten Abschnitt sehen werden, steht uns die Macht der Liebe immer zur Verfügung. Lassen Sie zu, dass sie sich in Ihrem Bewusstsein, Ihren Schwingungen und Ihren Intentionen ausbreitet. Nicht nur Ihr eigenes Leben wird sich dadurch positiv verändern, Ihre unbegrenzten Einflussmöglichkeiten werden die gesamte Welt zu einem liebevolleren Ort machen.

Affirmationen für eine expandierende Wirkung

- Ich weiß, dass meine Schwingung sich in der Welt ausbreitet. Je aktiver ich werde, um meine Ziele zu erreichen, desto klarer wird meine Intention für das Universum.

- Ich bewege mich mit angemessener Geschwindigkeit und tue alles mit einer entspannten inneren Haltung. Ich fühle mich wohl und sende anderen Menschen eine ruhige und angenehme Schwingung.

- Ich weiß, dass meine Energie mein Leben und das Universum durchdringt. Ich entscheide mich jetzt für konfliktfreie Schwingungen. Mit jedem friedvollen Gedanken, den ich habe, verstärke ich die Kraft des Friedens.

- Ich achte darauf, anderen eine Freude zu machen. Anderen dienen zu können ist ein Geschenk für mich.

- Ich sehe den Wert in allen Menschen. Wir teilen uns zusammen die Energie des Universums.

Die sechs persönlichen Erfolgsprinzipien

Die universellen Gesetze geben uns selbst die Verantwortung für unseren Erfolg. Um unsere Träume wahr werden zu lassen, müssen wir herausfinden, wie wir diese machtvollen Kräfte für unsere Ziele einsetzen können. Der Inhalt der Gesetze kann erfordern, dass wir unser Verhalten – oder unsere Ansichten – in bestimmten Bereichen verändern, und zwar nicht aus Idealismus, sondern aufgrund der Natur unserer eigenen Schwingung.

Viele Menschen sehnen sich nach einer Veränderung, tun aber nur wenig, um diese tatsächlich zu bewirken. Sie betrachten die Veränderung als ein zukünftiges Ereignis und denken: *Wenn sich meine Aussichten oder Finanzen ändern, wird alles in Ordnung kommen.* Aber in diesen Gedanken zeigt sich eine passive Haltung zu einer aktiven Erwartung, und damit können keine positiven Resultate erzielt werden. Statt zu warten, sollten Sie die gewünschten Resultate aktiv herbeiführen.

Transformation ist kein zukünftiges Ereignis, sondern eine gegenwärtige Aktivität, die das ermöglicht, was in Zukunft sein wird. Veränderung ist kein Ziel, sondern ein permanenter Prozess, der zur Erfüllung unserer Wünsche führt. Unsere Lebensqualität liegt in unserer Hand, und wenn wir nicht glücklich sind mit dem, was gerade geschieht, sollten wir hier und jetzt andere Entscheidungen treffen, um morgen bessere Resultate zu erzielen. Auf diese Weise haben wir *tatsächlich* die Fähigkeit, Erfolg magnetisch anzuziehen.

Alles, was wir jemals brauchen werden, existiert bereits in uns. Es gibt sechs sehr wirkungsvolle persönliche Kräfte, die zu unserer Natur gehören und uns immer zur Verfügung stehen. Wir können sie bewusst dafür nutzen, all das zu verändern, was wir in unserem Leben anziehen, denn letztlich besteht Erfolg darin, sein Leben in eigener Regie führen zu können. Wenn wir anfangen, unsere angeborenen und oftmals vernachlässigten Begabungen und Anlagen zu nutzen, wird sich unser Leben in eine völlig neue Richtung bewegen.

Jede einzelne Kraft, die in diesem Teil aufgeführt wird, erfordert eine bewusste Wahrnehmung von uns und manchmal auch einschneidende Veränderungen. Wir sollten uns jedoch nicht dagegen wehren, sondern uns sagen: *Wenn du nichts veränderst, verändert sich nichts.*

Die Kraft des Loslassens

Das erste persönliche Erfolgsprinzip

> *Fortschritt ist ohne Veränderung*
> *nicht möglich und diejenigen,*
> *die ihr Denken nicht verändern,*
> *können gar nichts verändern.*
> George Bernard Shaw

Loslassen ist das erste persönliche Erfolgsprinzip, denn es ist der erste notwendige Schritt zur Veränderung. Das Leben zu gestalten erinnert an das Anlegen eines Gartens: Es macht keinen Sinn, die Samen prächtiger Blumen in einen Boden zu bringen, der voller Unkraut ist. Wir müssen zuerst alle Pflanzen entfernen, die in dem Beet nichts zu suchen haben, oder sie ersticken die neuen Blumen, bevor sie überhaupt blühen können. Das Gleiche trifft auf die Samen unseres Erfolgs zu: Wenn wir das kreative Bewusstsein und die notwendige magnetische Energie erzeugen möchten, um die gewünschten Resultate zu erzielen, müssen wir die negativen Muster der Vergangenheit entfernen beziehungsweise loslassen. Es ist die Grundvoraussetzung für die Veränderung unseres Energie- und Bewusstseinszustands.

Wenn wir wirklich Erfolg haben wollen, sind uns die alten Muster ohnehin nicht mehr dienlich.

Es gibt mehrere Ebenen des Loslassens, wobei die erste und offensichtlichste die körperliche ist. In diesem Abschnitt lernen Sie, geistige und gefühlsmäßige Muster loszulassen und sich von einem eingefahrenen Verhalten und psychischen Bindungen zu befreien.

Körperliches Loslassen

Es ist enorm wichtig, Körperübungen oder andere Arten von Bewegung zu praktizieren, um alte Energiemuster loszuwerden und eine neue, leichtere und attraktivere Schwingung zu erzeugen. Dies ist aus vielerlei Gründen hilfreich: Bewegung löst emotionale Traumata oder schlimme Erinnerungen, die in den Körperzellen eingeschlossen sind. Körperliche Aktivität und tiefes Atmen befreien von festsitzenden Energien und entfernen sie aus dem persönlichen Schwingungsfeld.

Bewegung hilft zusätzlich dabei, chronische Anspannung zu lösen. Stress ist eine sehr ungesunde und unattraktive Energie, die nur noch mehr angespannte Situationen und gestresste Menschen anzieht. Die attraktivste Schwingung, die wir aussenden können, ist eine entspannte, friedfertige und vertrauensvolle Geisteshaltung.

Um Ihren Körper zu entspannen, sollten Sie tief atmen und sich regelmäßig bewegen. Dehnungsübungen und Massagen sind ebenfalls hilfreich, aber vergessen Sie dabei nicht, auch Ihren Geist und Ihre Gefühle zu relaxen. Mentales Loslassen besteht nicht nur darin, sich von alten negativen Gedanken zu verabschieden, sondern hat auch eine starke Wirkung auf unsere physischen und emotionalen Schwingungen. Unser Wesen ist nämlich so strukturiert, dass alles miteinander in Verbindung steht.

Geistiges Loslassen

Unser Geist sendet ständig bestimmte Schwingungen aus, die unsere tiefsten Überzeugungen und oberflächlichsten Gedanken verbreiten. Was immer wir denken und tun, hat eine unmittelbare energetische Auswirkung, auch wenn es eine Weile dauern kann, bis sich die entsprechenden Schwingungen in der physischen Welt manifestieren. *Ob wir es wollen oder nicht, unsere ständigen Gedanken – seien sie positiv oder negativ – ziehen schwerwiegende Konsequenzen in unserem Leben nach sich.*

Wie wir im letzten Abschnitt gesehen haben, besitzen unsere Gedanken eine zweifache Kraft, da sie sowohl unsere mentale als auch unsere emotionale Energie bestimmen. Negative Selbstgespräche erzeugen schwierige Emotionen, zum Beispiel Angst und Depression, die unserem persönlichen Energiefeld sehr schaden. Diese ungünstigen Kommentare müssen aufhören, wenn wir eine Schwingung des Erfolgs aussenden wollen.

Die meisten Menschen verbringen ihre Tage – manche sogar ihr gesamtes Leben – damit, nur auf die Ereignisse reagieren, ohne sich bewusst zu sein, was sie denken und welche Auswirkungen ihre Gedanken haben. Wenn wir unsere Energie und den Inhalt unserer Aufmerksamkeit jedoch verändern wollen, müssen wir negative Gedanken bewusst erkennen.

Die besten Hinweise liefern unsere Gefühle. Wenn wir unangenehme Gefühle haben, steckt meistens ein unguter Gedanke dahinter. Wenn Sie sich also dabei ertappen, dass Sie Angst, Depression, Schuld, Verlegenheit oder einfach nur Nervosität fühlen, sollten Sie sich fragen: *Was denke ich gerade?* Schauen Sie in sich nach, was Sie aus dem Gleichgewicht bringt. Wir haben die Möglichkeit, unseren Energiezustand zu verändern, indem wir alte Gedankengänge loslassen. Aber dazu brauchen wir mehr Informationen.

Am weitesten verbreitet sind die beiden negativen Muster, Menschen und Dinge zu beurteilen und sich Sorgen zu machen. Es ist wichtig, dass wir diese Gedanken erkennen, denn ohne zu wissen, woher die negative Energie stammt, können wir sie auch nicht verändern. Wir müssen die schädlichen Überzeugungen, die uns am meisten quälen, identifizieren und loslassen. Beachten Sie, dass unser Leben in Richtung unseres vorherrschenden Gedankens verläuft; seine Schwingung ist energetisch unwiderstehlich. Wenn Ihre grundlegenden Ansichten negativ sind, sollten Sie diese unbedingt loslassen, denn sonst wird sich Ihr Leben niemals in eine positive Richtung bewegen.

Beurteilen

Zu beurteilen ist eines der beiden grundlegenden negativen Gedankenmuster. Es tritt hauptsächlich in drei verschiedenen Formen auf: 1. sich selbst beurteilen, 2. andere beurteilen und 3. bestimmte Erfahrungen beurteilen. Alle drei Formen wirken sich negativ auf die Energie aus, die wir ausstrahlen.

Ständige Selbstkritik sendet ein geringes Selbstwertgefühl und damit eine Frequenz aus, die von der Außenwelt mit Sicherheit abgewiesen wird. Das Gesetz des richtigen Handelns weist auch klar darauf hin, dass die Haltung, andere zu beurteilen, zwangsläufig auf den Urheber zurückschlägt. Denn dadurch wird eine feindselige Energie ausgestrahlt, die keine erfolgreichen Verbindungen zustande kommen lässt. Zusätzlich breitet sich eine hasserfüllte Energie in der Welt aus, sodass die Situation nicht nur für uns selbst, sondern auch für andere schlechter wird.

Wenn wir schließlich auch noch unsere Erfahrungen verurteilen, haben wir immer weniger Freude an dem, was wir tun, bis nichts mehr gut oder interessant genug zu sein scheint, um uns glücklich zu machen. Dies führt zu einer tiefen Unzufriedenheit, die jede positive Energie vernichtet, die wir ausstrahlen oder anziehen könnten.

Sie können dieses schädliche Muster loslassen, indem Sie sich die negativen Behauptungen vor Augen führen, die hier aufgeführt werden. Markieren Sie die Aussagen, die für Ihr Denken typisch sind – und seien Sie ehrlich!

1. Sich selbst beurteilen

- Ich bin zu unerfahren (ungebildet, arm usw.).
- Ich bin ein Versager. Ich war schon immer ein Versager.
- Ich mache nie etwas richtig. Irgendetwas stimmt nicht mit mir.
- Ich hatte einfach nur Glück! Sonst habe ich immer Pech.
- Ich bin dafür zu alt (hässlich, fett, langsam usw.).
- Ich fühle mich so dumm (inkompetent, unfähig usw.).

2. Andere beurteilen

- Was für ein Trottel!
- Er ist so blöd (faul, schwach usw.) und verdient es nicht, befördert zu werden.
- Er macht immer alles falsch.
- Ich kann es nicht glauben, dass sie dieses alte Ding trägt. Wie peinlich!
- Sie wird ganz schön alt (hässlich, fett, langsam usw.).
- Diese blöden Linken (Rechten, Schwarzen, Weißen, Türken usw.)! Sie haben keine Ahnung, wovon sie reden.

3. Erfahrungen beurteilen

- Dieser Film ist eine Katastrophe; was für eine Zeitverschwendung!
- Mir gefällt dieser Ort (dieses Wetter, diese Person usw.) nicht.
- Mein Job hat keine Perspektive.
- Diese Party ist total langweilig.
- Diese Situation ist furchtbar. Aus ihr kann sich nichts Gutes entwickeln.
- Ich hasse Hausarbeit (Gärtnern, Bürokram usw.).

Sich Sorgen machen

Der zweite Typus eines negativen Gedankenmusters besteht darin, sich ständig Sorgen zu machen. Wir können über die Zukunft, über das, was andere denken, und sogar über die Vergangenheit beunruhigt sein. Die meisten quälen Gedanken über das, was noch vor ihnen liegt. Wir sollten uns ernsthaft fragen: *Was habe ich davon, wenn ich mir Sorgen mache?* Schließlich erzeugen sie eine ängstliche Schwingung, die sich in der Außenwelt als ängstliche Unruhe verbreitet und genau die negative Zukunft herbeiführt, wegen der ich mich gräme.

Es anderen recht machen zu wollen ist eine weitere mentale Aktivität, die keinen Sinn macht. Wenn wir danach streben, Anerkennung von anderen zu erhalten, zeigen wir damit nur, dass wir nicht genug an uns selbst glauben, und diese Schwingung steht unserem Erfolg massiv im Weg.

Über die Vergangenheit zu grübeln ist genauso unproduktiv, wie sich vor der Zukunft zu fürchten, weil beides die gegenwärtige Schwingung zerstört. Es ist an der Zeit, die Sorgen loszulassen und wieder die eigene Kraft zu spüren. Hören Sie auf, sich so viele Gedanken zu machen, stärken Sie stattdessen Ihr Vertrauen.

Markieren Sie in der folgenden Liste die Aussagen, die typisch für Ihre Denkweise sind. Mit diesen Gedanken schwächen Sie Ihre Energie, Sie sollten sie ab sofort nicht mehr denken, wenn Sie wirklich Erfolg haben wollen.

1. Die sorgenvolle Frage »Was wäre, wenn ...?«

○ Was geschieht, wenn ich den Job nicht bekomme?
○ Was ist, wenn ich es nicht schaffe?
○ Was ist, wenn er mich nicht mag?
○ Was ist, wenn ich nicht das Richtige sage (tue, trage usw.)?
○ Was ist, wenn ich mich verletze oder krank werde?

○ Was ist, wenn ich nicht gut bewertet werde? Was ist, wenn sie mich kündigen?

2. Sich darüber Sorgen machen, was andere denken

○ Er wird mich niemals mögen und mit mir ausgehen.
○ Sie denken bestimmt, ich bin ein Idiot.
○ Sie glauben, dass ich nicht für diese Arbeit geeignet bin.
○ Mein Chef denkt sicher, dass ich unfähig bin. Ich weiß, dass er mich hasst.
○ Wenn ich mir noch einen Nachschlag hole, denken sie gewiss, dass ich nie genug bekomme.
○ Wenn ich nicht tue, was sie wollen, werden sie mich nicht mögen.

3. Grübeln und überkritisch sein

○ Ich verstehe nicht, warum ich das gesagt habe!
○ Wenn ich mich nur anders verhalten hätte, wäre jetzt alles okay.
○ Ich frage mich, was ich tun kann, um alles besser in Ordnung zu halten. Ich muss dies hier sofort richten!
○ Warum passiert so etwas immer nur mir? Hätte die Situation nicht anders verlaufen können?
○ Ich kann mich noch gut daran erinnern, wie schlecht ich behandelt worden bin. Ich weiß nicht, ob ich jemals darüber hinwegkomme!
○ Warum habe ich bloß diese Entscheidung getroffen? Das war ein riesiger Fehler!

Welche Art zu denken haben Sie am häufigsten ange-kreuzt? Neigen Sie dazu, sich und andere zu beurteilen? Vielleicht machen Sie sich ständig Sorgen, stellen Speku-lationen über die Zukunft an, fragen sich, was andere Leute denken, oder sind mit allem überkritisch. Vielleicht haben Sie auch in jeder Kategorie ein paar Kreuze ge-macht. Gleich welches Muster dabei zutage getreten ist, Sie sollten alles tun, um es loszulassen.

Erfolgstagebuch

Schreiben Sie jeden Gedanken, den Sie oben angekreuzt haben, in Ihr Tagebuch, und ersetzen Sie ihn durch eine positive Affirmation. Ersetzen Sie zum Beispiel *Was ge-schieht, wenn ich den Job nicht bekomme?* durch *Was geschieht, wenn ich den Job* TATSÄCHLICH *bekomme?* oder durch *Wenn ich diese Stelle nicht bekomme, wird es eine andere sein. Ich werde jedenfalls nicht auf der Straße sitzen.* Sie müssen nicht von der Wahrheit der Affirmationen überzeugt sein, aber Sie *müssen* Ihre Alternativen aufschreiben, um eine Verände-rung einzuleiten.

Während Sie weiterhin an diesen kognitiven Mustern arbeiten, sollten Sie alle negativen Gedanken beobach-ten, die Ihnen in den Sinn kommen, und sie in Ihrem Tagebuch festhalten. Achten Sie darauf, dass Sie ebenfalls eine positive Affirmation für jede negative Aussage schreiben. Führen Sie dies so lange weiter, bis sich wirk-liche Veränderungen zeigen – in Ihrem Denken, Ihren Gefühlen und in den Dingen, die Sie energetisch anzie-hen.

Während Sie daran arbeiten, Ihre negativen Gedan-ken loszulassen, sollten Sie nicht zu streng mit sich sein, denn dadurch würden Sie nur die Energie bestärken, die Sie loslassen wollen. Statt sich für die negativen Gedanken zu verurteilen, sollten Sie sich einfach vergeben und Ihre positiven Intentionen stärken. Machen Sie sich deswegen nicht verrückt; treffen Sie ruhig und sachlich eine Entscheidung. Mit der Zeit wird Ihre entschlossene innere Haltung zu einer neuen Lebensweise.

Wenn Sie erfolgreich sein wollen, haben Sie also absolut keinen Platz dafür, sich Sorgen zu machen und sich und andere zu beurteilen. Sie müssen diese unbewussten Reaktionen loslassen und sich für Gedanken und Gefühle entscheiden, die eine positive und dynamische Schwingung aussenden. Wie schwer es auch zu sein scheint, *halten Sie daran fest, die alte Negativität loszulassen,* und öffnen Sie Ihren Geist für neue, optimistische Gedanken.

Die universellen Gesetze erfordern, dass wir unsere negativen Gedanken überwinden. Negatives Denken loszulassen ist eine wirkungsvolle Methode, um das eigene Schicksal zu beeinflussen. Denken Sie daran: Ihre Gedanken, Gefühle und Überzeugungen sind verantwortlich für Ihre persönliche Schwingung. Jede geistige Vorstellung ist eine Schwingung, die Sie als Informationswelle ins Universum schicken.

Wenn Sie davon überzeugt sind, dass Sie keinen Erfolg haben können, werden Sie die Erfahrungen machen, die Ihrem Bewusstseinszustand entsprechen. Sie können es sich einfach nicht leisten, weiterhin negativen Gedanken nachzuhängen. Lassen Sie alle Bedenken los, und sprechen Sie mit sich selbst und anderen eine neue Sprache. Sie erzeugen damit positive Gefühle, die mächtigsten Energiebeschleuniger auf dem Weg zu grenzenlosem Erfolg.

Emotionales Loslassen

Gefühle haben eine starke Schwingung, die eine klare Botschaft verbreitet. Wenn wir unsere Gefühle nicht zum Ausdruck gebracht haben, senden wir – bewusst oder unbewusst – vielleicht alte Signale von Kummer, Ärger, Ablehnung oder anderen negativen Emotionen aus, die sich noch in unserem Energiefeld befinden.

Viele Menschen tun sich schwer damit, ihre Gefühle auszudrücken oder sie sich überhaupt bewusst zu machen. Sie hatten traumatische Erlebnisse und sind zutiefst enttäuscht, ohne den hervorgerufenen Gefühlen jemals Ausdruck verliehen zu haben. Auf diese Weise sammeln sie negative Energiefelder an, die abweisende Schwingungen in alle Richtungen aussenden. Sie tragen diese dunklen Energien ständig mit sich herum, wie bei den *Peanuts* der kleine Junge Pig Pen, der immer von einer Staubwolke umgeben ist und »Dreckmagnet« genannt wird. Andere fühlen diese Energie und sind abgestoßen.

Um diesen dunklen Nebel loszuwerden, müssen wir unausgedrückte Gefühle aus der Vergangenheit loslassen. Es ist, als ob wir unser Haus von allem Unrat befreien, um Platz für schöne neue Dinge zu schaffen. Es kann sogar notwendig sein, dass wir uns von alten Gefühlen befreien, auch wenn die schwierigen Momente schon eine ganze Zeit zurückliegen. Wenn wir diese Emotionen aus früheren Erfahrungen noch nie betrachten und loslassen konnten, rufen sie möglicherweise Schwingungen in unserem Energiefeld hervor, die schmerzliche Signale aussenden und dadurch zukünftigen Erfolg verhindern.

Wir müssen deshalb nicht jede schwierige Situation und jedes Trauma erneut durchleben. Wir wissen, welche Dinge uns immer noch verfolgen – also sollten wir unser Tagebuch hervorholen und sie aufschreiben. Halten Sie alle Gefühle fest, die Sie noch nicht losgelassen haben. Sie brauchen zu diesem Zweck nicht wieder ganz in sie einzutauchen, es genügt, sich zu erinnern und die vergangenen Gefühle bewusst wahrzunehmen.

Sehen Sie sich dabei besonders genau die Rückschlüsse an, die Sie aus Ihren schlimmen Erfahrungen gezogen haben. Stellen Sie sich am Ende jedes Tagebucheintrags die Frage: *Welche Schlussfolgerungen habe ich damals aus dieser Erfahrung gezogen, Schlussfolgerungen, die ich heute lieber verändern möchte?* Schreiben Sie alle negativen Gedanken und Überzeugungen auf, und ersetzen Sie sie durch positive Affirmationen.

Wenn Sie zum Beispiel gekündigt wurden und dadurch Wut, Angst und Ablehnung empfunden haben, könnten Sie resigniert feststellen: *Ich werde nirgendwo akzeptiert. Ich werde nie erfolgreich sein.* Drehen Sie diese Gedanken um, und ersetzen Sie sie durch positive Überzeugungen, zum Beispiel: *Es ist weiterhin möglich, dass ich Erfolg habe. Ich verdiene es, an mich selbst zu glauben, und entscheide mich dafür, es zu tun.* Lassen Sie auf diese Weise weiter negative Gedanken und schwierige Emotionen aus der Vergangenheit los. Affirmieren Sie dabei immer Ihre gegenwärtigen Fähigkeiten, und bekräftigen Sie, dass Sie eine strahlende und glückliche Zukunft für sich erwarten.

Sie sollten vergangene Gefühle loslassen – und wenn sie doch spontan hochkommen, so lassen Sie sich nicht von ihnen beeinflussen. Sie können Ihr Tagebuch auch für diese Übung nutzen. Selbst wenn Sie nicht jeden Tag etwas eintragen, werden Sie die Erfahrung machen, dass es damit leichter ist, Ihr Denken und auch Ihre Schwingungen zu verändern. Das Festhalten an negativen Gefühlen wie Ärger, Wut oder Angst blockiert Ihre Energie und beeinflusst entscheidend Ihren Erfolg. Wenn Sie diese Gefühle überwinden, wird Ihre Energie klar, offen und empfangsbereit sein.

Negative Verhaltensweisen loslassen

Um eine attraktive Energie und ein kreatives Bewusstsein zu erzeugen, ist es von entscheidender Bedeutung, ungesunde und schädliche Verhaltensweisen – besonders Süchte und Zwangsverhalten – loszulassen. Wir Menschen werden nach allem Möglichem süchtig, dazu gehören Alkohol, Zigaretten, Drogen, Medikamente, Nahrungsmittel, Fernsehen, Fitnesstraining, Klatsch, Sex, Arbeit und Beziehungen. Wir wenden uns diesen »Suchtstoffen« zu, um uns abzulenken oder vor der Realität zu flüchten. Wenn wir einen Drink in uns hineinschütten, zu viel essen oder Drogen nehmen, hilft uns das, unsere Gefühle zu betäuben und uns besser zu fühlen – zumindest für eine Weile. Wenn wir den Fernseher anmachen, schalten wir die Wahrnehmung unserer Umgebung ab; wenn wir Chips oder Kekse essen, haben wir das Gefühl, uns etwas Gutes zu tun.

Selbst Manipulation, Betrügerei und Gemeinheit können verlockend sein, weil sie uns für kurze Zeit ein besseres Gefühl geben – aber es ist ein falscher Trost. Auf lange Sicht führen negative Verhaltensweisen dazu, dass wir uns schlechter fühlen, wodurch wir uns nur noch stärker in die schädlichen Auswirkungen der Sucht verstricken.

Wenn Sie eine dieser Verhaltensweisen bei sich selbst feststellen, sollten Sie sich fragen, vor wem oder was Sie weglaufen. Welchen Schmerz wollen Sie bei sich betäuben? Auf der tiefsten Ebene ist es ein Gefühl der Leere, das dadurch entstanden ist, dass Sie vergessen haben, wer Sie in Wirklichkeit sind – und damit meine ich Ihre wahre Identität, Ihre Verbindung zum Göttlichen und den daraus natürlich entspringenden Selbstwert. Wir sind uns dessen nicht unbedingt bewusst, aber diese scheinbar verloren gegangene Verbindung ist die wahre Ursache unserer inneren Unruhe.

Doch das Licht unserer göttlichen Identität erstrahlt immer, und die Macht, die wir im Äußeren suchen, befindet sich schon längst in unserem Innern. Was man uns auch beigebracht hat, unser wahrer Selbstwert ist eine leuchtende Schwingung, die unser Wesen bis in die letzte Zelle durchdringt. Welche negativen Erfahrungen auch dazu geführt haben mögen, dass wir uns ungesunde Muster angewöhnt haben – es ist notwendig, dass wir uns mit diesen Verhaltensweisen auseinandersetzen, die eigenen Gefühle ausdrücken, uns die negativen Konsequenzen vor Augen führen und schließlich neue und gesunde Gewohnheiten entwickeln.

Es ist an der Zeit, die innere Leere mit dem Licht der eigenen heiligen Identität zu erfüllen. Dieses Licht ist die einzige Zufluchtsmöglichkeit, die wir brauchen – und die wahre Lösung für alles, was wir uns wünschen. Wirklichkeitsflucht, Zügellosigkeit und Suchtkrankheiten erzeugen ein immer größeres Loch, und wir entfernen uns immer mehr von unserer wahren Quelle. Solche negativen Verhaltensweisen zerstören außerdem unseren Energiezustand, indem sie die Frequenz von Bedürftigkeit, Angst und Besessenheit ausstrahlen. So treiben sie uns nur noch tiefer in die Verzweiflung und ziehen noch mehr unangenehme Resultate an.

Es ist nicht leicht, eingefahrene Gewohnheiten wieder loszuwerden, doch Sie können sich darin üben, indem

Sie sich zehn Minuten lang gezielt anders verhalten. Erstellen Sie in Ihrem Tagebuch eine Liste alternativer Handlungen. Sichern Sie sich die Unterstützung einer Person, der Sie vertrauen. Holen Sie sich, wenn nötig, professionelle Hilfe, denn es ist äußerst wichtig, in diesem Bereich zu einer positiven Veränderung zu kommen.

Wenn Sie in einem schädlichen Zwangsverhalten gefangen sind, sollten Sie sich daran erinnern, dass *alle* Handlungen, die Sie ausführen, zu Ihrem Energiezustand beitragen. Wollen Sie die Schwingung von Wirklichkeitsflucht ausstrahlen? Wenn die Antwort »Nein« lautet, sollten Sie konstant daran arbeiten, diese Gewohnheit zu überwinden.

Passen Sie jedoch auf, dass Sie sich nicht dafür verurteilen, wenn Sie in alte, ungesunde Verhaltensweisen zurückfallen, denn dadurch würden Sie nur Öl ins Feuer der Negativität gießen und Ihr Bedürfnis zur Flucht verstärken. Wie Sie andere Dinge loslassen, sollten Sie auch Ihre Gewohnheit loslassen, sich für ein Scheitern zu verurteilen.

❋ Loslassen zu lernen ist ein lebenslanger Prozess. Erneuern Sie jeden Tag Ihren Willen, die Vergangenheit loszulassen und sich nicht ständig Sorgen zu machen. Neue, gesunde Entscheidungen, die Ihr Leben in einem anderen Licht erscheinen lassen, werden Ihnen dann leichter fallen. Wenn Sie die Gedanken, Gefühle und Verhaltensweisen aufgeben, an denen Sie bislang festgehalten haben, entfachen Sie Ihre vitale Energie und senden eine strahlende Schwingung aus, auf die viele Menschen positiv reagieren werden.

Bindungen loslassen

Als Letztes sollten wir unbedingt auch unsere Bindungen loslassen. Wenn wir uns umsehen, stellen wir fest, wie sehr wir an bestimmten Dingen hängen – die Bilder an der Wand, der Schmuck, den wir tragen, die Möbel, die wir besitzen, und das Auto in der Toreinfahrt sind Dinge, auf die wir stolz sind. Aber der Preis des Besitzes ist Abhängigkeit, und es kann schnell passieren, dass uns nur noch materieller Kram interessiert. Auf sehr subtile Weise senden wir dadurch eine bedürftige, horten wollende Energie aus, und je mehr wir haben, desto mehr scheinen wir zu brauchen.

Ich sage nicht, dass wir uns keine materiellen Dinge wünschen sollen, wir sollten uns nur darüber im Klaren sein, wie leicht wir uns von ihnen abhängig machen. Damit meine ich Gedanken wie: *Ich brauche dies, um glücklich zu sein. Ich brauche dieses Auto und jenen Schmuck, ich brauche all diese Dinge in meiner Nähe, um zufrieden zu sein.* Diese Denkweise ist gefährlich und zwar in zweierlei Hinsicht.

Zunächst stärkt sie den Glauben, materielle Dinge könnten uns glücklich machen. Jedes Mal wenn wir denken, etwas von außen könne uns glücklich machen, schwächen wir bedauerlicherweise unsere Kraft, Glück und Zufriedenheit auch aus uns heraus zu erzeugen. Wir schaffen uns außerdem einen Präzedenzfall, der uns ständig nach äußeren Dingen streben lässt – wodurch wir der Energie der Verzweiflung bedrohlich nahe kommen. Und da wir immer mehr haben wollen, befinden wir uns schließlich in einem Hamsterrad, dem wir nicht mehr entkommen.

Wenn wir glauben, materielle Dinge seien die Ursache für Zufriedenheit und Freude, geraten wir in eine schwierige Lage. Denn was geschieht, wenn wir all das verlieren, was wir angehäuft haben? Da diese Möglichkeit immer besteht, haben wir auch ständig einen Grund, uns Sorgen zu machen. Wir leben mit einer unterschwelligen Angst, die uns stetig dazu treibt, nach etwas zu suchen, was uns beruhigt, und wir haben ununterbrochen die Befürchtung, etwas zu verlieren.

Eine Übung, um Bindungen loslassen zu können

Um Bindungen loslassen zu können, sollten wir die Dinge näher betrachten, die uns umgeben. Verschaffen Sie sich einen Überblick über Ihren materiellen Besitz, atmen Sie tief ein und aus und affirmieren Sie: *Ich besitze diese Dinge gern, aber ich brauche sie nicht, um glücklich zu sein.* Schauen Sie sich Ihren Schmuck an, Ihre Möbel, Ihr Auto, sogar Ihr Haus, und sprechen Sie die Bekräftigung zu jedem einzelnen Gegenstand. Dies mag sich am Anfang ein wenig komisch anfühlen, aber letztlich trägt es dazu bei, dass wir uns von unseren Bindungen und Anhaftungen befreien. Nach und nach entwickeln Sie einen inneren Frieden, der nicht von materiellen Dingen abhängt. Sie erkennen, dass Glücklichsein dem eigenen Geisteszustand entspringt und nicht von außen bestimmt wird.

Machen Sie diese Übung jeden Tag, und sprechen Sie Affirmationen für alle Dinge, die Sie besitzen, und alle Entscheidungen, die Sie treffen. Sie werden sich über das Gefühl der Freiheit wundern, das auf diese Weise entsteht und auch Ihren Energiezustand verändert. Außerdem führt der Zauber des Loslassens dazu, dass wir im Gegenzug wunderbare Dinge anziehen. Praktizieren Sie die Kunst der Hingabe, indem Sie sich von etwas trennen, was für Sie einen Wert hat. Schenken Sie es jemandem im Gefühl der Großzügigkeit und des vollständigen Loslassens. Diese Übung ist auch eine große Hilfe, wenn wir uns das Gesetz des echten Wunsches und der paradoxen Intention zunutze machen wollen. Erinnern Sie sich: Das Paradox besteht darin, dass wir etwas erst dann erhalten, wenn wir unsere Bindung daran loslassen.

Affirmationen zum Loslassen

- Mir fällt es immer leichter loszulassen. Ich lasse meine Vergangenheit und all meine Ängste los. Ich bin frei.

- Ich lasse jeden negativen Gedanken los, der mir in den Sinn kommt. Ich entscheide mich hier und jetzt für eine bessere Schwingung.

- Ich lasse ungesunde und respektlose Gewohnheiten los. Ich erschaffe mir einen neuen, gesunden Lebensstil.

- Ich lasse alle Bindungen los. Ich weiß, dass meine innere Einstellung mich glücklich sein lässt – und nichts anderes.

- Ich nehme eine friedliche Haltung ein. Ich lasse Sorgen und Ängste, innere Unruhe und Hektik und das Bedürfnis nach Kontrolle los.

Die Macht des Bewusstseins

Das zweite persönliche Erfolgsprinzip

Bewusstsein ist das kreative Element im Universum.
Ohne Bewusstsein würde nichts existieren.
Dr. phil. Fred Alan Wolf

Vor noch nicht allzu langer Zeit hieß es, die Begriffe *Physik* und *Bewusstsein* würden sich gegenseitig ausschließen. Der eine Begriff galt als streng wissenschaftlich, der andere beinhaltete ein abstraktes Konzept, das in die Bereiche Psychologie oder Philosophie gehörte. Inzwischen erforschen Wissenschaftler auf der ganzen Welt die Physik des Bewusstseins und es gilt als anerkannte Tatsache, dass das Bewusstsein tatsächlich unsere Realität erschafft.

Physik ist die Wissenschaft der Möglichkeiten und hat ihren Ursprung in der Macht des Bewusstseins. Aber wie sieht der Prozess der Manifestation genau aus? Wie entstehen die Dinge? Noch wichtiger, wie gestalten wir durch unser Bewusstsein unser eigenes Schicksal?

Durch die Forschungsergebnisse der Quantenphysik wissen wir, dass die Wirklichkeit nicht unabhängig von der Beobachtung existiert, und das Gleiche gilt auch für unser persönliches Leben. Was wir in der realen Welt erleben, lässt sich nicht davon trennen, wie wir diese Welt wahrnehmen. Studien im Bereich der Biomechanik haben außerdem ergeben, dass unser Gehirn nicht in der Lage ist, zwischen Realität und Erinnerung zu unterscheiden. Ob wir etwas sehen oder uns an etwas erinnern, es werden die gleichen Nervenzellen stimuliert.

⚛ Bei der Frage, wie das Bewusstsein die Wirklichkeit erschafft, kommt unserer Wahrnehmung eine besondere Bedeutung zu: Wie nehmen wir uns und unsere Realität wahr, und wie fühlen wir uns dadurch? Die Wahrnehmung erzeugt viele chemische und emotionale Reaktionen in unserem Körper und unserem Geist. In einem permanenten Prozess von Ursache und Wirkung stimuliert sie eine Reaktion, und diese verstärkt wiederum die Wahrnehmung. Unser Bewusstsein ist so mächtig, dass es nicht nur die emotionale Qualität unseres Lebens bestimmt, sondern auch eine explizite Wirkung auf der physiologischen Ebene hat.

Der ganze Prozess beginnt damit, dass eine einzelne Emotion oder ein einzelner Gedanke den Hypothalamus im Gehirn anregt, bestimmte Peptide freizusetzen. Diese Substanzen verbinden sich mit den Rezeptoren der Zellen und verursachen eine chemische Reaktion, die einem speziellen Zustand entspricht und ihn aufrechterhält. Gleiche Gedanken, seien sie positiv oder negativ, produzieren gleiche Peptide und gleiche Gefühle.

Dieses Muster wiederholt sich ständig, und so werden mit der Zeit alle Rezeptoren abgeschaltet, welche für Peptide zuständig sind, die andere emotionale Zustände hervorrufen würden. Auf diese Weise wird unsere Wahrnehmung starr, weil sich fortlaufend ein biochemischer Ablauf wiederholt, der immer wieder die gleichen Gefühle hervorbringt. Durch diesen Vorgang werden emotionale Gewohnheiten bis hin zu Süchten geformt. Dieser Prozess klingt kompliziert, er verläuft aber relativ einfach und spontan. Da in ihm tiefgreifende kognitive, emotionale und biochemische Vorgänge zusammenspielen, hat er einen starken Einfluss auf das Bewusstsein und die Energieproduktion.

Ein Beispiel: Sie gehen in Ihrem Viertel oft an einem bestimmten Haus vorbei, ohne emotional oder kognitiv darauf zu reagieren. Sie nehmen einfach nur seine Anwesenheit wahr. Eines Tages sehen Sie im Vorbeigehen ein Schild, auf dem eine freie Stelle angeboten wird und eine Telefonnummer steht. Sie suchen gerade eine neue Arbeit und werden daher ganz aufgeregt. Ihr Hypothalamus schüttet Peptide aus, die dieses Gefühl auslösen und aufrechterhalten, sodass Sie nach Hause gehen, die Nummer anrufen und einen Vorstellungstermin vereinbaren. Immer wenn Sie nun an dem Haus vorbeigehen – oder es sich nur vorstellen – läuft die gleiche biochemische Reaktion in Ihnen ab, und Sie sind freudig erregt. Sie bekommen den Job, und für die nachfolgenden Monate bleibt Ihre positive Reaktion bestehen.

Im Laufe der Zeit machen Sie bei der Arbeit jedoch auch andere Erfahrungen. Vielleicht missfällt Ihnen eine bestimmte Person oder Aufgabe, und Ihre Wahrnehmung verwandelt sich ins Negative, wodurch in Ihrem Kopf Peptide produziert werden, die diesem Gefühl entsprechen.

Dies geht für ein paar Jahre so weiter, bis Sie von einer neuen Stelle am anderen Ende der Stadt erfahren. Sie bewerben sich auf diesen Job, bekommen ihn und produzieren Peptide, die wieder ein positives Gefühl auslösen. Ihre Arbeit macht Ihnen Spaß und unterstützt Ihre optimistischen Gefühle, bis die Firma ihren Sitz nach ein paar Jahren ins Ausland verlegt.

Jetzt stehen Sie ohne Arbeit da, und der Zwang, Geld verdienen zu müssen, verändert Ihre Wahrnehmung erneut. Sie ertappen sich bei dem Gedanken, dass der alte Arbeitsplatz doch nicht so schlecht gewesen ist. Jedes Mal wenn Sie an dem Haus vorbeigehen oder nur daran denken, wünschen Sie sich, wieder dort zu arbeiten. Dieser Job hatte zwar seine schlechten Seiten, aber er war immerhin besser, als überhaupt keine Arbeit zu haben. Mit jeder Erinnerung und Sehnsucht erzeugen Ihre Gedanken, Gefühle und körperlichen und chemischen Reaktionen ein Bewusstsein von Verlust und Bedauern, das zum Filter der Manifestation wird. Es entsteht eine Wechselwirkung zwischen der Situation, in der Sie sich befinden, und dem, was Sie aus ihr machen. Ihre Erfahrungen erzeugen die Gefühle, die dann wiederum Ihre Erfahrungen bestimmen und aufrechterhalten.

Obwohl es so aussieht, als sei diese Wechselwirkung ein natürliches Zusammenspiel von Gedanken und Gefühlen, trägt die Chemie unseres Körpers entscheidend dazu bei, dass wir uns immer wieder in geistigen und emotionalen Mustern verfangen. Es bedarf der bewussten Intention, unsere Wahrnehmung und unsere Schlussfolgerungen zu verändern, um aus dieser biochemisch bewirkten Selbstsabotage herauszukommen. Die chemischen Vorgänge, die für unsere emotionalen Reaktionen verantwortlich sind, stellen einen entscheidenden Faktor in unserer Energieprojektion dar. Dabei ist unsere bewusste Wahrnehmung der Schlüssel für die innere biologische Ursache und ihre Auswirkungen auf das äußere Leben.

Es gibt zwei sehr wirkungsvolle Schritte, die wir unternehmen können, um eine negative Wahrnehmung und ihre Wirkung auf die Neuropeptide zu verändern:

- Wenn wir eine negative Emotion in uns aufkommen spüren, sollten wir innehalten, tief atmen und die folgende Affirmation sprechen: Mein Körper setzt Neuropeptide frei, die Ruhe und inneren Frieden auslösen. Eine sanfte Welle von Klarheit und Gelassenheit durchströmt mich.

- Wenn wir etwas erleben, was eine negative Reaktion in uns hervorruft, können wir affirmieren: Ich lasse diese Reaktion los und entspanne mich. Ich entscheide mich für inneren Frieden.

Wenn wir unser positives Denken verstärken, produzieren wir Neuropeptide, die Hoffnung, Begeisterungsfähigkeit und Glück auslösen. Dies verändert unseren Geist, unsere Gefühle und unseren Körper auf der Ebene der chemischen Prozesse. Auf diese Weise hat die bewusste Wahrnehmung den größten Einfluss auf unser Schicksal.

Der Aufbau unseres Bewusstseins

Unser Bewusstsein verfügt über drei grundlegende Funktionen: Wahrnehmung, Imagination und Erwartung. Eine positive Erfahrung in den geistigen und emotionalen Lebensbereichen ist absolut notwendig, wenn wir Erfolg haben wollen. Aber auch unabhängig vom Erfolg beruht unser Bewusstsein auf diesen drei Funktionen.

Sie sind energetisch in einem dynamischen Prozess miteinander verbunden, der uns ein erstaunliches Maß an Kontrolle über unser Leben gibt. Wir wollen nun näher betrachten, wie jede Funktion für sich genommen wirkt.

Die Macht der Wahrnehmung

Wie unsere Wahrnehmung die Produktion von Neuropeptiden bewirkt, die unsere emotionalen Erfahrungen aufrechterhalten, haben wir bereits gesehen. Wenn wir etwas als negativ betrachten, erzeugt dies eine biochemische Reaktion, die einen ungünstigen emotionalen Zustand verstärkt. Das Gegenteil ist natürlich ebenso der Fall. Diese Erkenntnis allein sollte uns schon dazu motivieren, bewusst an einer positiven Perspektive zu arbeiten, aber wir wollen auch untersuchen, wie die Wahrnehmung die energetische Schwingung beeinflusst.

Unser Blickwinkel ist zwar durch unsere Geschichte gefiltert, dennoch wirkt er stark genug, um unsere Zukunft zu erschaffen. Unsere Sichtweise formt uns auf sehr reale Weise, bis hin zur physiologischen Ebene. Wie wir uns selbst, unsere Umwelt und unsere Zukunft wahrnehmen, hängt von der kognitiven Grundlage ab, die allen Stimmungen zugrunde liegt. Wissenschaftliche Untersuchungen zeigen, dass bewusste Reflexion und innere Selbstgespräche die Ausschüttung von Serotonin und Endorphin beeinflussen, wodurch dauerhaft Gefühle wie Depression oder Freude ausgelöst werden.

Dieser Teil unseres Bewusstseins ist so mächtig, dass er noch andere Dinge bewirkt. Es gibt dokumentierte Fälle, in denen Menschen mit einer bestimmten Störung, der »multiplen Persönlichkeit«, unterschiedliche diagnostizierbare Körperzustände manifestieren, je nachdem, welche Person in ihnen gerade »das Sagen« hat. Erkrankungen wie Diabetes und Probleme mit dem Sehvermögen manifestieren sich möglicherweise eher auf physiologischer Ebene, wenn eine bestimmte Identität die Oberhand gewinnt. Selbst wenn der gleiche Körper zu anderen Zeiten nicht diese Probleme hat, wird sein Zustand zu einer echten physischen Herausforderung, sobald ein bestimmter Teil der Persönlichkeit die Kontrolle übernimmt.

Doch dies ist nicht die einzige Konstellation, in der das Bewusstsein die Physiologie beeinflusst. Wenn wir unsere Wahrnehmung verändern, können wir über heiße Kohlen laufen, ohne uns zu verletzen. Ich selbst habe vor vielen Jahren diese Erfahrung gemacht. Damals besuchte ich einen Kurs im Feuerlaufen, in dem rund hundert Teilnehmern beigebracht wurde, ihren Bewusstseinszustand radikal zu verändern, indem sie sich nicht auf die heißen Kohlen unter ihren Füßen, sondern auf spannende und glückliche Situationen konzentrierten.

Ich stellte mir vor, wie ich in den wunderschön verschneiten Bergen von Colorado auf Skiern meine Lieblingspiste hinuntersauste. Diese Vorstellung verwandelte meine Neuropeptide und meinen körperlichen Zustand, sodass ich in der Lage war, fünf Meter über glühende Kohlen zu laufen, die eine Temperatur von mehreren Hundert Grad hatten.

Ich blieb völlig unversehrt, aber es gab ein paar Teilnehmer, die sich verbrannten, weil sie in ihren Erwartungen gefangen blieben. Für sie stellten glühende Kohlen an sich eine Gefahr dar, deshalb nahmen sie die Glut in dieser Weise wahr. Die Teilnehmer, die ihre Wahrnehmung veränderten, waren dagegen in der Lage, die physische Realität vollkommen zu transformieren.

Auch Sie besitzen die Macht, Ihre Umgebung zu verändern. Wie Ihre Lebensumstände auch gestaltet sein mögen, Sie müssen die Welt nicht länger auf diese eingefahrene Weise wahrnehmen. Stattdessen können Sie die Macht des Loslassens nutzen, um Ihre alten, begrenzenden Erwartungen zu überwinden. *Wie Ihre konkrete Erfahrung auch aussehen mag, denken Sie immer daran, dass Sie die Wahl haben, die Dinge in einem anderen Licht zu betrachten.*

Dies ist der Schlüssel zu einer Realität, die durch das Bewusstsein erschaffen wird: Was wir für wahr halten, begrenzt unsere Wahrnehmung. Statt in einer alten Sichtweise gefangen zu bleiben, können wir das Leben wie eine frisch aufgezogene Leinwand betrachten. Wir können ein neues Bild malen, die Dinge in einem anderen Licht sehen und uns unsere Umwelt völlig anders vorstellen. Und damit kommen wir zur nächsten wichtigen Funktion unseres Bewusstseins.

Imagination ist alles

Wenn wir den Inhalt unserer Wahrnehmung positiv verändern, fällt es uns immer leichter, unsere Vorstellungskraft in Schwung zu bringen. Ich meine damit nicht nur unsere Fähigkeit zum Tagträumen und Ausmalen von Zukunftsfantasien, sondern unsere konkrete Fähigkeit, geistige Bilder zu erzeugen – lebendige Bilder, wie die Zukunft für uns aussehen sollte. Dies ist ein machtvolles Werkzeug für bestimmte Arten von Erfolg.

Bei der Erzeugung mentaler Bilder kann unser Gehirn nicht zwischen gegenwärtigen und vergangenen Ereignissen unterscheiden. Es erkennt auch nicht den Unterschied zwischen dem, was real ist, und was wir uns nur lebhaft vorstellen. Viele Physiker glauben darüber hinaus, dass nicht nur eine einzige Wirklichkeit existiert. Die »Vielwelten«-Theorie besagt, dass es parallele Universen gibt, und manche Wissenschaftler behaupten, dass wir sogar wählen können, in welchem Universum wir leben wollen. Dies mag wie Science Fiction klingen, zeigt aber nur die unbegrenzten Möglichkeiten, die wir haben. Wir müssen uns lediglich all das *vorstellen*, was wir erleben wollen! Tun Sie sich also keinen Zwang an – um etwas erfolgreich zu manifestieren, müssen Sie es sich zuerst geistig vorstellen können.

⚛ Indem wir uns unseren Erfolg lebhaft vorstellen, wird diese Realität zuerst in unserem Energiefeld und unserem Bewusstsein erzeugt. Die Vorstellungen in unserem Geist werden dann zu dem, was sich in der Außenwelt manifestiert. Stimmen die Bilder in unserer gegenwärtigen Vorstellung nicht mit dem überein, was wir in der Zukunft erfahren wollen, müssen wir andere geistige Bilder erschaffen. Um erfolgreich zu sein, müssen wir erfolgreiche Bilder entwerfen.

Die Bildproduktion geschieht im Bewusstsein auf zwei unterschiedlichen Ebenen. Führen Sie die folgenden Schritte oft aus, um eine eindrückliche Vorstellung von Ihrem Erfolg zu bekommen.

1. Stellen Sie sich vor, Sie sind erfolgreich: Sie müssen zu diesem Zweck innere Bilder erschaffen, die nicht nur zeigen, wie Sie sein und aussehen wollen, sondern auch, wie Sie sich fühlen und verhalten möchten. Kreieren Sie ein Gesamtbild von dem Leben, das Sie sich erträumen, und halten Sie es sich möglichst oft vor Augen. Nehmen Sie es überallhin mit, leben Sie es, fühlen Sie es, und glauben Sie absolut an Ihren Erfolg. Tauchen Sie mehrmals am Tag in diese Vision ein – schon bald wird Ihr Traum Wirklichkeit werden.

2. Stellen Sie sich die konkreten Ziele vor, die Sie erreichen wollen: Erzeugen Sie klare, farbenfrohe Bilder, die genau wiedergeben, was Sie sich wünschen. Lassen Sie Ihre Vorstellungen so lebendig werden, dass Sie das Gefühl haben, schon mitten in dieser Wirklichkeit zu leben. Stellen Sie sich vor, dass Sie jedes Ziel freudig erreichen, und speichern Sie dann ein mentales Foto von diesem *zukünftigen* Ereignis in Ihrer *Erinnerung* ab. Betrachten Sie es als gelungenen Schnappschuss in Ihrem Fotoalbum, das Sie immer wieder zur Hand nehmen und durchblättern. Auf diese Weise teilen Sie Ihrem Gehirn mit, dass das Bild der Zukunft bereits Wirklichkeit ist. Kehren Sie zu Ihren inneren Bildern zurück, wenn Sie sich erneut motivieren müssen oder eine klare Vorstellung von Ihrem Ziel brauchen.

Sobald Sie Ihre erfolgreichen Bilder klar im Geist erschaffen haben, sollten Sie sich *nur noch* auf diese Bilder konzentrieren und jeden Gedanken loslassen, in dem Sie etwas an sich auszusetzen haben. Vergrößern Sie jedes Bild, wenn Sie es visualisieren. Sehen Sie es klar und deutlich vor sich. Es sollte sich nicht irgendwo in der Ferne befinden oder sich nach links oder rechts bewegen, denn dadurch würde die Realität des Bildes und sein energetischer Zeitablauf geschwächt. Betrachten Sie das Bild im Mittelpunkt Ihrer Wahrnehmung und so nah vor Ihrem inneren Auge, dass Sie jedes Detail erkennen können. Lassen Sie das Bild real aussehen, und es wird Wirklichkeit werden.

Je sorgfältiger wir unsere Bilder von positiven Erfolgen gestalten und uns in sie hineinversetzen, desto eher akzeptieren unser Gehirn und Bewusstsein sie als real. Je öfter wir uns jedes Bild im Geist klar und deutlich und im Vordergrund zentriert vorstellen, desto mehr positive Gefühle erzeugen wir, die dann zu einem kreativen Bewusstsein und einer magnetischen Energie führen. Dies hilft uns bei der Feinabstimmung unserer Erwartung, der letzten grundlegenden Funktion unseres Bewusstseins.

Erwarten Sie nur das Beste

Es macht keinen Sinn, erfolgreiche Bilder zu entwerfen, wenn wir uns eine solche Wirklichkeit im Grunde gar nicht vorstellen können. Es besteht ein großer Unterschied zwischen dem, was wir uns wünschen, und dem, was wir erwarten. Daher ist es wichtig, ständig bewusst das Beste vorwegzunehmen. Dazu müssen wir uns unsere unterschwelligen Erwartungen vergegenwärtigen.

Wir neigen dazu, jeden Tag von den gleichen Annahmen auszugehen, daher ist es nur natürlich, dass wir unsere »normalen« Muster in die Zukunft projizieren. Das Problem besteht darin, dass es nicht leicht ist, positive Erwartungen für die Zukunft zu haben, wenn man mit der Gegenwart unzufrieden ist.

Wie verhalten Sie sich überhaupt im täglichen Leben? Hoffen Sie auf Akzeptanz und fürchten dabei gleichzeitig, zurückgewiesen zu werden? Sehnen Sie sich nach Erfolg und glauben im selben Augenblick, dass Sie es nicht schaffen werden? Möchten Sie gern glücklich sein und finden sich zugleich mit Langeweile, Schinderei oder Enttäuschung ab? Wenn Sie davon ausgehen, dass der heutige Tag schwierig und erfolglos wird, werden Sie nur mehr von dem erhalten, was Sie immer schon erhalten haben. Sie können sich aber auch neue Erwartungen und Überzeugungen schaffen und daran glauben, dass Sie erfolgreich sein können – und zwar heute, morgen, immer.

In Kampf zwischen Sehnsucht und Erwartung schenkt uns das Universum eher das, was wir erwarten. Unsere Sehnsucht folgt nämlich unseren *Wünschen*, unsere Erwartungen folgen unseren *Überzeugungen*, und was die Formel für unseren Erfolg betrifft, ist nichts mächtiger als unsere Überzeugungen.

Unsere Überzeugungen müssen von einer positiven Erwartung ausgehen – von der Grundannahme eines positiven Ausgangs. Wir können uns nicht länger das Beste wünschen und das Schlechteste erwarten, da das Universum eine solche Bewusstseinsspaltung nicht überbrücken kann. Wir müssen anfangen, an unseren Erfolg im Alltag und in der Erfüllung unserer Träume zu glauben, weil wir wissen, dass wir in der Lage sind, unsere Erfahrungen positiv zu gestalten. Wir müssen uns wieder auf unsere Kraft besinnen und uns Gegenwart und Zukunft so erschaffen, wie wir sie uns wünschen. Wir müssen wissen, wie die ideale Gegenwart und die ideale Zukunft aussehen und sich anfühlen und dass wir dazu fähig sind, sie uns zu erschaffen.

Unsere täglichen Erwartungen beschleunigen unseren energetischen Schwung. Daher muss die Vision unserer Gegenwart mit der unserer Zukunft übereinstimmen. Wenn wir erfolgreich sein wollen, können wir unsere Wünsche nicht länger abtun, begrenzen oder aufgeben.

Stattdessen sollten wir sie in einen größeren Zusammenhang stellen. Unbegrenzte Erwartungen werden unbegrenzte Resultate zeitigen, wenn wir uns bewusst darauf ausrichten, erfolgreich zu sein. Und hier ist das Erfolgsrezept:

- Positive Wahrnehmung
- Kreative Imagination
- Optimistische Erwartung

Selbst eine kleine Veränderung in unserer inneren Einstellung kann zu einer großen Veränderung in unserem Leben führen, denn das Bewusstsein ist die größte Kraft, die wir besitzen. Es ist der unumstößliche Entschluss, im Hier und Jetzt in einem erwachten Zustand zu leben, in dem wir bewusst entscheiden, was wir wahrnehmen, denken und von der Zukunft erwarten. Alles kann für uns Wirklichkeit werden, wenn wir uns jetzt dafür entscheiden.

Affirmationen für ein kreatives Bewusstsein

- Ich bin stark und erfolgreich. Ich habe viele Fähigkeiten und verdiene es, erfolgreich zu sein.

- Ich sehe mich so, wie ich gern sein möchte. Ich bin jetzt und immer zuversichtlich, voller Energie und glücklich.

- Ich erwarte immer nur das Beste. In meinem gegenwärtigen Alltag und in der Zukunft gehe ich immer nur vom Besten aus.

● Ich bin aufmerksam und lebe bewusst. Ich wähle bewusst die Gedanken und Bilder, die eine wunderbare Realität erschaffen.

● Ich bin von meinen Zielen begeistert und überzeugt. Ich erhalte viele wunderbare Geschenke vom Universum.

Die Macht der Energie

Das dritte persönliche Erfolgsprinzip

*Die Welt ist ein Spiegel und
spiegelt jedem sein eigenes Antlitz.*
William Makepeace Thackeray

Das Universum ist voller Energie; nichts existiert ohne
sie. Alles, was wir sehen – und das meiste von dem, was
wir nicht sehen – ist erfüllt von Wellen und Schwingungen. Was wir auch tun und wohin wir auch gehen, wir
senden ständig Schwingungen aus und empfangen Energie; wir leben die ganze Zeit im Einflussbereich unsicht-
barer Frequenzen. Wir werden ständig aus allen Richtungen mit TV-, Radio-, Telefon- und Satellitensignalen
bestrahlt. Man braucht nur das richtige Gerät, um die
entsprechenden Botschaften empfangen zu können.

Jeder Einzelne ist wie ein Satellit, der Signale von
anderen Individuen aufnimmt und gleichzeitig seine
eigenen ausstrahlt. Wir senden die Energie aus, die das
bestimmt, was wir empfangen. Ob wir es wahrhaben
wollen oder nicht, für uns realisiert sich immer das, was
den Schwingungen unseres persönlichen Energiefeldes
entspricht. Das Schöne daran ist, dass wir auf diese Weise

immer die Möglichkeit haben, unsere eigene Schwingung zu verändern, wenn wir nicht mögen, was sich für uns manifestiert.

Mehrere universelle Gesetze beruhen auf der grundlegenden Kraft der Energie. Wenn sich diese Kraft mit unserem Bewusstsein verbindet, wird sie zu unserer stärksten Antriebskraft. Indem wir uns bewusst sind, welche Energie wir aussenden, bestimmen wir auch die Resultate, die sich dadurch für uns ergeben. Es handelt sich um einen einfachen Prozess, der ununterbrochen abläuft.

In der physischen Welt führen zwei gleiche Frequenzen zu einem Phänomen, das Phasenkopplung genannt wird. Wenn gleiche Signale aufeinandertreffen, schwingen sie in der gleichen Resonanz; auf diese Weise entsteht das Gefühl der Anziehung. Das Ganze hat nichts mit Chemie zu tun, sondern ist ein rein energetischer Vorgang. Das Prinzip ist allgemeingültig und lässt sich auch auf andere Phänomene übertragen. Auf allen Gebieten ziehen wir das an, was wir aussenden – sei es in unserem sozialen Umfeld, im partnerschaftlichen, beruflichen oder persönlichen Bereich. Um zu verändern, was wir anziehen, müssen wir eine klare Vorstellung davon haben, wie unser persönliches Energiefeld zustande kommt.

Unsere gewaltigen Energielieferanten

Unsere elektromagnetischen Schwingungen sind die Resonanz unserer Lichtenergie, bestehen also aus den Frequenzen von Geist, Herz und Seele. Wie wir weiter oben gesehen haben, werden die stärksten Schwingungen durch unsere Gedanken und Gefühle verursacht. Aber woher stammen diese Gedanken und Gefühle? Entstehen sie einfach aus dem Nichts? Was bringt diesen Teil unserer Energiemaschine zum Laufen?

Das Fundament, auf dem unsere kognitive und emotionale Kraft aufbaut, besteht in unseren grundlegenden Schlussfolgerungen. Alles, was wir manifestieren, lässt sich in der Tat auf diese zentralen Annahmen zurückführen. Einfach ausgedrückt ist unser Glaubenssystem ein Netz fundamentaler Annahmen, zu denen wir als Ergebnis unserer Erziehung und unserer persönlichen Erfahrung gekommen sind.

Ähnlich wie in Bezug auf ihre Gedanken prüfen die meisten Menschen nicht bewusst, warum sie was für wahr halten. Wir leben so in unserem Glaubenssystem, wie wir mit unserer Sprache umgehen: Sie ist uns quasi von Geburt an gegeben – und mehr können wir nicht dazu sagen. Unser Glaubenssystem ist der Rahmen für all unsere Erfahrungen, und wir sind derart an unsere Überzeugungen gewöhnt, dass es uns nicht in den Sinn kommt, sie in Frage zu stellen. Aber wenn uns unsere Überzeugungen und ihre Auswirkungen auf unser Leben nicht bewusst sind, geben wir willentlich die Macht zur Veränderung aus der Hand.

✳ Unabhängig davon, was man uns beigebracht hat und wie wir behandelt wurden, unsere Überzeugungen sind immer ein Ergebnis von Entscheidungen, die wir selbst getroffen haben. Als denkende Erwachsene haben wir stets die Möglichkeit, sie zu verändern. Wir können uns für das entscheiden, was unsere innere Wahrheit ausdrückt, und damit bewusst das loslassen, was Angst und Negativität in unserer eigenen Schwingung und im Energiezustand der Welt aufrechterhält. In

Bezug auf die Energie und das Bewusstsein ist eine positive Überzeugung die Grundvoraussetzung für einen größeren Erfolg auf allen Gebieten.

Die positive oder negative Natur unserer Schwingungsenergie kommt zwar am stärksten in unseren Gedanken und Gefühlen zum Ausdruck. Doch wir haben Überzeugungen, die unserem Denken und Fühlen zugrunde liegen. Es ist offensichtlich, dass beurteilende, fatalistische oder sonstige negative Überzeugungen nur negative Gedanken und Gefühle hervorbringen können. Positive Gedanken und Gefühle – die das innere Selbst stärken und uns auf die Zukunft hoffen lassen – erhellen dementsprechend unser Denken und Fühlen. Ihre Schwingungen sind die besten, die wir aussenden können, denn sie bewirken die wunderbaren Resultate, die wir uns wünschen.

Wir wollen nun beleuchten, wie unsere großen Energielieferanten miteinander verknüpft sind. Unsere Überzeugungen sind die grundlegenden Rückschlüsse, von denen all unsere Annahmen und frei umherschwebenden Gedanken abstammen. Wir entwickeln diese Überzeugungen entweder direkt (durch das, was uns beigebracht wurde) oder indirekt (durch die Art und Weise, wie uns unsere Eltern oder andere Autoritätspersonen behandelten). Es spielt keine Rolle, ob das, was sie uns beigebracht haben, falsch, ungesund oder sogar destruktiv war oder ist. Ihr Ursprung macht sie für uns zu einer unumstößlichen Wahrheit. Jede Überzeugung erschafft Gedanken, die wiederum emotionale Reaktionen auslösen. Alle zusammen erzeugen einen vorherrschenden Energiezustand, den wir ständig unbewusst aussenden.

Vielleicht ist uns beigebracht worden, Geld drücke unseren Wert aus. Dies ist eine Grundüberzeugung, die zu Gedanken und Schlussfolgerungen führt, zum Beispiel *Ich werde so lange nicht mit mir zufrieden sein, bis ich viel Geld verdiene* oder *Ich bin ein totaler Versager*. Solche schädlichen Gedanken erzeugen negative Gefühle wie Angst, Verzweiflung und Selbsthass. Was sind die realen energetischen Konsequenzen? Sehen Sie sich das Beispiel in der nachfolgenden Tabelle an.

Grundüberzeugung: Es ist schwer, es in dieser Welt zu etwas zu bringen.		
Gedanken	Gefühle	Energiezustand
Ich habe nicht das, was man dazu braucht.	Scham, Angst	Abstoßend, resistent
Es reicht sowieso nicht für alle.	Hoffnungslosigkeit, Verzweiflung	Schwer, dunkel
Warum bekommen immer nur die anderen eine Chance?	Wut, Neid	Erregt, aggressiv

Hierbei handelt es sich nur um eine zentrale Überzeugung, aber wenn wir den ganzen Prozess in den Blick nehmen, wird deutlich, wie stark unsere fundamentalen Annahmen unser Leben beeinflussen. Mit ihrer Hilfe erzeugen wir die emotionale Energie, die unsere Grundstimmung ausmacht. Wir legen auf diese Weise selbst fest, ob wir Erfolg oder Misserfolg haben, glücklich oder traurig sind. Der ganze Kreislauf, in dem bestimmte

Energiezustände entsprechende Ereignisse anziehen und diese Ereignisse wiederum unseren Energiezustand beeinflussen, verändert sich erst, wenn wir alle Überzeugungen loslassen, die uns nicht guttun oder stärken.

Setzen Sie auf positive Überzeugungen

Manche Menschen weigern sich, eine neue, positive Sichtweise anzunehmen. Sie glauben, dass sie sich dadurch selbst etwas vormachen, eine schwierige Situation leugnen und sich in eine idealistische Sicht flüchten. Als noch skurrileren Grund, die eigenen Glaubenssätze nicht zu verändern, führen sie an, positives Denken täusche eine Motivation nur vor. Viele glauben, sie würden von ihren zwanghaften und verzweifelten Überzeugungen angetrieben und wären nicht länger motiviert zu tun, was man tun muss, um Erfolg zu haben, wenn sie diese negativen Grundsätze aufgeben würden. Dabei trifft genau das Gegenteil zu.

Wenn wir unser Glaubenssystem verändern, verändern wir auch die daraus resultierenden Gedanken und Gefühle. Dies sind die drei Bestandteile unserer Energieproduktion. Ein positives Glaubenssystem führt zu größerer Begeisterung und einem größeren Durchhaltevermögen.

Sind unsere Überzeugungen und die daraus resultierenden Gedanken und Gefühle jedoch negativ, bauen wir unser ganzes Leben auf Schwierigkeiten und Misserfolg auf. Es lässt sich leicht vorstellen, wohin dies führt. Wir können uns allerdings genauso gut positive Überzeugungen schaffen, damit bringen wir uns wenigstens nicht um die Chance, dass sie Wirklichkeit werden könnten.

Negative Überzeugungen führen niemals zum Erfolg. Und da unsere Überzeugungen in Bezug auf die Zukunft unser gesamtes Bewusstsein durchdringen, erzeugt diese destruktive Einstellung die Erwartung – und auf einer gewissen Ebene sogar die Hoffnung –, dass die negative Auswirkung auch tatsächlich eintritt. Deshalb ist es so wichtig, dass wir erkennen, wie unsere Überzeugungen uns klein machen und gefangen halten.

Erfolgstagebuch

Machen Sie sich Ihre Überzeugungen bewusst, indem Sie in Ihrem Tagebuch die unten folgenden Fragen beantworten. Nehmen Sie sich Zeit zum gründlichen Nachdenken, und entscheiden Sie klar für die positiven Überzeugungen, die Ihre alten, negativen ersetzen können.

- Was wurde Ihnen beigebracht, über sich und Ihren Wert zu glauben?

- Wie fühlen Sie sich aufgrund der Schlussfolgerungen, die Sie daraus gezogen haben?

- Welche alternativen Sichtweisen können Sie einnehmen, die Ihr Selbstwertgefühl stärken und zu einem positiveren Energiezustand in der Welt führen?

- Was hat man Sie gelehrt, über andere Menschen und Ihre Beziehung zu ihnen zu denken?

- Wie fühlen Sie sich aufgrund der Schlussfolgerungen, die Sie daraus gezogen haben?

- Welche positiven Annahmen über andere Menschen und Ihre Beziehung zu ihnen können Sie stattdessen treffen?

- Was können Sie tun, um sich jeden Tag daran zu erinnern, diese neuen Überzeugungen zu Ihrer Lebensgrundlage zu machen?

Bitte überspringen Sie diese Übung nicht. Denken Sie ehrlich über die Antworten nach, und finden Sie kreative Lösungen, denn sie haben einen großen Einfluss auf Ihren Energiezustand. Es macht nur Sinn, positive Gedanken, Gefühle und Überzeugungen zu entwickeln – nur auf diese Weise kann sich auch Ihr Leben positiv verändern. Setzen Sie auf positive Überzeugungen, glückliche Gefühle sowie optimistische Gedanken, und Sie werden Erfolg haben. Das Universum wird sich freuen, Ihnen Ihre positiven Wünsche zu erfüllen – und vielleicht ziehen Sie sogar den Hauptgewinn.

Testen Sie Ihren Anziehungsquotienten

Unser persönliches Energiefeld besteht aus unseren geistigen und emotionalen Mustern, unseren Überzeugungen und Einstellungen und selbst aus unserer Bewegungs- und Sprechweise. Darin liegt die magnetische Kraft hinter unserem Erfolg. Wir glauben vielleicht, dass unser Weiterkommen davon abhängt, wie wir aussehen, wie viel Geld wir verdienen oder wie intelligent wir sind. Letztlich spielen diese Dinge jedoch keine Rolle. Einzig und allein unser Anziehungsquotient (AQ) zeigt, ob wir die nötige Ausstrahlung haben, um im privaten und beruflichen Bereich erfolgreich zu sein.

Wenn Sie das nachfolgende Quiz machen, erhalten Sie einen Hinweis auf Ihre eigenen Tendenzen. Ihr AQ beschreibt das Ausmaß Ihrer positiven Energie und die magnetische Anziehungskraft, die dadurch entsteht. Wiederholen Sie diesen Test hin und wieder, und achten Sie darauf, ob sich Ihre Schwingungen verändern.

Das Anziehungsquotienten-Quiz

Beantworten Sie jede der folgenden Fragen mit einem Wert auf einer Skala von 1 bis 10. 1 steht für »niemals«, 10 für »immer«.

_____ 1. Haben Sie Vertrauen in die Dinge, die Sie tun?

_____ 2. Kennen Sie Ihre persönliche Bestimmung, und arbeiten Sie an der Erfüllung Ihres Lebenszwecks?

_____ 3. Akzeptieren Sie in diesem Moment Ihre äußere Erscheinung?

_____ 4. Fühlen Sie sich in Ihren gegenwärtigen Lebensumständen wohl?

_____ 5. Blicken Sie optimistisch in die Zukunft?

_____ 6. Kümmern Sie sich um Ihre eigenen Ziele und Ihr Glück?

_____ 7. Sind Sie bereit, Risiken einzugehen?

_____ 8. Versuchen Sie, in schwierigen Situationen positiv zu denken?

_____ 9. Wertschätzen Sie die guten Dinge, die Sie bereits in Ihrem Leben haben?

_____   10. Respektieren Sie Ihren Körper, indem Sie sich gesund ernähren und sich genügend bewegen?

_____   % (Addieren Sie Ihre Punktzahl, um Ihren AQ auszurechnen.)

Seien Sie nicht enttäuscht, wenn Ihre Zahl niedriger ist, als Sie sich erhofft haben. Der durchschnittliche AQ liegt zwischen fünfzig und 75 Prozent. Unabhängig davon, ob Ihre Punktzahl niedriger oder höher ist, können Sie den Test nutzen, um sich Klarheit darüber zu verschaffen, welche Veränderungen Sie in Ihrem Energiezustand vornehmen sollten, damit sich mehr Erfolg in Ihrem Leben manifestieren kann.

Um positive Signale zu verstärken, können Sie alle Fragen, die Sie mit einem Wert niedriger als 7 beantwortet haben, in positive Intentionen und Affirmationen umformulieren. Nutzen Sie diese jeden Tag, um Ihren Energiezustand zu erhöhen. Wenn Sie beispielsweise bei Frage 5 nur fünf Punkte gegeben haben, können Sie affirmieren: *Ich blicke optimistisch in die Zukunft. Ich habe die Macht, meine Zukunft in jeder Hinsicht positiv zu gestalten.*

Schreiben Sie diese Aussagen auf Karteikarten, die Sie überallhin mitnehmen und lesen können. Auf diese Weise öffnen Sie sich für neue Ideen und Ansätze, die Ihre Energie positiv beeinflussen. Sie haben Ihren Erfolg immer selbst in der Hand. Entscheiden Sie sich dafür, eine positive Schwingung auszusenden, und Sie werden wunderbare Resultate anziehen.

Affirmationen zur Erzeugung attraktiver Energie

- Ich entscheide mich hier und jetzt für ein positives Glaubenssystem, das mir wirklich guttut. Es ist mein Recht – und das Fundament meiner Zukunft.

- Nur ich bestimme, was gut für mich ist. Ich lasse alle negativen Überzeugungen los.

- Ich denke positiv und sende damit eine höhere Schwingung aus, die immer bessere Resultate anzieht.

- Ich allein bin für meine positive Energie verantwortlich. Ich entscheide mich für positive und friedfertige Gedanken.

- Ich akzeptiere mich selbst, meinen Wert und meine äußere Erscheinung. Ich achte darauf, dass ich mich immer selbst respektiere.

Die Macht der Intention

Das vierte persönliche Erfolgsprinzip

Konzentrieren Sie sich gedanklich darauf, was Sie erreichen wollen. Handeln Sie immer im Einklang mit Ihrer Intention, und achten Sie auf Hinweise, wie sich in Ihrem Leben das manifestiert, was Sie vom schöpferischen Ursprung aller Dinge anziehen.
Dr. Wayne W. Dyer

Unsere Intentionen sind die hauptsächlichen Katalysatoren für die Gesetze des Wünschens und Wollens. Wir tun nichts ohne einen bestimmten Zweck, ob wir uns dessen bewusst sind oder nicht. Wenn wir klare positive Ziele für die Gegenwart und die Zukunft formulieren, erschließen wir uns die natürlichen Kräfte nach dem Gesetz des echten Wunsches. Und auch hier spielt die bewusste Wahrnehmung eine entscheidende Rolle. Wir müssen unsere Absichten kennen – und bewusst einsetzen lernen.

Jede Handlung, Entscheidung oder Verhaltensweise hat einen bestimmten Hintergrund. Unser Handeln verändert sich nicht, doch eine andere Intention kann die mit unserem Tun verknüpfte Energie völlig transformieren und somit auf die Konsequenzen unseres Handelns einwirken.

Als Beispiel wollen wir uns eine normale Situation am Arbeitsplatz vergegenwärtigen, die oberflächlich gesehen positiv zu sein scheint. Tatsächlich hängt sie einzig und allein von der Absicht ab. Sagen wir, Sie machen Ihrem Vorgesetzten ein Kompliment. Wenn Sie dabei Ihre echten Gefühle und Ihre wirkliche Zustimmung ausdrücken, sind Ihre Intention und Ihr Handeln positiv. Dies erzeugt eine echte positive Resonanz, die auch Ihnen zugutekommen wird.

Nehmen wir nun jedoch an, dass Sie das Kompliment benutzen, um Ihrem Vorgesetzten Honig um den Bart zu schmieren und sich bei ihm beliebt zu machen, weil sie auf eine gute Beurteilung und vielleicht sogar eine Gehaltserhöhung hoffen. In diesem Fall ist Ihre Absicht manipulativ und Ihre Energie hat eine dichte und betrügerische Schwingung. Natürlich ist es trotzdem möglich, auf diese Weise eine gute Beurteilung oder sogar ein höheres Gehalt zu bekommen, aber letztlich ziehen Sie die betrügerischen Absichten und Manipulationen anderer an.

Wenn unser freundliches Verhalten dadurch motiviert ist, dass wir Anerkennung suchen oder unseren eigenen Selbstwert bestätigen wollen, versuchen wir nichts anderes, als Akzeptanz und Selbstachtung zu erzwingen. Eine solche manipulative Absicht verkehrt die Energie, die wir ausstrahlen, in ihr Gegenteil. Wir senden dann die eindeutige Botschaft aus, dass wir nicht glauben, auch ohne Manipulation von anderen Wertschätzung zu erfahren. Unser Kompliment – oder jedes andere mitfühlende Handeln – *scheint* eine freundliche Geste zu sein, aber wenn es aus Verzweiflung heraus gemacht wird, kehrt sich die Energie um. Hierin zeigt sich die Macht unserer Intention – sie kann unsere Schwingung vollständig verändern und daher zu völlig anderen Resultaten in unserem Leben führen.

Alles, was wir tun, wird von der Absicht bestimmt, die wir damit verfolgen. Ob wir frühstücken, zur Arbeit fahren, einen Scheck ausstellen oder unserer Arbeit nachgehen, wir tun all diese Dinge zu einem bestimmten Zweck. Selbst der nervtötendsten Aufgabe liegt eine bestimmte Intention zugrunde. Natürlich gibt es ein offensichtliches Ziel, aber außer diesem ist da immer auch eine unterschwellige Energie, die uns nicht unbedingt bewusst sein muss. Wir denken vielleicht, der Zweck dessen, warum wir zur Arbeit fahren, läge einfach darin, am Arbeitsplatz anzukommen, aber welche Intention verknüpfen wir mit der konkreten *Erfahrung*? In welchem Schwingungszustand befinden wir uns, *während* wir zur Arbeit fahren? Auch wenn wir morgens einfach nur am Berufsverkehr teilnehmen, ist es wichtig, wie wir das tun, was wir tun. Der offensichtliche Zweck dabei, einen Scheck auszustellen, besteht darin, etwas zu bezahlen, aber was ist das energetische Grundprinzip, das sich dahinter verbirgt? Wir müssen nicht nur die oberflächlichen Gründe unter die Lupe nehmen, sondern auch die *Intention, die der Erfahrung zugrunde liegt.*

Während wir zur Arbeit fahren, können wir die Fahrt entweder genießen oder uns Sorgen darüber machen, ob wir all das schaffen, was an diesem Tag auf uns wartet. Während wir einen Scheck ausstellen, können wir das wertschätzen, was wir bezahlen, oder uns Sorgen darüber machen, wie wenig Geld wir noch auf dem Konto haben. Während wir unsere Arbeit tun, können wir dankbar sein, einer bezahlten Tätigkeit nachgehen zu können, und unser Bestes geben, oder wir können uns durch den Tag schleppen und bedauern, dass wir überhaupt arbeiten müssen.

Welche innere Haltung bringt bei der Ausübung der eben aufgeführten Aktivitäten wohl die besten Resultate? Unsere mentale Intention ist eine mächtige Kraft, weil sie uns bewusst Dinge erschaffen lässt. Führen Sie sich vor Augen, wie viele Erfahrungen Sie am Tag in einer Haltung unterschwelliger Negativität machen. Vielleicht denken Sie, dies sei keine große Sache, aber eine solche Lebenseinstellung führt in einen Teufelskreis. Ängstliche und ärgerliche Intentionen und gezielte, manipulative Verhaltensweisen erzeugen Befürchtungen und Depressionen – und somit negative Energien, die Ihre allgemeine Misere nur noch verschlimmern.

Nehmen Sie sich vor, glücklich zu sein

Es wird Zeit, dass wir in allen Lebensbereichen aus einer positiven Intention heraus handeln und jedem Teil unserer Realität mit Vertrauen und Dankbarkeit begegnen, statt uns ständig Sorgen zu machen und von Problemen überwältigt zu sein. Wenn Angst und Sorge unsere vorherrschenden Emotionen werden, durchdringen ihre Energien unser gesamtes Denken und Tun. Genau dies geschieht, wenn wir Dinge denken wie *Was geschieht, wenn ich diese Rechnungen hier nicht bezahlen kann? Was geschieht, wenn ich dieses Geschäft nicht abschließen kann? Ich hasse meinen Job! Ich bin ein totaler Versager!* Über kurz oder lang bestimmen diese und andere negative Gedanken, was wir von unserem Leben erwarten.

Sie haben bestimmt schon einmal von sich selbst erfüllenden Prophezeiungen gehört. Ob Sie es glauben oder nicht, es ist wissenschaftlich erwiesen, dass es sie gibt. Die Zielrichtung unserer emotionalen Energie kann tatsächlich die Angst vor einem zukünftigen Problem in das unbewusste Vorhaben verwandeln, dieses Problem auch Wirklichkeit werden zu lassen. Wir denken vielleicht, unser Ziel sei Wohlstand. Leben wir aber unter dem Schrecken der Armut, wird diese Angst zu der Intention, die uns antreibt. Je mehr Angst wir davor haben, arm zu sein, desto mehr negative Schwingungen verhindern Überfluss und Fülle. Dies ist die dynamische Energie der paradoxen Intention; statt verzweifelt zu sein, sollten wir eine positive Entschlossenheit entwickeln.

Wir müssen an unseren Zielen arbeiten, jedoch aus einem inneren Vertrauen heraus. Nehmen Sie sich vor, ab heute glücklich zu sein. Ob Sie Unkraut jäten oder die Wäsche machen, lassen Sie Ihre Negativität hinter sich, und versuchen Sie, Freude und innere Befriedigung aus allem zu ziehen, was Sie tun.

Dies trifft besonders zu, wenn Sie Ihre Träume leben wollen. Unsere Intention, reich und wohlhabend zu sein – oder irgendein anderes positives Ziel –, muss echt sein und darf niemals von Angst gesteuert werden. Viele Menschen fragen mich, wie sie an ihren Wünschen festhalten können, ohne in diese emotionale Falle zu tappen. Bedenken Sie die unterschiedliche Energie, die Verzweiflung und Entschlossenheit ausstrahlen. Verzweiflung entsteht aus der Angst, die gewünschten Ziele nicht zu erreichen. Entschlossenheit hingegen ist die Intention, ruhig und entspannt auf seine Ziele zuzusteuern und darauf zu achten, dass man währenddessen schon glücklich ist.

Beide Erfahrungen bilden den Gegenpol zueinander. Sie können die unterschiedliche Schwingung bereits fühlen, wenn Sie nur die Worte *Verzweiflung* und *Entschlossenheit* aussprechen. Lassen Sie Ihre Angst los, und entwickeln Sie eine entschlossene Intention, indem Sie die ängstlichen Bindungen an Ihr Ziel überwinden. Wenn Sie die Hoffnung verlieren und verzweifeln, messen Sie dem Erreichen des Ziels eine zu große Bedeutung bei. Sie können wieder die Kontrolle übernehmen, indem Sie zu einer klaren Intention zurückkehren, die frei von negativen Schwingungen ist.

Lesen Sie die nachfolgenden Aussagen. Sie sollen Ihnen helfen, sich Klarheit darüber zu verschaffen, wie Sie mit Ihren Wünschen und Zielen umgehen. Welche Art von Intention gibt Ihren Energiezustand am besten wieder?

Verzweifelte Intentionen

- Nur mein Ziel (Job, Geld, Partner usw.) macht mich wirklich glücklich.

- Wenn ich das hier erreiche, werde ich endlich Erfolg haben.

- Wenn ich meinen Traum verwirklicht habe, werde ich Anerkennung finden.

- Nur wenn ich vorankomme, werde ich mich sicher und geborgen fühlen können.

- Ich muss mich beeilen, mein Vorhaben in die Tat umzusetzen. Ich höre erst auf, daran zu arbeiten, wenn ich alles erreicht habe.

Entschlossene Intentionen

● Es steht in meiner Macht, glücklich zu sein.

● Ich kann später meine Ziele erreichen und mich trotzdem heute schon erfolgreich fühlen.

● Ich kann mich heute schon so akzeptieren, wie ich bin.

● Ich habe es in der Hand, mich im gegenwärtigen Moment sicher und geborgen zu fühlen.

● Ich habe die Macht, schon jetzt all die positiven Gefühle und Erfahrungen zu erzeugen, die ich mit dem Erreichen meiner Ziele verknüpfe. Ich entscheide mich dafür, ab sofort zu vertrauen und die Angst loszulassen.

Wenn Sie diese Aussagen lesen, spüren Sie sicher die unterschiedlichen Energien, die durch die Worte ausgelöst werden. Die ängstliche emotionale Bindung an Ihre Ziele loszulassen ist eine wichtige Voraussetzung, um eine friedliche, aufnahmefähige Schwingungsenergie zu erzeugen. Ein positives Bewusstsein und eine vertrauensvolle, optimistische Intention werden die magnetische Resonanz schaffen, die zur Erfüllung Ihrer Wünsche führt. Wir müssen den Druck loslassen, unser Ziel unbedingt erreichen zu müssen, damit wir seine Erfüllung schneller anziehen. Dies gelingt uns, wenn wir unseren Wunsch nach Glück, Erfolg und Anerkennung im gegenwärtigen Moment ausdrücken und leben.

Versteigen Sie sich nie zu dem Glauben, es gäbe nur einen Weg, Ihre Träume zu verwirklichen. Öffnen Sie sich allen Möglichkeiten, um die Gefühle, die mit der Verwirklichung Ihrer Träume verknüpft sind, schon jetzt zu erleben. Wenn Sie sich Sorgen machen, ob Sie ein bestimmtes Ziel erreichen, visualisieren Sie es mit Begeisterung und Optimismus. Affirmieren Sie: *Ich ziehe dies oder etwas Besseres in diesem Moment in mein Leben.* Durch diese Affirmation öffnen Sie sich den unendlichen Möglichkeiten, die Sie haben, um Ihre Ziele zu erreichen. Lassen Sie alle Befürchtungen los, und vertrauen Sie darauf, dass Ihre Wünsche in Erfüllung gehen. Vertrauen und Flexibilität haben die stärkste Anziehungskraft – es gibt kein besseres Mittel, um Ihre Intentionen Realität werden zu lassen.

Erfolgstagebuch

Um tatsächlich loslassen zu können, müssen wir unseren wirklichen Intentionen auf die Spur kommen. Stellen Sie sich in der Meditation und in Ihrem Tagebuch die folgenden Fragen:

- Was für Gefühle habe ich, wenn ich an meine Ziele und Wünsche denke? Fühle ich Sorgen und Angst oder Optimismus und Hoffnung?

- Was erhoffe ich mir emotional (nicht finanziell) davon, dieses Ziel zu erreichen? Was kann ich denken oder tun, um diesen Seinszustand schon jetzt zu kreieren?

● Beruht mein Ziel auf Angst oder auf einer manipulativen Absicht? Verstärkt oder schwächt das Erreichen meines Ziels mein Gefühl für Würde und Selbstachtung?

● Ist meine Intention optimistisch – und zwar nicht nur in Bezug auf zukünftige Resultate, sondern auch in Hinblick auf gegenwärtige Aktivitäten? Wenn nicht, warum nicht? Was habe ich sonst für Möglichkeiten?

● Stehen die Intentionen, die ich mit meinem Ziel verknüpfe, im Widerspruch zueinander? Wenn ja, auf welche positive, echte Motivation kann ich dann meine gegenwärtige Energie richten?

Offen, klar und konfliktlos

Unsere Intentionen sind unsere Bestellscheine beim Universum, daher müssen wir uns unserer Sache sicher sein, unsere Wünsche genau benennen und eine optimistische Haltung an den Tag legen. Unklar zu sein wäre so, als würden wir in ein Restaurant gehen und zur Kellnerin sagen: »Ich bin hungrig.« Wir müssen wissen, was wir wollen, und dem Universum genau mitteilen, was es uns bringen soll. Widersprüchliche Gedanken machen selbst lang gehegte Wünsche zunichte. Stattdessen sollten wir Selbstvertrauen haben und zu uns sagen: *Ich kann es schaffen. Ich werde es in die Tat umsetzen, denn ich verdiene es.* Diese klare, zielgerichtete Intention lässt keinen Raum mehr für Fragen oder Widersprüche.

Ob es um unsere Fähigkeiten oder um unseren Wert geht, wir sollten unsere Bestellung beim Universum nicht mit Negativität und Unschlüssigkeit belasten. Stellen Sie sich vor, was geschähe, wenn Sie in ein Restaurant gingen und der Kellnerin sagten: »Ich hätte gern ein Steak, aber ein Hamburger würde eigentlich auch reichen ... andererseits wäre ein Steak wirklich nicht schlecht ...« Sie wüsste nicht, was sie Ihnen bringen sollte, und würde sich wieder den anderen Gästen zuwenden.

Aber nehmen wir an, die Kellnerin würde Ihnen eine zweite Chance geben. Dieses Mal sagen Sie: »Am liebsten hätte ich den Hummer, aber ich fühle mich unwohl damit, so viel Geld für mich auszugeben. Deshalb sollte ich lieber das Fisch-Sandwich nehmen ... obwohl mir beim Gedanken an den Hummer wirklich das Wasser im Mund zusammenläuft.« Irgendwann wird die Kellnerin nicht einmal mehr an Ihren Tisch kommen.

Mit dem Universum verhält es sich ähnlich. Wenn wir ständig von einer Intention zur nächsten wechseln, etwas wollen und es dann wieder nicht wollen, weiß es nicht, was es uns servieren soll – und wird uns deshalb auch nichts bringen. Wir denken vielleicht *Ich möchte wieder eine Beziehung*, aber gleichzeitig denken wir auch *Ich bin schon so oft enttäuscht worden*. Wir hoffen vielleicht auf eine Beförderung, haben aber gleichzeitig Angst, dass andere Kollegen qualifizierter sind. Solche widersprüchlichen Haltungen schaden unserer Energie und vernebeln unser Bewusstsein, wodurch der Strom des Universums unterbrochen wird. *Unsere Intentionen müssen eindeutig und ohne inneren Konflikt sein und zeigen, dass wir bereit sind zu empfangen*. Behalten Sie Ihr Ziel klar vor Augen, und senden Sie die entsprechende Schwingung aus. Das Universum wartet nur darauf, Ihre Bestellung zu erfüllen, aber Sie müssen ihm auch genau sagen, was Sie wollen.

Seien Sie sich bewusst, welche Intentionen Sie haben – und zwar nicht nur, welche langfristigen Ziele Sie anstreben, sondern auch, welche alltäglichen Wünsche Sie hegen. Wenn ich mir zum Beispiel den kommenden Tag vorstelle, mache ich mir zuerst Gedanken darüber, wie ich das, was vor mir liegt, mit Freude tun kann, und zwar so, dass es eine Bedeutung und einen Nutzen für mich und andere hat. Wenn ich mit etwas Neuem beginne, entscheide ich, mit welchen Gefühlen ich an die Sache herangehe. Alles, was wir tun, wirkt sich auf unseren Energiezustand aus, und wir sollten uns über unsere wirkliche Motivation im Klaren sein, besonders wenn wir größeren Erfolg anziehen wollen.

Tipps für eine wirkungsvolle Intention

Wenn Sie die folgenden Anregungen täglich nutzen, können Sie Ihren Energiezustand positiv beeinflussen:

- **Denken Sie jeden Morgen ein paar Minuten lang darüber nach, was Sie heute vorhaben,** und halten Sie Ihre Gedanken schriftlich fest. Stellen Sie sich vor, Sie sind sich in Ihrem Handeln vollkommen bewusst darüber, welchen Sinn und Zweck jede einzelne Aktivität für Sie hat. Tun Sie alles mit einer positiven, optimistischen und freudigen Haltung. Auf diese Weise senden Sie ein heiteres Bewusstsein aus und öffnen sich für einen glücklichen und erfolgreichen Tag.

- **Konzentrieren Sie sich mehrmals am Tag auf Ihre Intentionen.** Wenn Sie in einer schwierigen Situation sind oder gerade an einem anspruchsvollen Projekt arbeiten, sollten Sie sich immer wieder bewusst machen, worum es Ihnen geht. Nehmen Sie sich morgens, mittags und abends nach der Arbeit ein wenig Zeit, um positive Intentionen für die nächsten Stunden zu entwickeln.

● **Führen Sie Ihre täglichen Aktivitäten mit einer positiven Intention aus.** Achten Sie auf den Inhalt Ihres Bewusstseins, zum Beispiel wenn Sie essen, Auto fahren und häuslichen Pflichten nachkommen. Wenn Sie jede Tätigkeit aus einer positiven, tief empfundenen Absicht heraus tun, verändern Sie Ihren Energiezustand radikal.

● **Nehmen Sie sich vor dem Schlafengehen bewusst vor, in welchem Energiezustand Sie die Nacht über sein wollen.** Affirmieren Sie: *Heute Nacht werde ich gut schlafen. Ich werde entspannt, erfrischt und begeistert aufwachen und mich auf den kommenden Tag freuen.*

● **Bewerten Sie Ihre Intentionen und Ziele in regelmäßigen Abständen neu.** Achten Sie darauf, dass Sie keine Widersprüche in Bezug auf Ihre Wünsche erzeugen, indem Sie Ihre Ziele mit Angst vernebeln. Bleiben Sie konzentriert, offen, entschlossen und optimistisch, damit Ihre Wünsche auch in Erfüllung gehen können.

Unsere Intentionen sind die Grundlage für unseren zukünftigen Erfolg. Lassen Sie also nicht zu, dass sie sich mit Zweifeln und Verwirrung vermischen. Stellen Sie Ihre Fähigkeiten nicht infrage, und sprechen Sie sich nie selbst Ihren Wert ab. Begrenzen Sie wirklich niemals den großen Überfluss der universellen Möglichkeiten. Sie verdienen es, an ihm teilzuhaben!

Affirmationen für eine machtvolle Intention

● Ich sehe mir genau an, warum ich das tue, was ich tue. Ich weiß, dass meine Intentionen eine große Auswirkung haben.

● Ich habe die Möglichkeit, mich selbst glücklich zu machen. Es ist meine Verantwortung und meine gegenwärtige Absicht.

● Ich bin offen für die unbegrenzten Möglichkeiten, die das Universum mir bietet. Es gibt viele verschiedene Wege, auf denen meine Träume und Wünsche wahr werden können.

● Jeden Tag nehme ich meine Intentionen bewusst wahr. Ich entscheide mich dafür, jeden Tag auf der Grundlage von Liebe und Vertrauen zu leben.

● Ich tue alles aus einer bewussten und freudigen Intention heraus – selbst die alltäglichen Aufgaben.

Die Macht der Auswahl

Das fünfte persönliche Erfolgsprinzip

Wir können uns frei entscheiden, aber die Entscheidungen, die wir heute treffen, bestimmen das, was wir morgen haben, sind und tun.

Zig Ziglar

Die dynamische persönliche Macht, die alle anderen miteinander verbindet, ist die Auswahl. Leider sind wir oft so sehr in unseren Gewohnheiten gefangen, dass wir nicht mehr mitbekommen, wie viele Möglichkeiten uns ständig offenstehen. Dies trifft genauso auf scheinbar unbedeutende, alltägliche Entscheidungen zu wie auch auf schwerwiegende, lebensverändernde.

Oft begrenzen wir uns durch unsere Lebensumstände. Wir denken *Ich kann meine Arbeit nicht kündigen, weil ich die Hypothek abzahlen muss*. Wir glauben, wir könnten keine neue Beschäftigung annehmen, weil wir uns einmal für die Arbeit entschieden haben, die wir gerade machen. Oft sind wir gezwungen, immer wieder das Gleiche zu tun, nur weil wir es in der Vergangenheit auch schon getan haben.

Wir neigen auch dazu, unsere Auswahl durch die Gedankenmuster einzuschränken, die uns beigebracht wurden. Wir glauben, wir hätten nicht die Möglichkeit, für uns selbst einzustehen, weil wir bislang nie die Gelegenheit dazu hatten. Wir entscheiden uns weiterhin dafür, andere Menschen zufriedenzustellen, weil wir gesehen haben, dass die anderen es auch machen. Wir verlassen uns auf soziale Konventionen und darauf, was wir schon immer getan haben. Wir sprechen, essen, lernen, kommunizieren und treffen Entscheidungen genauso, wie wir es seit eh und je gewohnt sind. Tag für Tag treffen wir Tausende von Entscheidungen, aber es kommt uns nicht in den Sinn, dass wir die Dinge auch völlig anders tun könnten – wenn es unser Wunsch wäre.

Ich habe einmal eine lustige Geschichte über eine Frau gehört, die für ihre köstlichen Braten berühmt war. Das Fleisch war so zart, dass es einem auf der Zunge zerging. Die Frau hatte das Kochen von ihrer Mutter gelernt, die das Rezept mit dem Hinweis weitergegeben hatte, dass ein Braten schön saftig bleibt, wenn man seine beiden Enden abschneidet, bevor er in die Bratröhre kommt. Die Tochter folgte den mütterlichen Anweisungen bis ins Kleinste und war so auch in der Lage, ein köstliches Essen zuzubereiten.

Eines Tages war sie zu Besuch bei ihrer Großmutter – die das Rezept vor langer Zeit erfunden hatte – und sagte: »Ich bin so froh, dass Mama mir dein Geheimnis verraten hat. Alle meinen, dass ich den besten Braten der ganzen Stadt mache.«

Ihre Großmutter fragte daraufhin: »Von welchem Geheimnis sprichst du?«

»Ich spreche natürlich davon, die beiden Enden des Bratens abzuschneiden!« antwortete die Enkelin. »Mama tut dies, seit sie mit dem Kochen angefangen hat. Sie hat es von dir gelernt, und deine Braten haben auch immer köstlich geschmeckt.«

Als sie das hörte, fing die alte Großmutter an zu lachen und konnte gar nicht mehr aufhören. Schließlich hatte sie sich wieder im Griff und sagte zu ihrer Enkelin: »Mein Liebling, ich habe die Enden des Bratens nicht abgeschnitten, damit er saftiger wird. Ich tat es, weil mein Ofen zu klein war und das Fleisch nicht in einem Stück hineingepasst hätte!«

Dies ist ein lustiges, aber sehr lehrreiches Beispiel dafür, warum wir oft immer wieder das Gleiche tun. Es wird zu einer Gewohnheit, die wir aufrechterhalten, ohne weiter darüber nachzudenken. Am Anfang mag es gute Gründe für sie gegeben haben, aber wir sollten uns immer fragen, ob sie uns heute noch von Nutzen ist. Dies ist wichtig, denn viele Entscheidungen, die unser Tun bestimmen, wirken sich auf unseren Energiezustand und damit auf unsere Lebensqualität aus.

✳ In jedem einzelnen Moment treffen wir eine energetische Wahl. Wir entscheiden nicht nur, was wir tun, sondern auch, was wir denken, glauben, fühlen und von der gegenwärtigen Situation wahrnehmen. Langfristig gesehen haben unsere täglichen Entscheidungen unsere gegenwärtige Existenz geschaffen. Die Entscheidungen, die wir in jedem Moment treffen, bestimmen, wer wir sind und was aus uns wird. Wir werden von den vielen kleinen Entscheidungen definiert, die nicht nur in jedem Augenblick unseren Energiezustand bestimmen, sondern auch die Richtung, in die unser Leben verläuft.

Was unsere Verhaltensmuster anbelangt, so müssen wir begreifen, dass wir nicht einmal eine Entscheidung treffen, sondern immer und immer wieder. Wir haben uns vielleicht als Jugendliche entschlossen zu rauchen, aber jedes Mal, wenn wir uns eine Zigarette anstecken, wählen wir wieder diese folgenreiche Option. Wir haben stets von Neuem die Wahl, selbst wenn es uns nicht bewusst ist. Leider werden die Konsequenzen unserer Entscheidungen nicht dadurch verringert, dass wir nicht bewusst wahrnehmen, was wir tun.

Jeden Tag treffen wir viele unbewusste und ein paar bewusste Entscheidungen, und unsere unüberlegten Handlungen haben genauso große Auswirkungen wie jene, die wir vorher sorgfältig bedacht haben. Unsere Entscheidungen können so gewohnheitsmäßig ablaufen, dass sie sogar noch einen größeren Effekt haben. Aber wenn wir uns unsere Möglichkeiten bewusst machen, können wir die Richtung bestimmen, in die unsere Energie fließen soll. Durch diese Fähigkeit zur Auswahl können wir unseren Erfolg über die Wahl der inneren Einstellung und der richtigen Handlung selbst steuern.

Innere Einstellung und Handeln

Bei unseren Entscheidungen geht es immer um zwei Dinge: unsere innere Einstellung und unser Handeln. Die innere Einstellung ist mit unseren Wahrnehmungen und Überzeugungen verknüpft, also mit den beiden Faktoren, die unser Bewusstsein und unseren Energiezustand entscheidend prägen. Auf diese Weise ist unsere Einstellung der wichtigste Katalysator dafür, was wir anziehen, und dafür, was wir manifestieren. Es ist die subtile Verbindung von Gedanke und Gefühl in der Konzentration auf eine bestimmte Sache.

Wir sprechen von einer richtigen – oder falschen – Einstellung und sollten einmal genau untersuchen, was wir damit eigentlich meinen. In den meisten Fällen ist das Gute mit positiven Überzeugungen und erhebenden Gefühlen verknüpft; das Schlechte entsteht durch pessimistische Schlussfolgerungen, ausgelöst durch ängstliche oder feindselige Emotionen.

Auch wenn Sie bisher ein paar verheerende Ansichten gehegt haben – Sie brauchen sie nicht länger aufrechtzuerhalten. Unser Geist erschafft unsere Realität, und soweit es die Gesetze des Erfolgs betrifft, kann die innere Einstellung gar nicht überbewertet werden. Es handelt sich dabei um eine energetische Wahrheit, denn unsere Zukunftsperspektive ist der Treibstoff, den unser Bewusstsein braucht, um diese Zukunft erschaffen zu können. Sie treffen jeden Morgen die Entscheidung, wie Sie den Tag angehen wollen – ja, Sie tun es sogar in jedem Moment. Entscheiden Sie sich also gleich jetzt für eine neue, positive Einstellung.

Außerdem sollten wir die Entscheidungen prüfen, die wir in Bezug auf unser Handeln treffen. Es gibt drei Möglichkeiten, in jedem Moment zu handeln: 1. wir tun etwas für uns selbst, 2. wir tun es für andere oder 3. wir tun es für unsere Ziele. Wir haben die Macht, unser Leben zu verbessern oder zu verschlechtern. Wenn Ihr gegenwärtiges Verhalten also noch nicht zu positiven Ergebnissen führt, sollten Sie jetzt ein paar neue Entscheidungen treffen.

Erfolgstagebuch

Überlegen Sie, welche inneren Einstellungen und Handlungen sich für Sie aus den folgenden Fragen ergeben.

Halten Sie Ihre Antworten im Tagebuch fest, und treffen Sie dann positive Entscheidungen für Ihr tägliches Leben.

Die Wahl der inneren Einstellung

1. Welche Einstellung haben Sie in Bezug auf Ihre gegenwärtige Arbeitssituation?

- Was denken Sie über Ihre Arbeit? Sind Ihre Gedanken eher positiv oder negativ?

- Was *fühlen* Sie, wenn Sie an Ihre Arbeit denken? Fühlen Sie sich eher gut oder schlecht?

- Können Sie Ihre Gedanken und Überzeugungen so verändern, dass Ihre Gefühle und Ihre innere Einstellung zur Arbeit positiv sind?

2. Wie sieht Ihre Einstellung zum Geld aus?

- Welche Gedanken und Gefühle haben Sie in Bezug auf Geld?

- Machen diese Gedanken und Gefühle Sie zufrieden und glücklich, oder erzeugen sie eine Dringlichkeit und Bedürftigkeit in Ihnen?

- Wie können Sie Ihre Überzeugungen in Bezug auf Geld verändern, um sich in diesem Punkt besser zu fühlen?

3. Welche Einstellung haben Sie zu Ihren Zielen?

- Halten Sie die Hauptgedanken fest, die Sie zu jedem Ziel haben.

- Welches Gefühl haben Sie in Bezug auf Ihr Ziel? Sind Sie eher hoffnungsvoll und resolut, oder zweifeln und zögern Sie?

- Schreiben Sie positive Intentionen und Schlussfolgerungen auf, um die negativen Gefühle loszulassen, die Sie vielleicht mit Ihren Zielen verbinden.

Nehmen Sie sich fest vor, nur *die* Überzeugungen und Gefühle zuzulassen, die einen positiven Bewusstseinszustand und eine attraktive Energie ausstrahlen. Erinnern Sie sich jeden Tag daran, dass Sie diese Möglichkeit haben; lesen Sie Ihre neuen Überzeugungen, und affirmieren Sie möglichst oft Ihre neue, positive Einstellung.

Die Wahl der Handlung
1. Was Sie für sich selbst tun:

- Welche täglichen Verhaltensweisen könnten eine negative Auswirkung auf Sie haben (was Sie essen und trinken, wie Sie mit sich selbst sprechen, wie Sie Ihre Zeit verbringen usw.)?

● Welche anderen Verhaltensweisen würden zu einem positiven Lebensstil beitragen und eine höhere Schwingung erzeugen, die bessere Resultate anzieht?

● Was können Sie tun, um diese neuen Verhaltensweisen in Ihren Tagesablauf zu integrieren? Halten Sie Ihre Ideen schriftlich fest, und führen Sie sich diese immer wieder vor Augen.

● Welche Ihrer täglichen Verhaltensweisen und Handlungen haben eine positive Auswirkung auf Sie und Ihren Lebensstil?

● Was können Sie tun, um sich öfter für diese Verhaltensweisen und Handlungen zu entscheiden?

2. Wie Sie sich anderen gegenüber verhalten:

● Welche der folgenden Eigenschaftswörter beschreiben am besten, wie Sie sich in der Regel anderen Menschen gegenüber verhalten? Kennzeichnen Sie eine Möglichkeit in jedem Wortpaar.

liebevoll	lieblos
vertrauensvoll	ängstlich
akzeptierend	beurteilend
flexibel	kontrollierend
tolerant	intolerant
friedfertig	feindselig

- Warum haben Sie diese Eigenschaften gewählt?

- Welche Art von Energie erzeugen diese Eigenschaften?

- Wenn Sie ein Wort in der rechten Spalte markiert haben: Welche Veränderungen können Sie in Ihren Überzeugungen und Verhaltensweisen vornehmen, um eine harmonischere Schwingung zu erzeugen?

3. Was Sie hinsichtlich Ihrer Ziele unternehmen:

- Wie oft unternehmen Sie gezielt Schritte, um Ihrem Ziel näher zu kommen?

- Wenn Sie sich dazwischen entscheiden sollen, entweder Ihre Träume weiterzuverfolgen oder etwas anderes zu tun, wofür entscheiden Sie sich in der Regel?

- Wie begeistert sind Sie, wenn Sie Schritte unternehmen, die Sie Ihrem Ziel näher bringen?

- Was können Sie tun, um häufiger und mit mehr Energie an der Erfüllung Ihrer Wünsche zu arbeiten?

Um unsere Ziele zu erreichen, müssen wir uns öfter an ihnen orientieren als an anderen Dingen. An dieser Stelle verbindet sich die Macht der Auswahl mit der Macht des Loslassens. Vielleicht müssen wir ein paar Gewohnheiten oder sogar persönliche Vorlieben ablegen, damit unser Ziel zur höchsten Priorität werden kann. Doch um was es sich dabei auch handelt – wenn wir bewusst über unser Leben entscheiden, werden wir immer wieder feststellen, dass wir das Prinzip der Auswahl *und* das Prinzip des Loslassens anwenden können. *Die Entscheidung loszulassen* befreit und inspiriert.

Wie oft haben wir täglich die Chance, an etwas festzuhalten oder aber unseren Griff zu lockern? Ob es sich dabei um eine spontane Gewohnheit, ein negatives Gedankenmuster oder ein schwieriges Gefühl wie Angst oder Wut handelt, wir haben immer auch die Möglichkeit, uns anders zu entscheiden. Dennoch fühlen sich viele Menschen gezwungen, an bestimmten Dingen festzuhalten, weil sie glauben, dadurch Kraft zu bekommen. Sie halten an anderen Menschen, ihren Gewohnheiten oder Titeln, ihrer Bequemlichkeit und sogar an ihren Besitztümern fest. Doch erst wenn wir all diese Dinge loslassen, kommen wir in unsere wahre Kraft.

Wenn wir uns dafür entscheiden loszulassen, befreien wir uns von Bindungen, Ängsten und dem Bedürfnis nach Kontrolle – und je mehr wir loslassen, desto *größer* wird unsere Kraft. Es ist von großer Bedeutung, dass wir unsere alten negativen Muster, Einstellungen und Gewohnheiten über Bord werfen. Wenn sie uns bislang nicht dahin geführt haben, wo wir sein wollen, taugen sie offensichtlich nichts, und wir müssen andere Entscheidungen treffen.

Auswahl oder Konsequenz

Im natürlichen Rhythmus des Lebens müssen wir uns in jedem Moment entscheiden, und jede Entscheidung hat ihre Konsequenz – auf der physischen und der energetischen Ebene. Manchmal sind die Resultate auf der physischen Ebene leicht zu erkennen: Wenn wir zu viel essen, werden wir immer dicker. Das ist die körperliche Konsequenz. Aber was ist das Ergebnis auf der energetischen Ebene? Die Schwingung, die durch die Entscheidung bewirkt wird, im Essen keine Grenzen zu akzeptieren, ist entwürdigend. Sie signalisiert, dass wir uns selbst ablehnen und verachten, und zieht Menschen und Situationen an, die diese Gefühle noch verstärken.

Es gibt jedoch viele Situationen, in denen die Schlussfolgerungen nicht so klar und eindeutig sind. Wenn wir ein Telefongespräch führen, im Restaurant ein Essen bestellen oder in unserer Firma einen stellvertretenden Geschäftsführer einstellen, sollten wir die Konsequenzen unserer Entscheidung sowohl auf der physischen als auch auf der energetischen Ebene bedenken. Wir werden das Ergebnis nicht immer vorhersagen können, aber es ist wichtig, die Optionen gegeneinander abzuwägen und sich die energetischen Auswirkungen vor Augen zu führen, bevor wir uns entschließen. Unsere Entscheidungen müssen sich richtig für uns anfühlen, und um das zu erreichen, müssen wir selbst Würde, Integrität und Selbstachtung ausstrahlen.

Bevor wir uns für eine bestimmte Handlung – im kleinen oder im großen Rahmen – entscheiden, sollten wir uns zwei Fragen stellen; sie helfen uns dabei, die energetischen Auswirkungen unserer Entscheidung besser einschätzen zu können: *Stärkt diese Entscheidung meine Selbstachtung? Bewahrt sie meine Würde und meine Integrität?* Wenn Sie beide Fragen mit ja beantworten können, treffen Sie immer gute Entscheidungen – egal, worum es geht. Das Universum unterstützt die positive Energie der Selbstachtung, und wenn unsere Intention darauf abzielt, unsere Würde und Integrität zu stärken, können wir darauf vertrauen, dass unser Vorhaben alle nur erdenkliche Unterstützung findet.

Affirmationen für glückliche und kraftvolle Entscheidungen

- Ich weiß, dass jeden Tag zahllose Entscheidungen für mich anstehen. Ich treffe jede mit bewusster Aufmerksamkeit.

- Meine täglichen Entscheidungen prägen mich und meinen Energiezustand. Ich treffe in Gedanken, in Worten und in Taten jeden Tag liebevolle und meine Selbstachtung stärkende Entscheidungen.

- Ich entscheide mich für eine positive Einstellung zu mir selbst, meinen Zielen und meinem Leben.

- Ich entscheide mich immer für eine liebevolle Selbstwahrnehmung, die mich stärkt.

- Ich entscheide mich dafür, frei von Angst, Sorgen und Neid zu leben und andere nicht zu verurteilen. Ich lasse alle Negativität los und lebe in Frieden.

Die Macht der Liebe

Das sechste persönliche Erfolgsprinzip

> *Liebe ist eine wichtige Zutat für den Erfolg.*
> *Ohne Liebe ist das Leben leer. Mit Liebe ist*
> *das Leben voller Wärme und Zufriedenheit.*
> Glenn Van Ekeren

Wenn ich mit meinen Klienten aus der Geschäftswelt über die Macht der Liebe spreche, werden sie oft stutzig. Ein Manager sagte einmal: »Bislang konnte ich Ihnen wunderbar folgen. Die Wissenschaft, die all dem zugrunde liegt, leuchtet mir vollkommen ein, aber wenn Sie mir jetzt mit Liebe kommen, muss ich passen.«

Dies ist eine verbreitete Reaktion. Wer die Gesetze der Quantenphysik auf den Menschen bezieht, der begreift, dass Bewusstsein, Energie und Intention große Auswirkungen auf sein eigenes Leben haben können. Wenn es um Erfolg geht, stellen sich die meisten allerdings die Frage: »Was hat das mit Liebe zu tun?«

Liebe ist eine reale Kraft im Leben eines jeden Menschen wie auch im Universum. Sie ist eine Schwingung, die tief gefühlt werden kann, und nicht nur auf romantische Weise. Ihre starke, vibrierend-kreative Kraft bewegt sich frei und durchdringt alles. Wenn wir unsere persönliche Liebesenergie mit dem Liebesstrom des Universums verbinden, kann uns nichts aufhalten.

Die Liebesenergie ist frei von Angst und Hass. Wenn wir uns für die Liebe entscheiden und auf ihrer Grundlage handeln, erkennen wir den wahren Wert unseres Lebens und ziehen wertvolle Dinge an. Mit der Liebesenergie erreichen wir nicht nur schneller unsere Ziele, sie erzeugt auch eine glückliche Stimmung, die alle Lebensbereiche durchdringt. Wenn wir aus Liebe handeln, aktivieren wir alle Erfolgsgesetze. Lassen Sie uns genauer betrachten, wie die Macht der Liebe die Wirkung aller anderen Gesetze fördert.

1. Das Gesetz der Manifestation. Um eine liebevolle Haltung zu entwickeln, sollten wir uns selbst und andere stets aus einer friedlichen und mitfühlenden Perspektive heraus betrachten. Auf diese Weise schaffen wir uns eine persönliche Wirklichkeit, die mit Freude erfüllt ist. Nehmen wir zusätzlich die bereits vorhandene Liebe in unserem Leben bewusster wahr, wird uns das Universum wunderbare Erfahrungen in Hülle und Fülle schenken.

2. Das Gesetz der Anziehung. Liebe ist die Energie mit der größten Anziehungskraft. Leider können auch Angst und Hass sehr anziehend wirken und uns in falsche Bahnen lenken. Wenn es um Erfolg geht, können diese negativen Energien jedoch niemals etwas Wertvolles und emotional Befriedigendes hervorbringen. Wenn wir uns liebevoll verhalten, lassen wir alle Verwirrung, Sorgen und Zweifel los. Atmen Sie also tief ein und aus, während Sie Ihre Probleme loslassen und affirmieren: *Ich ent-*

scheide mich für die Liebe. Ihre persönliche Energie erhält durch diesen Entschluss eine sehr anziehende Schwingung.

3. Das Gesetz des echten Wunsches. Wenn wir lieben, sind wir voller Hoffnung und Begeisterung. Echte Zuneigung zu uns selbst stärkt unseren Glauben an die Zukunft und an unsere Ziele. Und wenn wir uns hier und jetzt liebevoll auf unser Leben einlassen, ist es viel einfacher, krampfhafte Bindungen an unsere Ziele loszulassen. Auf diese Weise werden unsere Wünsche geläutert, und die erhofften Resultate stellen sich schneller ein.

4. Das Gesetz der paradoxen Intention. Wenn sich eine Intention auf Liebe gründet, ist die frei von Angst. Statt sich Sorgen zu machen, wird Vertrauen zu unserer Lebensgrundlage und vorherrschenden Schwingung. Wir können alles mit einer liebevollen Haltung tun, und zwar unabhängig davon, ob wir arbeiten, spielen, essen, reden, denken oder einfach atmen. Um dies zu erreichen, brauchen wir nur das Wort *Liebe* zu sagen.

5. Das Gesetz der Harmonie. Der Schlüssel zur Harmonie – und der Zauber der Synchronizität – besteht darin, mit Selbstachtung, liebevoller Akzeptanz und Wertschätzung zu leben. Lassen Sie alle Beurteilungen und Feindseligkeiten los, gegenüber sich und anderen. Öffnen Sie sich der Toleranz, der Vergebung und dem Mitgefühl. So verbinden Sie sich harmonisch mit der mystischen Kraft der Synchronizität, und das Universum offenbart Ihnen seine unendlichen Möglichkeiten.

6. Das Gesetz des richtigen Handelns. Aus Liebe heraus zu handeln ist immer richtig. Die Welt antwortet darauf und gibt uns die Liebe in Form von Hilfe und unerwarteten Geschenken zurück. Wenn Sie sich in einer Situation befinden, in der Sie nicht wissen, was Sie tun sollen, können Sie sich fragen: Wie kann ich diese Erfahrung mit Liebe erfüllen? Handeln Sie dann dementsprechend.

7. Das Gesetz der expandierenden Wirkung. Unsere Intention, liebevolle Energie zu verbreiten, führt zu einer positiven und friedfertigen Lebenserfahrung – nicht nur für uns selbst, sondern für alle, mit denen wir zusammenkommen. Unsere Entscheidung, mitfühlende Gedanken und liebevolles Handeln in der Familie, im Geschäftsleben und im sozialen Umfeld an den Tag zu legen, stärkt den Frieden in der Welt. Sie steigert auch in unserem eigenen Leben Gelassenheit und Wohlstand, wodurch wir wieder mehr geben und den ewigen Kreislauf fortsetzen können.

Lassen Sie die Liebe fließen

Wenn Sie Liebe in Ihrem Leben verbreiten, können Sie gar nichts falsch machen, unabhängig davon, mit welchem universellen Gesetz Sie arbeiten. Wie immer ist es empfehlenswert, bei sich selbst anzufangen. Ohne die Macht der Selbstliebe leben wir in ängstlicher Unruhe und in einem solchen Geisteszustand kann nichts Positives zustande kommen.

❋ Energetisch gesehen ist die Selbstliebe nicht arrogant oder eingebildet. Sie ist vielmehr der Ursprung

unserer Fähigkeit, andere Menschen wertzuschätzen und ihnen mit Respekt zu begegnen. Um
diese persönliche Kraftquelle zum Sprudeln zu
bringen, blicken Sie in den Spiegel und affirmieren Sie, dass Sie sich selbst lieben, wertschätzen
und respektieren. Hören Sie auf, bei sich nach
Fehlern zu suchen, und würdigen Sie Ihre positiven Eigenschaften.

Liebe ist eine starke, pulsierende Schwingung.
Wenn wir kein Mitgefühl für uns selbst haben,
senden wir eine negative Energie aus, die andere
daran hindert, Mitgefühl für uns zu haben. Über
eines sollten wir uns klar sein – wir können uns
nicht selbst verachten und gleichzeitig erfolgreich sein.

Neben den Affirmationen hilft es auch, sich selbst etwas
Gutes zu tun. Schaffen Sie sich zu Hause und am Arbeitsplatz eine Atmosphäre, die Sie inspiriert. Nehmen Sie
sich im Verlauf des Tages immer wieder ein paar Minuten Zeit, um sich zu entspannen und neu zu sammeln.
Ermutigen Sie sich dazu, Ihre Aufgaben in Angriff zu
nehmen, und gratulieren Sie sich, wenn Sie eine Arbeit
gut gemacht haben. Um die positiven Energien des Universums anziehen zu können, müssen wir uns für die
Liebe entscheiden und auf ihrer Grundlage handeln.
Genießen Sie den Tag, die Ausblicke sowie die Aufgaben
und Aktivitäten, mit denen Sie gerade beschäftigt sind.
Ihre positive Einstellung zu sich selbst und zum Leben
zieht dann wunderbare Schwingungen aus Ihrer Umwelt
und von anderen Menschen an.

Sobald wir unsere eigene Energie der Selbstliebe etabliert haben, können wir sie auch in die Herzen der Men-

schen schicken, die uns umgeben. Lächeln Sie aufrichtig, und senden Sie mit Ihrem Blick Zuneigung, wenn Sie einem Freund oder einer Freundin in die Augen sehen. Fühlen Sie, wie Liebe aus Ihren Fingern strömt, wenn Sie einem anderen Menschen die Hand schütteln. Drücken Sie Liebe in Ihrer Stimme und all Ihren Aktivitäten aus, wie bedeutend oder unbedeutend diese auch sein mögen. Visualisieren Sie eine strahlende, Anteil nehmende Energie, die wie ein Regenbogen aus Ihrem Herzen in das des anderen fließt.

Wenn wir uns zu müde fühlen oder mit Menschen zu tun haben, die niedrigere Schwingungen ausstrahlen, fällt es uns manchmal nicht leicht, ihnen eine liebevolle Energie zu senden. In diesem Fall können wir ein Kanal für die universelle, immer gegenwärtige Energie sein. Betrachten Sie sich als einen Trichter, in den große Wellen göttlicher Liebe strömen, die dann aus Ihrem Herzzentrum nach außen fließen. Sie sind eine Art Pipeline, die von einer Quelle der Liebe zu einer anderen führt; auf diese Weise befinden Sie sich mitten im magischen Strom einer liebevollen und wohltuenden Intention.

Liebe aussenden

Probleme, die wir mit einer Situation oder einem Menschen haben, lassen sich lösen, indem wir liebevolle Energie aussenden. Denken Sie an die Sache oder Person, um die es geht, entspannen Sie sich und schicken Sie sanfte, liebevolle Energie an sie. Lösen Sie sich von jeglicher Negativität wie Angst und Wut; lassen Sie diese Gefühle los, und ersetzen Sie sie durch das Wort *Liebe*.

Atmen Sie einige Male tief, und wiederholen Sie beim Ausatmen das Wort »Liebe«. Wenn wir es mit einer negativen Person oder einem schwierigen Problem zu tun haben, fällt dies manchmal nicht leicht, aber lassen Sie allen Widerstand los. Atmen Sie tief, und übergeben Sie die Beziehung oder Situation an das Universum.

Atmen Sie weiter tief und entspannt, und wiederholen Sie immer wieder das Wort *Liebe*. Beten Sie dann für eine Lösung, die allen zugute kommt. Nach und nach fühlen Sie, wie sich Ihre eigenen Emotionen verändern, und wenn Sie diesen Ablauf stets wiederholen, sobald Ihnen das Thema in den Sinn kommt, wird sich die Situation ebenfalls verändern.

Ich habe diesen Prozess bei vielen Gelegenheiten und mit erstaunlichen Ergebnissen angewendet. Vor ein paar Jahren zum Beispiel lieh ich mir ein Aufnahmegerät für ein Seminar, das ich in einer anderen Stadt veranstaltete. Ich brauchte den Rekorder für zwei Wochen, und die Leihgebühr war ziemlich hoch. Ein paar Tage nachdem ich es abgeholt hatte, unmittelbar vor Reisebeginn, wollte ich die Ausrüstung testen, um sicherzustellen, dass auch alles funktionierte.

Leider war dies nicht der Fall. Jedes Mal wenn ich etwas aufnahm, gab es ein lautes Störgeräusch auf dem Band, und so rief ich das Studio an. Ich erzählte ihnen, was los war und dass ich das Gerät noch heute zurückbringen würde. Mike, dem die Firma gehörte, meinte, ich könnte alles zurückbringen, würde aber mein Geld nicht erstattet bekommen. Er sagte, dafür hätte ich das Gerät innerhalb von 24 Stunden nach Abholung zurückgeben müssen.

Ich erklärte ihm, dass es nur zwei Tage statt einem waren, und bat ihn, mir wenigstens einen Teilbetrag zurückzuzahlen, aber er blieb hart. 24 Stunden war die

Regel, und es gab keinen Grund, für mich eine Ausnahme zu machen. Wir führten eine hitzige Diskussion, und ich erzählte ihm, dass ich heute auf jeden Fall alles vorbeibringen würde. Sein letzter Satz lautete erneut: »Sie können die Geräte zurückgeben, aber Sie werden Ihr Geld nicht zurückerhalten.«

Als ich ins Auto stieg und den Motor starten wollte, kochte ich innerlich, weil ich das Gefühl hatte, dass Mike stur und unfair war. Immerhin war es sein Aufnahmegerät, das nicht funktionierte. Aber als ich dann losfuhr, fing ich an, die Sache aus einem anderen Blickwinkel zu betrachten. Ich sagte zu mir selbst: *Ich werde nun Liebe in diese Situation schicken und sehen, was geschieht.*

Das Studio lag ungefähr eine halbe Autostunde von mir entfernt, und ich verbrachte die ganze Fahrzeit damit, liebevolle Gedanken an den Geschäftsführer zu senden. Ich stellte mir vor, wie ich positive und wertschätzende Affirmationen in Richtung der Firma schickte, und wiederholte immer wieder das Wort *Liebe*.

Während ich dies tat, atmete ich mehrere Male tief ein und aus, und langsam aber sicher beruhigte ich mich. Als ich die Hälfte des Weges geschafft hatte, fühlte ich einen inneren Frieden und konnte die Situation so akzeptieren, wie sie war. Kein Geldbetrag konnte meinen entspannten Geisteszustand oder mein friedvolles Herz stören. Ich machte mir zwar keine Sorgen mehr, trotzdem fuhr ich mit den Affirmationen fort und wiederholte die Wörter *Liebe* und »Mike« sowie den Studionamen. Es ging mir nicht länger darum, ob ich mein Geld zurückbekam, ich wollte Harmonie in einer Situation herstellen, in der sich zwei Menschen stritten.

Als ich ankam, trug ich die Ausrüstung ins Haus und fragte nach Mike. Ich erinnere mich daran, dass ich ein wenig resigniert war, weil er in seinem letzten Satz so hartnäckig geblieben war. Als Mike den Raum betrat, fing er sofort an, die Geräte zu untersuchen, und fragte mich, was nicht funktioniert hatte. Ich versuchte nicht, ihn zu konfrontieren oder in irgendeiner Weise zu manipulieren. Ich erklärte ihm einfach nur das Problem und fuhr fort, ihm Liebe zu senden.

Dann sah er mich an und sagte: »Ich habe dies noch nie zuvor getan, aber ich werde Nachsicht mit Ihnen haben.« Ich hoffte, ein wenig von der Leihgebühr zurückzubekommen, und blieb daher positiv eingestellt. Aber es kam noch besser: Mike gab mir mein *ganzes G*eld zurück! Nicht nur das, er schenkte mir auch noch eine Kassette. Als er die Ausrüstung nach hinten trug, sagte der Mann am Tresen, der unsere Unterhaltung mitbekommen hatte: »So etwas hat er noch nie getan. Ich weiß nicht, wie Sie es geschafft haben, dass er seine Meinung geändert hat.«

Was ich in seine Richtung gesagt hatte, war das Wort *Liebe* – immer und immer wieder, entweder im Geist oder laut. Dies war nur eine von vielen Gelegenheiten, bei denen ich die positive Wirkung dieser Affirmation erlebt habe. Ich habe diese Methode in beruflichen und privaten Situationen und auch in meinen Beratungen genutzt. In einem Fall führte ich eine Eheberatung mit zwei Leuten durch, die sich – und mich – verrückt machten. Der Mann war ein Pfennigfuchser und die Frau eine Verschwenderin. Ich erklärte ihnen, dass sie Geld zu wichtig nahmen, stieß aber bei beiden auf taube Ohren. So stritten sie sich weiter über ihre Finanzen – bis ich schließlich anfing, ihnen Liebe zu senden. Am Morgen vor unseren Sitzungen, auf der Fahrt zur Arbeit, immer wenn ich an sie dachte, sagte ich das Wort Liebe und schickte ihnen liebevolle Energie.

Es brauchte ein paar Wochen, aber eines Tages kamen sie mit einer völlig anderen inneren Einstellung. Sie meinten, ich hätte Recht gehabt, dass sie sich irgendwo in der Mitte treffen und ihrer Beziehung Vorrang gegenüber dem Geld einräumen müssten. Nach Monaten, in denen sie sich geradezu die Köpfe eingeschlagen hatten, nahmen sie endlich die Liebesenergie auf, die ich ihnen sandte, und entschieden sich dafür, sich diese Liebe gegenseitig zu geben.

✳ Liebe beendet Feindseligkeiten und löst Probleme. Sie ist eine der mächtigsten Intentionen, und wenn Sie in ihrem Namen handeln, erzielen Sie die besten Ergebnisse. Sprechen Sie das Wort *Liebe* aus, fühlen Sie Liebe, und machen Sie sie zur sanften Grundlage Ihres ganzen Wesens. Geben Sie der Liebe eine reale Bedeutung in Ihrem Bewusstsein, und schon bald werden Sie bewusst zu einer wunderbaren, liebevollen Realität beitragen.

Probieren Sie es an sich selbst aus. Wenn Sie das nächste Mal mit etwas konfrontiert sind, auf das Sie keine Antwort wissen, senden Sie einfach Liebe. Wenn Sie Probleme mit einem nahestehenden Menschen haben, senden Sie ihm Liebe. Und selbst wenn alles in Ordnung zu sein scheint, halten Sie einfach inne, schließen Sie die Augen, und atmen Sie das Wort Liebe und seine Energie. Es geht hier nicht um eine oberflächliche Farce, um sich gut zu fühlen – sondern um eine *reale* Energie. Liebe verändert unser Bewusstsein und unsere Frequenz – und selbst unsere körperliche Gestalt. Sie aktiviert unser Herzzentrum und füllt unser emotionales Kraftwerk mit Energie.

Wenn Herz und Kopf in liebevoller Absicht zusammenkommen, durchströmt uns der Überfluss des Universums.

Affirmationen für ein Leben auf dem Fundament der Liebe

- Ich bin mir der Liebe immer bewusst. Ich betrachte mich selbst und was ich tue mit liebevollen Augen.

- Ich verhalte mich mir selbst und anderen gegenüber liebevoll.

- Ich lasse Beurteilung, Kritik und Konflikt los und wähle inneren Frieden.

- Ich sende allen Menschen, mit denen ich zu tun habe, Liebe. Viele Male am Tag denke, fühle und sage ich das Wort »Liebe« mit einer Intention, die von Herzen kommt.

- Ich freue mich, helfen zu können, Mitgefühl zu zeigen und anderen in kleinen oder großen Dingen zu dienen.

Die fünf Energien,
die den Erfolg anziehen

Erfolg haben nicht nur ein paar Glückliche. Erfolg zeigt sich, wenn wir die universellen Gesetze bewusst nutzen. Was wie Zufall aussieht, ist in Wirklichkeit eine energetische Synchronizität – ein Prozess, in dem sich unsere Schwingung mit dem universellen Energiefluss verbindet. Dieser mächtige Strom bringt eine ständige Flut ungeahnter Möglichkeiten, und das Einzige, was ihn daran hindern kann, auch in unsere Richtung zu fließen, ist unsere persönliche Schwingung. Aber seien Sie nicht entmutigt! Wie auch immer Ihre Schwingung bislang ausgesehen hat und was auch immer Sie angezogen haben, Sie verfügen noch über genug Energie, um Ihr persönliches Energiefeld mit dem unbegrenzten Reich der Möglichkeiten zu verbinden. Wenn Sie die fünf Energien, die den Erfolg anziehen, jeden Tag in Ihrem Herzen und Ihrem Geist entfachen, erzeugen Sie eine große Bewusstseinsveränderung und eine völlig neue Resonanz. Ihre geistigen Bilder und Schwingungen werden sich verwandeln. Sie werden sich und Ihr Leben besser verstehen und großartige Resultate empfangen.

Die Energie des Vertrauens

Die erste magnetische Energie des Erfolgs

*Wir können unser ganzes Leben und die Einstellung
der Menschen in unserer unmittelbaren Umgebung
verändern, indem wir uns einfach selbst ändern.*
Rudolf Dreikurs

Für den Erfolg ist Selbstvertrauen die erste und wichtigste magnetische Energie. Mangelndes Selbstvertrauen bildet in der Tat einen Hauptgrund, warum Menschen nicht erfolgreich sind. Sie sind nicht deshalb erfolglos, weil sie nicht erfolgreich sein können, sondern weil sie nicht an ihren eigenen Wert und ihre Fähigkeiten glauben. Welche Meinung haben Sie von sich selbst? Glauben Sie, dass Sie Erfolg verdienen und dazu fähig sind, erfolgreich zu sein? Von nichts anderem handelt die Energie des Vertrauens.

Auch wenn Sie zu jenen gehören, die noch nie viel Selbstvertrauen hatten, können Sie Ihre Situation verändern. Unabhängig davon, wie Sie sich bislang gefühlt oder wie Sie in der Vergangenheit abgeschnitten haben, Sie können jetzt das Selbstbewusstsein erzeugen, das Sie brauchen. Alle Energiemuster lassen sich verändern, und wenn Sie bereit sind, ein wenig Zeit und Mühe zu investieren, können Sie all die Mächte nutzen, die wir in Kapitel 2 diskutiert haben, um Ihr Selbstbild völlig zu transformieren.

Manchmal erstreckt sich unser Selbstvertrauen nicht auf alles, was wir tun. Wir können es im Sport haben, aber in der Geschäftswelt nicht. Wir können am Arbeitsplatz sicher auftreten, aber gleichzeitig nicht wissen, wie wir uns in einer Liebesbeziehung verhalten sollen. Im Allgemeinen ist uns klar, ob wir die richtige Art von Selbstvertrauen haben, um erfolgreich zu sein.

Was empfinden Sie in diesem Punkt sich selbst gegenüber? Glauben Sie an Ihre Fähigkeit, erfolgreich zu sein, oder zögern Sie immer wieder und werden von Selbstzweifeln heimgesucht? Selbstvertrauen scheint ein flüchtiges Gut zu sein, das nur wenige Menschen verstehen und noch weniger von ihnen bewusst erzeugen können. Wenn wir uns jedoch die quantenmechanische Grundlage anschauen, erkennen wir, dass Selbstvertrauen nicht nur möglich, sondern sogar notwendig ist.

⚛ Unser Selbstvertrauen entspringt zum größten Teil unserem Selbstbild – und um etwas zu erschaffen, arbeitet das Bewusstsein hauptsächlich mit Bildern. Wie wir uns selbst sehen, ist direkt damit verknüpft, was wir von uns erwarten. Mit einem negativen Selbstbild gehen wir davon aus, dass wir keine guten Leistungen bringen. Daher ist es wahrscheinlich, dass unsere Realität diese Annahmen erfüllt. Besitzen wir jedoch ein positives, gesundes Selbstbild, dann erwarten wir von uns selbst das Beste und unser Bewusstsein wird die entsprechende Realität erzeugen. Wenn es darum geht, etwas bewusst zu erschaffen, richtet sich unsere Selbstwahrnehmung nach außen und manifestiert dort die Inhalte unserer Gedanken und Gefühle.

Wie das Ganze funktioniert, zeigt folgendes Beispiel: Nehmen wir an, es fiel Ihnen in Ihrer Jugend nicht leicht, vor anderen Menschen zu sprechen. In der Schule erlebten Sie ein paar fürchterliche Situationen, in denen Sie ängstlich waren und während eines Referats stotterten. Fortan hielten Sie sich auf diesem Gebiet für einen Versager und erwarteten, dass sich diese »Wahrheit« immer wieder bestätigt. Jahre später kamen Ihnen die damaligen Niederlagen wieder in den Sinn, als ein Arbeitskollege Sie bat, im Unternehmen eine kleine Rede zu halten. Auch wenn Sie dieses Mal nicht mehr vor der Gruppe stotterten, produzierten Sie doch sofort die Neuropeptide, die zu den unangenehmen, ängstlichen Emotionen der Vergangenheit passten. So hat sich Ihr negatives Selbstbild in diesem Punkt weiter zementiert.

Das klingt wie ein Teufelskreis, nicht wahr? Versagen führt zu einem negativen Selbstbild, was wiederum zu größerem Misserfolg führt. Aber verzweifeln Sie nicht, denn es gibt eine gute Nachricht: Die quantenmechanischen Grundlagen unseres Energiezustands und unserer Physiologie geben uns auch in diesem Fall die Möglichkeit, die Dinge von innen nach außen zu verändern. Unabhängig davon, was in der Vergangenheit geschehen ist, wir können immer neue Nervenbahnen nutzen, neue Bilder erzeugen und neue Verhaltensweisen annehmen.

Wie das geht? Wir bereits erwähnt kann das Gehirn nicht zwischen einer Erfahrung und einer lebhaften Vorstellung unterscheiden. Das Areal der visuellen Hirnrinde verlässt sich nur teilweise auf das, was es »sieht«. Der Großteil unserer visuellen Erfahrung besteht aus unserer Erinnerung an vergangene Ereignisse und aus dem, was wir zu sehen erwarten. Wenn wir unsere Seh-Erwartungen verändern, formen wir nicht nur unsere beobachtbare Realität um, sondern auch das, was unser Bewusstsein erzeugt.

Ich habe diese Möglichkeit zur Veränderung der bewussten Wahrnehmung in der Arbeit mit einem Klienten benutzt. Er hatte Angst, vor anderen Menschen zu sprechen. Als Tom mich das erste Mal aufsuchte, war er 35 Jahre alt und sah sich an seinem Arbeitsplatz mit einem Dilemma konfrontiert. Er war in der Firmenhierarchie schnell aufgestiegen und sollte nun in eine Führungsposition befördert werden, um auf nationaler Ebene tätig zu sein. Es gab nur ein Problem: Er sollte Vorträge vor großem Publikum halten können, und schon der bloße Gedanke daran ließ ihn in Panik geraten.

Er hatte noch nie gern vor Menschen gesprochen, inzwischen konnte er aber mit einem gutem Gefühl Besprechungen von fünf bis zehn Personen leiten. Selbst dies war ihm zu Beginn nicht leichtgefallen. Erst nachdem er sich in medizinische Behandlung begeben hatte, schaffte er es irgendwie, seine Ängste in den Griff zu bekommen. Nun sollte er vor Hunderten, wenn nicht gar Tausenden von Menschen sprechen, und allein der Gedanke löste bei ihm heftige Angstattacken aus, gegen die nicht einmal Medikamente halfen.

Als er zu mir kam, erzählte er mir in einer Haltung hoffnungsloser Resignation von den Erfahrungen, die er in der Vergangenheit gemacht hatte. Er hielt mich für verrückt, als ich zu ihm sagte: »Tom, wir werden Ihre vergangenen Erfahrungen verändern.« Als er mich fragte, wie das möglich sei, antwortete ich: »Ganz einfach – indem wir Ihre geistigen Bilder verändern.«

Ich brachte ihm zuerst ein paar Entspannungstechniken bei, zusammen mit gezielten Affirmationen, mit denen er seine Bindung an alte Überzeugungen und geistige Bilder lösen und zu denen er immer Zuflucht nehmen konnte, wenn Gedanken von früher in seinem Geist auftauchten. Dann begannen wir damit, neue geistige Bilder zu erschaffen – zusammen mit neuen, unbelasteten Emotionen.

Wir taten dies in mehreren Hypnosesitzungen, in denen sich Tom zuerst entspannte und dann neue, erfolgreiche Bilder in seiner Vorstellung erzeugte.

Wir nutzten dabei einen Prozess, der sich »mentale Desensibilisierung« nennt. Dabei verändert sich das geistige Bild in jeder Sitzung ein wenig, indem ihm immer mehr positive Gefühle und Elemente sichtbaren Erfolgs hinzugefügt werden.

In der ersten Sitzung stellten wir uns eine Situation vor, in der Tom auf einer großen Bühne stand. Außer ihm war kein Mensch anwesend, weder im Zuschauerraum noch auf dem Podium. Angesichts dessen konnte er sich vorstellen, wie er dort mit großem Selbstvertrauen sprach und sich sehr wohl dabei fühlte.

In der nächsten Sitzung stellte er sich vor, dass ein einzelner Zuhörer in den ansonsten leeren Reihen vor ihm saß. Ich bat Tom, eine Person zu wählen, die ihn unterstützte und ermutigte, und er entschied sich für seine Frau. Erneut sprach er ungezwungen und mit großer Begeisterung. In seinem Geist lächelte ihn seine Frau aus der ersten Sitzreihe an; sie lachte bei seinen Witzen und applaudierte ihm, als er seine Rede beendet hatte.

Wir wiederholten diese beiden sicheren Situationen, bevor wir langsam immer mehr Menschen in das Bild einbauten: zuerst seine Kinder, dann seine Freunde und andere Familienmitglieder, schließlich wohl gesonnene und unterstützende Arbeitskollegen aus dem Büro. Bei jeder einzelnen »Aufnahme« sah er sich als machtvollen Redner, der entspannt und engagiert seinen Vortrag hält, und jedes Mal fügten wir auf der emotionalen Ebene Entspannung, Wohlbefinden und Genuss hinzu. Es bedurfte mehrerer Sitzungen, bis Tom sich schließlich vorstellen konnte, vor einem bis auf den letzten Platz gefüllten Saal zu sprechen – und er sah in seiner Vision sogar, dass er viel Spaß dabei hatte.

Wir machten diese Vorstellungsübungen in meiner Praxis und nahmen sie auf Band auf, damit er sich die Übungen jeden Abend zu Hause anhören konnte. Nach ungefähr sechs Monaten war die Zeit für eine Probe aufs Exempel gekommen. Tom sollte vor rund 700 Menschen sprechen – die Gruppe war mindestens siebzigmal größer als in den Sitzungen, die er bislang geleitet hatte. Er war sehr nervös, freute sich aber auf seine Präsentation. Er behielt seinen entspannten Gesichtsausdruck, atmete tief ein und aus und stellte sich die neuen Bilder in Verbindung mit dem Gefühl von Wohlbefinden, Freude und Erfolg vor. Ohne es zu wissen, nutzte er jetzt ein neues Nervennetz in seinem Gehirn, das andere Neuropeptide und völlig andere Gefühle produzierte.

Sein Vortrag war ein großer Erfolg. Er war entspannt und voller Humor und brauchte keine einzige der Tabletten, die er zuvor für die kleineren Besprechungen genommen hatte. Tom stieg in der Firma auf, erhielt eine gewaltige Gehaltserhöhung und sogar firmeneigene Aktien – und inzwischen ist er sogar nochmals befördert wor-

den! Heute hält er Seminare mit Tausenden von Teilnehmern, ohne sich überhaupt Gedanken darüber zu
machen. Seine veränderten Bilder schufen ein neues Bewusstsein, neue biochemische Vorgänge im Gehirn und
eine neue Realität.

Vor welche Probleme wir uns auch gestellt sehen und
welche negativen Selbstbilder uns auch heimsuchen
mögen, wir *können* die Situation und unser Denken verändern. Die geistigen Vorstellungen, die wir uns gegenwärtig über uns machen, repräsentieren nur einen kleinen Teil unserer persönlichen Geschichte und nicht unsere ganze Wahrheit – und schon gar nicht unsere Zukunft. Sie scheinen der Wahrheit zu entsprechen, weil sie
so vertraut sind. Vielleicht fühlen sie sich sogar unwiderstehlich an, denn sie sind mit einem starken emotionalen
Inhalt verknüpft. Aber lassen Sie sich nicht von diesen
falschen Annahmen abschrecken.

Nutzen Sie die Macht des Loslassens, um alte Grenzen
zu überwinden, und schaffen Sie gezielt und bewusst
neue, starke Selbstbilder. Die folgende Übung soll Ihnen
dabei helfen, Ihre negativen Selbstbilder auszumachen
und loszulassen. Wiederholen Sie den Prozess, bis Sie
genug Bilder hervorgebracht haben, die Sie einer neuen,
aufregenden und erfolgreichen Realität zugrunde legen
können.

Das Selbstbild verändern

Beginnen Sie damit, ein paar Ihrer gegenwärtigen Bilder
von sich selbst aufzuschreiben, und geben Sie ihnen
einen positiven oder einen negativen Wert, je nachdem,
welche diese Bilder in Ihnen hervorrufen (zum Beispiel:

Golfer – positiv; Übergewicht – negativ; freundlicher Umgang mit anderen – positiv; Alkoholiker – negativ usw.) Fügen Sie Ihrer Liste alle Bilder hinzu, die Ihnen spontan einfallen, und befolgen Sie bei jedem Bild diese Schritte:

● **Halten Sie für jedes negative Bild die dazugehörige pessimistische Schlussfolgerung oder Überzeugung fest.** (Beispiel: Ich bin zu dick und werde es niemals schaffen abzunehmen. Die Leute mögen keine Übergewichtigen, daher werde ich niemals Erfolg haben.)

● **Formulieren Sie zu jeder negativen Überzeugung positive Affirmationen.** (Beispiel: Ich lasse jedes Bild und jede Beurteilung meines Gewichts los. Ich verdiene es, so akzeptiert zu werden, wie ich bin. Mein neues Selbstbild drückt aus, dass ich gesund, stark und attraktiv bin.)

● **Beschreiben Sie Ihr neues positives Selbstbild in lebhaften Details.** (Beispiel: Ich bin gut angezogen und sehe besser aus als jemals zuvor. Ich habe eine positive Ausstrahlung und sehe gesund aus. Ich bin zufrieden und glücklich und habe großes Selbstvertrauen.)

● **Visualisieren Sie neue Bilder.** Atmen Sie zuerst einige Male tief ein und aus, um sich zu entspannen. Dann stellen Sie sich Ihren neuen Zustand mit allen positiven Einzelheiten vor. Sehen Sie sich selbst dabei so klar und strahlend wie nur möglich. Führen Sie das Bild dicht vor Ihr inneres Auge und gestalten Sie es farbig. Bleiben Sie weiterhin entspannt, und atmen Sie tief durch, während Sie das Bild noch näher betrachten. Lächeln Sie, und verbinden Sie positive Wörter mit diesem Anblick, zum Beispiel *Spaß, schön, stark* und *angenehm.*

- **Stellen Sie sich das positive Selbstbild täglich mindestens fünf bis zehn Minuten lang vor.** Halten Sie es dicht vor Ihr inneres Auge, und fühlen Sie, wie es immer vertrauter für Sie wird. Machen Sie sich klar, dass dies Ihre wahre Realität ist. Die neuen Bilder und liebevollen Gefühle erzeugen in jedem Lebensbereich Selbstvertrauen und ein größeres Glücksgefühl und führen auf vielen Ebenen zu erfolgreichen Resultaten.

Nur *wir selbst* entscheiden, was wir wahrnehmen, erkennen und uns geistig vorstellen. Unsere alten negativen Schlussfolgerungen sind das Ergebnis vergangener Erfahrungen, und wir können uns jetzt neue Überzeugungen schaffen. Wir befinden uns in einer anderen Zeit und haben die Gelegenheit, uns von innen nach außen neu zu erfinden. Das Gesetz der Anziehung besagt, dass die Welt uns nur so behandeln kann, wie wir uns selbst wahrnehmen. Deshalb ist es an der Zeit, die alte negative Selbstkritik aufzugeben und sich *jetzt* aus einer positiven Perspektive zu betrachten.

Wenn wir unsere Wahrnehmung und unser Selbstbild positiv verändern, ist der Bewusstseinswandel komplett vollzogen. Wir werden eine strahlende neue Realität erzeugen, wenn wir uns bewusst dafür entscheiden, uns als eine wertvolle Person zu betrachten, die große Fähigkeiten hat und den Erfolg verdient. Wir haben in jedem

Moment die Option, uns ein neues Selbstbild zu erschaffen und eine hohe und anziehende Energie auszustrahlen – und daher sollten wir uns immer auf unser Selbstvertrauen besinnen. Wenn wir positiv über uns denken, werden wir immer genug Selbstvertrauen haben, und die Zukunft steht uns offen.

Affirmationen für ein charismatisches Selbstvertrauen

- Ich denke positiver über mich selbst. Ich verdiene es, dass ich eine hohe Meinung von mir habe.

- Ich stimme mir jeden Tag mit einer sanften und liebevollen Stimme zu.

- Ich glaube an mich selbst. Ich bewahre meine Integrität und meinen Wert.

- Ich liebe mein Leben und die Energie, die ich ausstrahle. Ich bin wertvoll und einzigartig so, wie ich bin.

- Ich hege nur die besten Gedanken über mich. Ich liebe und akzeptiere mich bedingungslos. Ich habe alles, was ich brauche, um mir das zu erschaffen, was ich möchte.

Die Energie des Optimismus

Die zweite magnetische Energie des Erfolgs

Betrachte das, was du haben möchtest, als eine beste-
hende Tatsache – und all deine positiven Wünsche
werden in Erfüllung gehen.
Robert Collier

Die zweite wichtige Energie, die über eine große Anziehungskraft verfügt, ist der Optimismus – die innere Haltung der positiven Annahme und die grundlegende
Erwartung, dass alles gut werden wird. Sie ist eng mit
dem Vertrauen, dem Thema des vorigen Abschnitts, verknüpft, denn für eine optimistische Person ist es leichter,
ein gesundes Selbstvertrauen zu entwickeln. Wenn wir
also das Vertrauen in uns selbst oder unseren Optimismus verbessern wollen, sollten wir uns immer auch mit
der jeweils anderen Energie befassen.

Mit dem Optimismus ist eine bestimmte Art von
Schwingung verbunden, eine gelassene Sicherheit, dass
alles schon gut enden wird – wie auch immer die Lage
gegenwärtig aussieht. Diese hoffnungsvolle Erwartung
ist ein wichtiger Bestandteil der bewussten Wahrnehmung und kreativen Imagination, weil positive Erwar-

tungen ein dynamisches und kreatives Bewusstsein fördern. Eine optimistische Zukunftsperspektive lässt aus Hoffnung Realität werden und erzeugt eine attraktive Energie, die den Segen des Universums anzieht.

Ängstlich auf der Stelle treten oder im freien Fließen erfolgreich sein

Pessimisten machen sich ständig Sorgen, auch wenn sie sich dessen nicht bewusst sind. Sie sind oft so von Angst und negativen Erwartungen überwältigt, dass ihnen die Möglichkeit nicht mehr ins Bewusstsein kommt, die Dinge aus einer anderen Perspektive zu betrachten.

Ein Optimist nimmt hingegen bewusst wahr, dass er sich Sorgen macht. Er merkt es, wenn die negativen Gedanken außer Kontrolle geraten, und trifft die bewusste Entscheidung, etwas dagegen zu tun. Der Optimist denkt *Letztlich wird alles gut ausgehen,* während sich der Pessimist fragt: *Was ist, wenn alles außer Kontrolle gerät?*

Die Befürchtung wird zu einer sich selbst erfüllenden Prophezeiung, die durch die Energie des Pessimisten aufrechterhalten wird. Dies trifft auf alle mentalen und emotionalen Muster zu, denn unsere Resonanz zieht die entsprechenden Schwingungen aus dem Universum an. Ein Pessimist nimmt immer das Schlimmste an und sendet Angst und Zweifel aus; auf diese Weise zieht er zwangsläufig das an, was er befürchtet. Es ist erschreckend einfach, in diesen Teufelskreis gezogen zu werden. Befürchtungen führen zu Verlust, der nur noch mehr Angst produziert. Von daher ist Angst das beste energetische Abschreckungsmittel, um Problemlösungen und Erfolg zu verhindern.

❋ Optimismus produziert positive Ergebnisse, die zu hoffnungsvollen Erwartungen führen. Eine fröhliche Einstellung erzeugt die Art von Glücklichsein, die uns durchs Leben trägt, selbst wenn die positiven Resultate sich erst nach und nach einstellen. Was auch geschieht, wirklicher Optimismus – also die innere Haltung von Hoffnung und positiver Erwartung – versetzt uns in einen Zustand des Fließens, diesen magischen Zusammenfluss von persönlicher Intention und kosmischer Wunscherfüllung.

Welche innere Einstellung haben Sie in der Regel? Leben Sie in Angst oder positiver Erwartung? Überprüfen Sie anhand der folgenden Tabelle, ob Sie eher pessimistisch oder optimistisch sind.

Pessimist	Optimist
Neigt dazu, ängstlich zu sein und sich viele Sorgen zu machen.	Fühlt sich generell in der Gegenwart wohl und freut sich auf die Zukunft.
Betrachtet ein negatives Ereignis als etwas, was sein Leben unwiderruflich verändern kann.	Kann individuelle Probleme abgrenzen und als eine vorübergehende Erscheinung betrachten.
Fühlt sich machtlos, als ob er nicht für sich einstehen könnte.	Hält nach machbaren Lösungen Ausschau und handelt.
Ist oft nervös und angespannt und fühlt sich nicht wohl.	Ist in der Regel spontan und genießt das Leben.

Ist weniger aktiv und verhält sich eher gewohnheitsmäßig oder wie ein Süchtiger.	Ist ausgeglichener, aktiver und sozialer.
Ist leicht durch äußere Umständen deprimiert. Mit jedem neuen Problem wird die Depression nur noch schlimmer.	Kann vorübergehend deprimiert sein, findet aber schneller aus seiner Depression heraus und macht weiter. Entscheidet sich bewusst, die Vergangenheit loszulassen.

Es ist offensichtlich, dass die in der rechten Spalte wiedergegebene Einstellung zu einem ausgeglichenen Geisteszustand führt. Man sollte sich diese innere Haltung aber noch aus anderen Gründen zu eigen machen. Forschungen haben ergeben, dass optimistische Menschen seltener ansteckende Krankheiten bekommen und wenn doch, sich schneller von ihnen erholen. Darüber hinaus leben Optimisten länger und entwickeln nicht so oft tödliche Krankheiten. Eine aktuelle Studie unter Achtzigjährigen zeigt: Der wichtigste Gesichtspunkt, um gesund ein hohes Alter zu erreichen, besteht in der Fähigkeit, nach einem Verlust oder Schicksalsschlag wieder auf die Beine zu kommen und sich weiterhin auf die Zukunft zu freuen.

Neben allen physiologischen und psychologischen Vorteilen gibt es noch einen anderen – vielleicht den plausibelsten – Grund dafür, ein Optimist zu sein. Er liegt in der Veränderung des Energie- und Bewusstseinszustands, die eine optimistische Haltung mit sich bringt. Wir werden nicht nur zu einer glücklicheren Person, sondern ziehen auch positivere Menschen an. Eine spontane Unterstützung durch das Universum manifestiert sich

ebenfalls auf bemerkenswerte und überraschende Weise.
Wenn wir in dem optimistischen Zustand des göttlichen
Fließens sind, ist es viel wahrscheinlicher, dass wir Gutes
anziehen – sei es ein freier Parkplatz oder unser Traum-
job.

Pessimismus überwinden

Die Entscheidung, ein Optimist zu werden, ist vielleicht
nicht einfach, aber sie lohnt. Wie andere wichtige Entscheidungen trifft man sie nicht nur einmal, sondern
jeden Tag aufs Neue. Daher müssen wir verstehen, warum wir diese Entscheidung täglich treffen müssen. Unabhängig davon, wie zwanghaft unser negatives Denken
ist, sollten wir jede Gelegenheit nutzen, anders an die
Dinge heranzugehen, mit einer frischen Einstellung, die
uns aus unserem geistigen Gefängnis befreit.

Wenn wir eine positive Grundeinstellung haben, ist
eine pessimistische Stimmung nur eine vorübergehende
Angst bei einem Thema, das uns betrifft. Wenn wir uns
wie die meisten Pessimisten verhalten, können wir allerdings süchtig danach werden, immer das Negative zu
erwarten. Viele Menschen glauben, dass sie besser mit
den Ereignissen fertig werden, wenn sie sich vorher nur
genug sorgende Gedanken machen. Eine gute Vorbereitung erfordert jedoch gezielte Planung und nicht unnüt-
zes Kopfzerbrechen. Es ist ein energetischer Grundsatz,
dass *kein noch so großes Maß an negativer Konzentration ein
positives Ergebnis garantiert*. Bereiten Sie also alles Notwendige vor, und vergessen Sie dabei nie, beherzt alle
Negativität aufzulösen.

Erfolgstagebuch

Wenn die Sorgen Sie nicht mehr loslassen, erinnern Sie sich an die Konsequenzen, indem Sie sich die folgenden Fragen stellen. Üben Sie dies so lange im Tagebuch, bis das Ganze für Sie ein spontaner geistiger Prozess wird.

- Welches Gefühl bewirkt dieser negative Gedanke in mir?

- Löst er wirklich irgendein Problem?

- Unterstützt dieser Gedanke meine Selbstachtung? Stärkt er mein Selbstvertrauen, und verbessert er mein Gefühl in irgendeiner Weise? Wenn nicht, welchen anderen Entschluss kann ich fassen?

- Welche Art von Energie erzeugt dieser Pessimismus? Möchte ich tatsächlich, dass diese Schwingung in meinem Leben die Oberhand gewinnt?

- Zu welchen Resultaten wird eine solche negative Resonanz führen?

Es hilft uns in keiner Weise, wenn wir uns Sorgen machen. Es führt nur dazu, dass wir uns in der Gegenwart miserabel fühlen und in der Zukunft noch mehr Kummer anziehen.

Daher sollten wir uns unsere negativen Neigungen gezielt anschauen. Wenn wir vor einem schwierigen Problem stehen oder zynische Gedanken hochkommen, sollten wir uns die Zeit nehmen und in unserem Tagebuch darüber schreiben.

Listen Sie auf, was Ihnen Sorgen bereitet, und schreiben Sie dann ein paar optimistische Affirmationen, um diesen negativen Annahmen entgegenzuwirken. Affirmieren Sie zum Schluss: *Ich muss dem Ganzen nicht diese große Bedeutung geben. Ich kann die sorgenvollen Gedanken einfach loslassen.* Noch besser wäre es zu affirmieren: *Ich habe die Kraft, mit allen Dingen fertig zu werden. Alles wird sich zum Guten wenden.*

Verkünden von Affirmationen

Manche Menschen haben eine Abneigung gegenüber Affirmationen, aber wie Sie in den vorangegangenen Abschnitten sehen konnten, handelt es sich dabei um wirkungsvolle Werkzeuge, mit denen wir Veränderungen in unserem Energie- und Bewusstseinszustand herbeiführen. Sie sind besonders hilfreich, um eine starke magnetische Energie auszustrahlen, da sie die bewusste Intention ausdrücken, optimistische Gedanken anzuziehen. Affirmationen wirken spontan gegen negatives Denken, das leider inzwischen für viele Menschen ganz normal geworden ist. Es ist sogar wahrscheinlich, dass wir unbewusst Negativität aussenden, wenn wir nicht gezielt positive Affirmationen sprechen.

Aus diesem Grund ist es so ungeheuer wichtig, ständig positive Dinge zu bekräftigen. Wir haben dadurch die Möglichkeit, uns anders zu verhalten und unsere geistige und körperliche Energie umzuwandeln. Durch positiv bekräftigendes Denken entwickeln sich sogar neue Nervenbahnen im Gehirn, wodurch eine optimistische Sichtweise für uns immer mehr zu einer spontanen Reaktion werden kann.

Wenn Sie gerade mit einem schwierigen Problem zu tun haben oder sich mit einer besonders destruktiven Überzeugung herumschlagen müssen, sollten Sie die Affirmationsmethode anwenden. Überschütten Sie sich mit positiven Gedanken, die Ihr Denkmuster umkehren werden. Wiederholen Sie Ihre Affirmationen – wenn es sein muss bis zu hundertmal am Tag –, bis Sie das Gefühl haben, dass sich Ihre innere Einstellung verändert. Es lohnt sich bei allen Themen, die Sie beschäftigen könnten, in den Spiegel zu schauen und zu affirmieren: *Ich achte und respektiere mich. Ich erwarte das Beste. Ich verdiene heute und in Zukunft immer nur das Beste.* Schauen Sie sich weiter in die Augen und sagen Sie: *Ich liebe dich. Ich glaube an dich. Du verdienst es, glücklich zu sein.*

Es handelt sich hierbei nicht um die einfältige Wiederholung positiver, aber bedeutungsloser Aussagen. Wahres Affirmieren ist eine Lebensweise, ein Fluss positiver Intentionen und Beobachtungen, der uns in einer optimistischen Geisteshaltung durch den Tag trägt. Diese innere Einstellung stärkt unsere Selbstachtung und verändert unsere energetische Anziehungskraft grundlegend.

Affirmationen sind der Beginn der Veränderung, wenn wir anfangen, unser Leben selbst zu bestimmen. Die Macht des Bewusstseins verkündet: Am Anfang – aller Dinge – ist das Wort. Achten Sie darauf, dass es positiv ist.

Sie können auch lernen, sich selbst optimistische Tricks beizubringen. Unternehmen Sie alles Nötige, um Ihren inneren Feind zum Schweigen zu bringen, diesen »bösen Zwilling«, der das Beste nicht akzeptieren kann. Halten Sie inne, und seien Sie aufmerksam. Greifen Sie ein, lassen Sie los, und sprechen Sie positive Affirmationen. *Zwingen* Sie sich dazu, jeden pessimistischen Gedanken zu überwinden, indem Sie ihn zuerst neutralisieren und dann so lange verändern, bis er vollkommen positiv ist. Nach und nach bringen nur positive Annahmen grenzenlos positive Resultate.

Wenn Widrigkeiten ihr hässliches Haupt erheben, dann sollten Sie sich ihnen stellen, sich aber niemals von ihnen einschränken lassen. Als Pessimist sind Sie *selbst* Ihr größtes Hindernis, da Sie konfliktreiche Gedanken und widersprüchliche Intentionen erzeugen. Solange Sie noch nicht für sich wissen, ob Sie Ihr Ziel auch erreichen werden, senden Sie dem Universum uneindeutige Signale. Der Optimismus erlaubt es Ihnen, entschlossen an der Erfüllung Ihrer Träume zu arbeiten, statt daran zu zweifeln, ob Sie Ihre Ziele jemals erreichen. Mit konfliktfreien Gedanken, einer klaren Ausrichtung im Denken und echter Intention entwickeln wir eine Kraft, auf die das Universum automatisch antwortet. Wenn wir mit Optimismus leben, erreichen wir optimale Resultate.

Affirmationen für einen unaufhaltsamen Optimismus

- Was auch geschieht, ich entscheide mich ab jetzt dafür, optimistisch zu sein.

- Ich bin entspannt. Ich bin einfallsreich. Ich habe Vertrauen in mich und meine Zukunft.

- Ich bin spontan und habe Spaß am Leben. Ich bin glücklich, aktiv und voller Hoffnung.

- Was auch geschieht, ich weigere mich, Angst zu haben. Optimismus ist meine neue Lebenseinstellung.

- Ich denke positiv, treffe positive Entscheidungen und handle positiv. Ich schätze mich selbst, meinen Wert und mein Leben.

Die Energie der Bestimmung

Die dritte magnetische Energie
des Erfolgs

Unsere Bestimmung ist größer als wir selbst.
Sie macht aus dem Menschen, der wir sind,
die Person, die wir sein sollen.
Benjamin Earl Taylor jr.

Leben Sie Ihre Bestimmung? Lassen Sie sich von einem zentralen Prinzip oder einem Ziel leiten, das Sie vorwärtstreibt und auf dessen Grundlage Sie Ihre Entscheidungen treffen? Wenn nicht, kann es passieren, dass Sie sehr aktiv sind, viel Zeit und Energie einsetzen und sich in verschiedene Richtungen gleichzeitig bewegen, ohne aber jemals zu erreichen, was Sie anstreben.

Der Unterschied zwischen dem Zustand, *ohne* Bestimmung zu leben, und jenem *mit* einer Bestimmung ist vergleichbar mit dem Unterschied zwischen einer Flipper- und einer Bowlingkugel. Ohne Bestimmung springen wir von einem Ereignis zum nächsten und werden von unerwarteten Geschehnissen hin und her geworfen, wodurch wir immer wieder in Sackgassen landen. Unser Leben gleicht einem Flipper. Unsere Energie ist verstreut, und unser Erfolg wird zum größten Teil von glücklichen Zufällen bestimmt.

Leben wir jedoch unsere Bestimmung, sind wir zentrierter in uns selbst und konzentrieren uns auf den Weg, für den wir uns entschieden haben. Wie beim Bowling ist unser Lebensweg schmal und gerade, sodass wir unsere Ziele direkt ansteuern können. Natürlich kann es immer passieren, dass unsere Kugel einmal von der Bahn abkommt, wenn wir unsere Energie testen, aber letztlich wird die perfekte Schwingung unserer Bestimmung alle Pins abräumen.

Was glauben Sie, ist Ihre Bestimmung? Denken Sie einen Moment darüber nach. Wenn Ihre Antwort etwas mit Ihrer Arbeit zu tun hat, handelt es sich um Ihre *berufliche* Bestimmung. Wenn Sie das Gefühl haben, in der Antwort geht es eher um Sie und Ihre Familie, handelt es sich um Ihre *persönliche* Bestimmung.

Unsere wahre Bestimmung hat nichts mit Äußerlichkeiten zu tun, sondern betrifft einzig und allein unser Innenleben. Zwischen Geburt und Tod gibt es eine größere Aufgabe, die auf uns wartet – mehr als ein Hauskauf oder die Mitgliedschaft im Heimatverein und jenseits von Wohlstand und Ruhm. Die Erfüllung dieser Bestimmung ist das Einzige, was wir mitnehmen, wenn wir aus diesem Leben scheiden. In ihr liegt unser persönliches und spirituelles Wachstum.

»Wahre« Bestimmung bezieht sich darauf, was für uns am Wichtigsten ist, und dies gilt auch für unsere spirituelle Bestimmung. Sie ist unsere ursprüngliche Motivation, um in diese Realität zu kommen, und der Hauptgrund, warum wir hier bleiben. Klarheit im Verstehen, seelische Vervollkommnung und das Vertiefen der Liebe gehören zum Wachstumsprozess des spirituellen Selbst, in dem die zentrale Bedeutung unserer menschlichen Erfahrung liegt. Wenn diese Eigenschaften unser innerstes Wesen erfüllen, kommt es zu einer grundlegenden Veränderung unseres Energie- und Bewusstseinszustands, und all unsere Ziele fügen sich zu einem Bild zusammen.

Nur *Sie* können sagen, wie Ihre spirituelle Bestimmung lautet. Für die meisten von uns hat sie etwas mit Liebe zu tun. Liebe ist die größte Lehrmeisterin, sie lehrt uns, für uns selbst oder für andere zu sorgen und unsere Beziehung zu Gott und dem Universum mit mehr Feuer und Leidenschaft zu erfüllen. Sobald wir etwas gelernt haben, sollten wir uns auch bewusst dafür entscheiden. An dieser Stelle kommt das Gesetz der expandierenden Wirkung ins Spiel.

Je klarer wir die Negativität loslassen und uns der Liebe zuwenden, desto mehr positive Energie wird sich in unserem Leben ausbreiten – und zwar nicht nur für uns, sondern für alle. Es gibt Tage, da wiederhole ich diese Intention wie ein Mantra: *Ich entscheide mich für die Liebe; ich entscheide mich für die Liebe; ich entscheide mich für die Liebe.* Wenn ich mich kritisch im Spiegel betrachte, lasse ich meine Negativität los und sage: *Ich entscheide mich für die Liebe.* Wenn jemand mir auf dem Weg zur Arbeit die Vorfahrt nimmt, lasse ich meine Wut los, atme tief ein und aus und erinnere mich an den Vorsatz: *Entscheide dich für die Liebe.* Wenn mich jemand bei der Arbeit nervt, blicke ich in seine Richtung und wiederhole einfach: *Liebe, Liebe, Liebe.*

✳ Sich für die Liebe als spirituelle Bestimmung zu entscheiden ist kein New-Age-Schnickschnack. Es handelt sich vielmehr um eine kraftvolle energetische Entscheidung: das Umschalten von einer schweren, dichten und erdgebundenen Schwin-

gung zu einer leichten, fließenden und magnetisch anziehenden Energie. Letzten Endes lässt
sich unsere spirituelle Bestimmung nicht völlig
von unserer persönlichen oder beruflichen Bestimmung trennen. Je stärker wir also spirituell wachsen, desto strahlender wird unsere Schwingung in
jedem Bereich sein.

Ich fühle mich über alle Maßen gesegnet, dass ich all
meine Bestimmungen miteinander verknüpfen und das
tun kann, was ich wirklich liebe. Ich glaube, der wesent-
liche – oder: der spirituelle – Grund, warum ich hier bin,
besteht darin, göttliche Liebe im größtmöglichen Ausmaß zu erfahren und an andere weiterzugeben. Als
Autorin, Vortragsrednerin und Lebensberaterin umfasst
diese Bestimmung auch einen großen Teil meiner beruflichen Bestimmung. Natürlich hat sie auch die höchste
Priorität in meinem privaten Leben als Ehefrau und
Mutter. In den letzten Jahren gehört zu meiner Bestimmung auch, dass ich mich sehr für Adoptionen einsetze.
Diese Aufgabe erfüllt mich besonders, weil sie meine
Intention, Liebe zu erfahren und weiterzugeben, auf ein
Gebiet ausweitet, das mir ausgesprochen am Herzen
liegt.

Es gibt viele Menschen, die versuchen, ihre spirituelle,
persönliche oder berufliche Bestimmung zu erfüllen. Es
fällt ihnen nicht leicht, weil sie Bestimmung und Motivation oft verwechseln. Wir sind vielleicht motiviert, jeden
Monat unsere Miete zu zahlen, aber ist das der Sinn unseres Lebens? Die meisten Menschen werden so von ihren
unmittelbaren Bedürfnissen gesteuert, dass diese – und
nicht ihre eigentliche Bestimmung – zu ihrem Lebensin-
halt werden.

Um jedoch unsere Energie mit den universellen Gesetzen in Einklang bringen zu können, sollten wir unsere
Bestimmung kennen und wertschätzen. Die größte Auswirkung und Anziehungskraft haben die Dinge in unserem Leben, die wir mit wirklicher Leidenschaft tun.

Leidenschaft + Bestimmung = Erfolg

Es überrascht mich immer wieder zu sehen, wie viele
Menschen vom Erfolg träumen, ohne überhaupt zu wissen, welches genaue Ziel sie erreichen und auf welchem
Gebiet sie erfolgreich sein wollen. Zahlreiche Menschen
erzählen mir, dass sie viel Geld verdienen oder berühmt
werden wollen, aber wenn ich sie dann frage, wie sie das
schaffen wollen, haben sie absolut keine Ahnung. Wir
können nicht erfolgreich sein, wenn wir nicht unsere
Bestimmung kennen und unser Ziel klar definieren.
Ohne diese Ausgangsbasis sind wir nicht fokussiert genug,
um unsere Wünsche Wirklichkeit werden zu lassen.

Es gibt einen großen Unterschied zwischen einem, der
nur träumt, und einem, der handelt. Der Erste stellt sich
vor, ein schickes Auto zu fahren oder zu exotischen Orten
zu fliegen, aber er weiß nicht, wie er dies tatsächlich
erreichen soll. Große Träume ohne Zielstrebigkeit erzeugen ein Energie- und Aktivitätsvakuum, in dem nichts
geschieht und sich daher auch kein wirklicher Erfolg einstellen kann.

Dies ist der Fall bei vielen Menschen, die durchs Leben
treiben, sich in ihren langweiligen Jobs bedauern und
immer darauf hoffen, im Lotto zu gewinnen oder eine
unerwartete Erbschaft zu machen. Sie beneiden diejenigen, die das haben, was sie sich wünschen, und dieses

Gefühl führt in Verbindung mit der eigenen Bestimmungslosigkeit zu einer depressiven Energie, die genau die Dinge abstößt, auf die sie so neidisch sind.

Der Handelnde tappt nicht in diese Falle. Im Gegensatz zum Träumer bestimmt er für sich selbst, was er mit seinem Leben anfangen will. Er hat auch seine Träume, weiß aber, was sie erfordern. Vor allem aber ist er bereit, das Nötige zu tun, damit seine Träume wahr werden. Wie der Träumer stellt sich auch der Handelnde teure Autos oder Weltreisen vor, seine geistigen Bilder ruhen allerdings auf der sicheren Grundlage einer persönlichen Bestimmung mit klarem Planen und Handeln aus einer wirklichen Leidenschaft heraus. Diese zielgerichtete Leidenschaft ist der entscheidende Energiebeschleuniger. Je leidenschaftlicher wir unsere Ziele verfolgen, desto wahrscheinlicher ist unser Erfolg.

Wie finden wir also eine Bestimmung, der wir mit Leidenschaft folgen? Manche haben das Glück und wissen schon früh, welchen Weg sie gehen wollen. Sie werden von einem inneren Wissen oder einem natürlichen Talent geführt. Wenn sie an ihrer Bestimmung festhalten, schlagen sie vielleicht eine Karriere ein, die in persönlicher und finanzieller Hinsicht erfolgreich ist.

Überraschend viele Menschen wählen ihren Beruf jedoch nicht gezielt, sondern überlassen diese Frage dem Zufall oder einer Entwicklung, die aufgrund ihrer Lebensumstände naheliegt. Ich kenne viele, die mit achtzehn einen befristeten Job angenommen haben und dreißig Jahre später immer noch in diesem Berufszweig arbeiten. Hatten sie Glück, hat ihnen dieser Weg Freude und Erfüllung gebracht.

Aber viele sind unzufrieden mit dem Beruf, in den sie mehr zufällig »gestolpert« sind. Sie argumentieren vor sich selbst, dass sie die Arbeit nur testen, aber Jahre später sind sie immer noch bei der gleichen Firma – ob glücklich oder nicht. Sie machen einfach das weiter, was ihnen vertraut ist, und ziehen es vor, ihre Träume aufzugeben, um den Status quo zu halten. Aber diese vermeintliche Sicherheit ist trügerisch, denn durch sie können wir an einer Arbeit »kleben« bleiben, mit der wir nicht glücklich sind. Dies ist besonders verlockend, wenn wir in dem Job genug Geld verdienen, um über die Runden zu kommen. Leider wird diese Kombination aus einem ausreichenden Einkommen und Gewohnheit schnell zur Falle.

Die Falle ist die Angst, die sich wie ein Fangeisen um unsere Wünsche und Hoffnungen legt. Sie schnappt in dem Moment zu, in dem wir genug Geld mit einer Tätigkeit verdienen, die uns nicht gefällt, und gleichzeitig befürchten, dass wir nicht genauso viel mit einer Arbeit verdienen können, die wir lieben. *Die Ironie liegt darin, dass wir Glück und Zufriedenheit aufgeben, um das Geld zu verdienen, von dem wir uns Glück und Zufriedenheit erhoffen.* Dieser finanzielle Teufelskreis kann uns für viele Jahre, Jahrzehnte oder sogar unser Leben lang in seinen Bann ziehen. Wir denken: *Mit etwas Neuem werde ich keinen Erfolg haben. Ich mache das hier jetzt schon so lange, dass es zu spät ist, noch etwas anderes zu tun.*

In Wahrheit ist es jedoch nie zu spät, eine Bestimmung zu finden, die unsere Leidenschaft entfacht, und etwas zu tun, was wir wirklich genießen. Tatsächlich ist es sogar unmöglich, wirklich erfolgreich in einer Branche zu sein, die uns nicht gefällt, oder in einem Job, den wir verachten. Die Frequenzen, die von diesen Gefühlen ausgehen, sind einfach zu negativ, um etwas Positives anzuziehen.

Leidenschaft ist auch deshalb der Katalysator für Erfolg, weil sie die Begeisterung ins Spiel bringt, die die Energie des echten Wunsches entfacht. Ohne diese Glut lassen sich die universellen Gesetze nicht aktivieren. Nur das Feuer der Leidenschaft entfacht die Begeisterung, die notwendig ist, um kontinuierlich zu handeln und die Energiefelder dazu anzuregen, unsere Wünsche zu manifestieren.

Erfolgstagebuch

Die folgenden Tipps sollen Ihnen dabei helfen, Ihre Bestimmung zu finden und die Ziele und Aktivitäten zu benennen, die den Funken Ihrer persönlichen Leidenschaft entzünden können. Nehmen Sie sich etwas Zeit, und machen Sie die nachstehende Übung in Ihrem Tagebuch. Achten Sie darauf, dass Sie jedem Punkt Ihre volle Aufmerksamkeit schenken. Ihre persönliche und berufliche Bestimmung ist ein Ausdruck Ihrer Individualität. Beide sollten daher mit Ihren Interessen übereinstimmen und das widerspiegeln, was Ihnen Spaß macht.

- Listen Sie ein paar Dinge auf, die typisch für *Sie* sind. Es kann sich dabei um persönliche Vorlieben, aber auch um Aktivitäten handeln, die Sie gern unternehmen (zum Beispiel: Ich bin interessiert an Politik, spiele gerne Baseball, reite gern usw.).

- Gehen Sie die Liste nun durch, und schreiben Sie jedes Hobby, jedes Ziel und jede berufliche Tätigkeit auf, die sich mit diesen Interessen verknüpfen lassen. Recherchieren Sie ein wenig dazu.

- Lesen Sie sich die Antworten durch, die Sie gerade aufgeschrieben haben. Welche Wünsche könnten für Sie

zu einer beruflichen Bestimmung führen? Welche
entfachen die größte Leidenschaft in Ihnen?

Um wirklich befriedigend zu sein, sollte unsere Bestimmung unsere persönlichen Werte widerspiegeln. Wenn
sie sich nämlich nicht mit unseren grundlegenden Überzeugungen deckt, werden wir uns ständig unausgegli-
chen fühlen – und vielleicht sogar das Gefühl haben,
eine Lüge zu leben. Dies ist absolutes Gift für unsere
Energie, und in diesem Zustand können wir nicht wirklich glücklich sein. Befolgen Sie die nächsten Schritte,
und behalten Sie das eben Gesagte im Hinterkopf.

- Listen Sie die Dinge auf, die für Sie den größten Wert
  haben. Geld kann auch dazu gehören, aber beschränken Sie Ihre Liste nicht auf Finanzielles. Ein paar Punkte stehen vielleicht schon auf einer früheren Liste (zum
  Beispiel: Zeit mit der Familie und Freunden verbringen, Aktivitäten in der Natur, religiöse oder spirituelle
  Interessen usw.).

- Welche persönliche oder berufliche Bestimmung hilft
  Ihnen dabei, für diese Werte Prioritäten zu setzen?

- Was ist notwendig, damit diese Bestimmung zu einem
  Bestandteil Ihres Alltags werden kann?

Dies sind enorm wichtige Fragen, die das Potenzial
haben, Ihr Leben grundlegend zu verändern. Sie sollten
sie ehrlich beantworten, wenn Sie *echten* Erfolg in Ihrem
Leben erfahren wollen. Die Energie der Bestimmung ist
für das Gesetz des echten Wunsches äußerst anziehend,
da wir eine sehr dynamische und attraktive Schwingung

ausstrahlen, wenn wir in Übereinstimmung mit unserer persönlichen Bestimmung leben. Es ist wesentlich, die eigene Bestimmung zu kennen – und einen gesunden Optimismus zu besitzen –, um mit Leidenschaft und Begeisterung zu leben. Die Kombination aus Bestimmung und Leidenschaft ist die treibende Kraft hinter dem Prozess der Anziehung und eine der Hauptursachen für persönliche Zufriedenheit.

Wenn unsere Bestimmung mit unserer Lebensarbeit übereinstimmt, haben wir das Gefühl: *Ich bin, was ich tue. Ich tue genau das, was ich tun sollte.* Wenn wir unseren Berufsweg betrachten und dies von uns sagen können, wissen wir, dass wir in einem grundlegenden Sinn bereits erfolgreich sind.

Affirmationen für eine kraftvolle Bestimmung

- Ein glückliches und hoffnungsvolles Leben ist meine Bestimmung.

- Ich öffne mich jeden Tag der Liebe und dem Verstehen.

- Ich lebe meine Bestimmung jeden Tag mit Kraft und Leidenschaft.

- Ich lebe in Harmonie. Ich ruhe in mir selbst und behalte meine Ziele im Auge. Ich lebe meine Bestimmung.

- Es tut mir gut, meinen positiven Gefühlen zu folgen. Ich treffe Entscheidungen, die meiner Seele guttun.

Die Energie der Gegenwart

Die vierte magnetische Energie des Erfolgs

Jetzt und für alle Zeit gibt es nur das Jetzt,
das eine und immer gleiche Jetzt.
Die Gegenwart ist das Einzige,
was niemals endet.
Erwin Schrödinger

Die Gegenwart ist immer gegenwärtig. *Energetisch gesehen erschaffen wir uns unsere Realität in jedem Moment neu.* Unser Bewusstsein funktioniert so, dass wir sogar niemals die Möglichkeit haben, es nicht zu tun. Aus diesem Grund ist jede Sekunde kostbar und ein wirkliches Geschenk. Die Gegenwart ist unser Fenster zur Welt der Möglichkeiten. Sie richtet unseren Blick auf eine andere Herangehensweise, die unser Leben positiv verändert. Die wunderbare magnetische Energie der Gegenwart hat die Macht, unsere Zukunft zu bestimmen. Jede einzelne Sekunde ist ein Geschenk des Universums.

Wir lassen so viele Momente ungenutzt. Uns wird ein wunderbarer Sonnenuntergang geschenkt, aber wir sind zu beschäftigt, um ihn zu bemerken. Das Universum bietet uns ein anderes Geschenk an – vielleicht die Möglichkeit zu entspannen –, aber wir machen uns zu viele Sorgen, um es auch tatsächlich anzunehmen. In einem Moment haben wir die Gelegenheit, spontan etwas mit Freunden zu unternehmen, doch wir sind durch Arbeit oder andere Verpflichtungen zu sehr eingespannt, also werfen wir dieses Geschenk ebenfalls weg. Was würden Sie tun, wenn Sie einer Person ständig Geschenke zukommen lassen und sie wirft sie der Reihe nach fort? Natürlich würden Sie aufhören, ihr Präsente zu machen.

Jeder Moment, den wir nicht bewusst zur Kenntnis nehmen, ist eine Art Zurückweisung, eine schroffe Ablehnung des eigenen Lebens, auf die das Universum antwortet, indem es unsere Wünsche ebenfalls zurückweist. Schätzen wir aber den Wert des Augenblicks, erkennen wir die Schönheit, Anmut und Fülle, die uns angeboten werden, dann verändern wir auf der Stelle unseren Energiezustand und beeinflussen damit das, was wir in der Zukunft erhalten.

Viele von uns verbringen ihre Zeit dennoch irgendwo anders, sie sorgen sich um die Zukunft und grübeln über Vergangenes. Was geschieht, wenn wir ständig das Gestern wiederkäuen oder immer nur befürchten, was morgen geschehen könnte? Wir verlieren unsere potenzielle Kraft in der Gegenwart. Wenn unser Geist ständig hin und her springt, befinden wir uns nicht in dem richtigen mentalen und emotionalen Energiezustand, um effektiv handeln zu können.

Die Kraft der Gegenwart

Oft haben wir nicht das Bedürfnis, uns in der Gegenwart aufzuhalten. Wir glauben einfach, dass sie nicht unsere ungeteilte Aufmerksamkeit verdient. In einer solchen Haltung schlagen wir nur die Zeit tot und warten darauf, dass etwas Besseres des Weges kommt. Wir betrachten unser Leben als eine endlose Abfolge von banalen, oberflächlichen Aktivitäten, in die ein paar wahrhaft glückliche oder besondere Momente gestreut sind. Und während wir gelangweilt warten, dass diese besonderen Tage kommen, interessieren wir uns nicht dafür, was um uns herum geschieht – oder wir ärgern uns sogar darüber und fühlen uns abgestoßen.

Ich nenne diese Geisteshaltung »Zwischenlandungsmentalität«: Wir sind davon überzeugt, dass der normale Alltag uns keine Begeisterung und kein Glück beschert. Wir sind nur für einen Sprung vor Ort und warten auf ein besonderes, aber nur allzu flüchtiges Ereignis, das uns kurzfristig aus unseren Depressionen reißt. Manche halten es noch nicht einmal für möglich, dass man in der Routine des Alltags glücklich sein kann. In der Zeit zwischen einem Erlebnis und dem nächsten sind sie gereizt, frustriert oder gelangweilt.

Leider haben zu viele Menschen diese innere Einstellung. Sie warten auf den Augenblick, in dem etwas Besseres kommt. Dieses Verhaltensmuster kann so eingefahren sein, dass man das Leben über eine lange Zeit – sogar Jahrzehnte – hinweg nur als Last empfindet.

Wie sieht das unglückliche Bewusstsein aus, das dadurch erschaffen wird, und wie die Realität, die einer solchen Wahrnehmung entspringt? Wenn wir wichtige Phasen in unserem Leben ständig abtun und als wertlos betrachten, werden wir im Gegenzug selbst abgewertet und nicht beachtet. Die Ablehnung der Gegenwart führt buchstäblich zu einem Bewusstsein des Mangels in Bezug auf die eigene Existenz.

Wir sollten uns lieber fragen: *Wie oft warte ich nur auf den richtigen Augenblick und lasse mich einfach treiben?* Was auch immer wir tun, wir *haben* die Möglichkeit, uns voll auf die Gegenwart einzulassen und hier und jetzt eine positive Energie zu erzeugen! Wenn wir diese Entscheidung treffen, verstärken sich die beiden magnetischen Schwingungen der Wertschätzung und der Gegenwart gegenseitig und erzeugen einen kraftvollen Energiewirbel. Er verändert alles, was von diesem Punkt aus in der Zukunft liegt. Der gegenwärtige Moment ist keine bedeutungslose Zwischenlandung auf dem Weg zu einem anderen Ort, er ist selbst das eigentliche Ziel – ein energetisches Kraftwerk, das nur darauf wartet, dass wir es anwerfen.

✳ Mit jeder Wahrnehmung, durch die wir die Dinge anders sehen, wechseln wir unseren Energiezustand. Wenn wir eine Perspektive wählen, in der Achtung, Liebe und Freude gegenwärtig sind, bündeln wir in diesem Moment all unsere Kräfte. Was wir auch tun, wir können den Wert in jedem Augenblick erkennen, selbst wenn wir oberflächliche Dinge tun, wie zur Arbeit zu fahren oder etwas im Haushalt zu erledigen. Der gegenwärtige Moment ist etwas Besonderes. Er ist der Eingang zum energetischen Bereich und die einzige Zeit, in der wir unseren Energiezustand tatsächlich beeinflussen können.

Vor langer Zeit stieß ich auf eine wunderbare Affirmation von Louise Hay: *Der Kraftpunkt liegt immer im gegenwärtigen Moment.* Wenn man sich wissenschaftlich mit Energiezuständen und dem schöpferischen Aspekt des Bewusstseins befasst, erkennt man die absolute Wahrheit, die in diesen Worten liegt. Es gibt keine Lösung in der Vergangenheit und keine Sicherheit in der Zukunft. Die einzige Zeit, in der wir wahrhaftig und tatkräftig handeln können, ist *hier und jetzt* – denn wer will schon ständig über die Vergangenheit grübeln oder sich um die Zukunft sorgen?

Es gibt ein lustiges Sprichwort: »Wenn wir mit einem Fuß in der Vergangenheit stehen und mit einem in der Zukunft, können wir nichts anderes tun, als auf die Gegenwart pinkeln!« Wollen wir unseren Kraftpunkt wirklich so behandeln? Wenn wir uns um die Gegenwart kümmern, brauchen wir uns um nichts anderes Sorgen zu machen, denn wenn wir den gegenwärtigen Moment energetisch mit Anerkennung, Wertschätzung und Optimismus aufladen, fällt alles andere an seinen Platz und entfaltet sich auf scheinbar magische Weise. Die Gegenwart ist die energetische Quelle unserer Kraft, daher sollten wir sie unbedingt ernst nehmen.

Die universellen Gesetze reagieren direkt auf unsere innere Einstellung zum gegenwärtigen Augenblick. Wenn wir aufhören, uns um die Zukunft zu sorgen, und schon jetzt das Glück leben, nach dem wir sonst nur suchen, erwartet uns ein Morgen, wie wir es uns wünschen. Warten Sie nicht länger auf »besondere« Ereignisse, um das Leben zu genießen. Unsere Lebensqualität besteht nicht in außergewöhnlichen Aktivitäten, der Suche nach dem nächsten Vergnügen oder der Erfüllung unserer Wünsche. Die Qualität unseres Lebens kommt von innen, durch unsere Einstellung und Intention. Wir sollten nicht nur bewusst wahrnehmen, was wir erleben, wir sollten unsere Erfahrungen auch tatsächlich *wertschätzen*.

Vergessen Sie nicht: Weil wir Entscheidungen treffen können, sind wir für unsere Einstellung zum Leben verantwortlich – ob in Bezug auf die Gegenwart oder etwas anderes. Wenn Sie Angst vor der Zukunft haben, sollten Sie affirmieren, dass Sie diese Angst loslassen, und stattdessen vertrauen. Wenn Sie über die Vergangenheit grübeln, sollten Sie auch diese Angewohnheit loslassen und sich in diesem Moment auf Ihre Kraft besinnen. *In der Gegenwart zu bleiben ist der deutlichste Ausdruck von Vertrauen. Wer das Hier und Jetzt genießt, hat einen Wegweiser zur unerschöpflichen Quelle zukünftiger Freude.*

Wenn wir den gegenwärtigen Moment nicht würdigen, zerstören wir den Wert dessen, was in der Zukunft auf uns wartet. Verschwenden Sie Ihre Zeit also nicht damit, auf etwas anderes zu warten. Gehen Sie nicht davon aus, dass Sie eines Tages glücklich sein werden, und verpassen Sie nicht die Gelegenheit, es schon jetzt zu sein. Übernehmen Sie unverzüglich die Kontrolle über Ihre Intentionen und ihre innere Einstellung, und genießen Sie bewusst die Gegenwart. Denken und handeln Sie auf der Grundlage gegenwärtiger Wertschätzung und Anerkennung. Zögern Sie den Genuss des inneren Friedens nicht einen Moment länger hinaus!

Erfolgstagebuch

Wenn Sie Ihren gegenwärtigen Energiezustand besser in den Griff bekommen möchten, können Sie die nachfolgenden Fragen in Ihrem Tagebuch beantworten. Wiederholen Sie diese Übung von Zeit zu Zeit, besonders wenn

Sie das Gefühl haben, dass die Dinge außer Kontrolle geraten.

● Welche Art von Energie habe ich in der letzten Zeit geschaffen?

● Welche Gedanken und Gefühle hege ich *in diesem Moment*?

● Schätze ich den Wert meiner gegenwärtigen Aktivitäten, oder sehe ich eher eine Last in ihnen?

● Welche energetischen Konsequenzen können daraus entstehen?

● Wir kann ich die Dinge mit anderen Augen sehen und meine Einstellung und meine Gefühle *in diesem Moment* verändern?

● Welche positive Aussage kann ich *hier und jetzt* über mich oder meine Erfahrung machen?

Sind Sie bereit, alles Nötige zu tun, um heute wirkliche Wertschätzung und Zufriedenheit zu erfahren? Sind Sie bereit, nicht länger darauf zu warten, dass Ihr Leben endlich – vielleicht sogar erst in weiter Zukunft – beginnt? *Auch wenn es Ihnen nicht bewusst ist, dieser Moment – hier und jetzt – ist der großartigste in Ihrem Leben.* Die Gegenwart ist der Moment der Schöpfung und der Gelegenheit, der energetische Same für alles zukünftige Glück. Wir können nicht zurückgehen und in der Vergangenheit glücklich sein, wir können auch nicht nach vorn springen und in der Zukunft handeln. Aber wir können die glücklichen Gefühle, die wir uns wünschen, sofort – hier und jetzt – empfinden.

Wir nutzen den gegenwärtigen Augenblick, um unser Bewusstsein und unsere Energie, unsere innere Einstellung und Intention sowie unser konkretes Handeln zu verändern. Damit tun wir alles, was in unserer Macht steht, um uns eine glückliche Zukunft zu erschaffen. Die innere Kraft zeigt sich in den einfachsten Augenblicken – und jede einzelne Sekunde trägt zu dem bei, was wir sind. Wir sollten uns ständig fragen: *Für was entscheide ich mich jetzt? Und jetzt? Und jetzt?* Die Gegenwart ist die perfekte – und einzige – Zeit, in der wir Einfluss auf die Dinge haben. Täuschen Sie sich nicht, auch Sie *können* es. Sie besitzen bereits die innere Kraft, um die Gegenwart in Besitz zu nehmen.

Affirmationen für eine kraftvolle Gegenwart

- Ich erkenne den wahren Wert des gegenwärtigen Moments und die Gelegenheit in jeder gegenwärtigen Aktivität.

- Der gegenwärtige Moment erzeugt den energetischen Impuls in meinem Leben. Ich entscheide mich dafür, dass er etwas bewirkt.

- Ich konzentriere mich in meinem Leben auf gegenwärtige Freude und handle so, dass sie in allem, was ich tue, zum Ausdruck kommt.

- Dies ist ein neuer Tag und eine neue Möglichkeit. Ich verändere hier und jetzt meine innere Einstellung.

- Ich genieße die Gegenwart und vertraue der Zukunft. Ich betrachte mein Leben als ein Abenteuer, das ich jeden Tag aufs Neue erschaffe.

- Ich lasse das Bedürfnis los, mir über die Zukunft Gedanken zu machen oder die Vergangenheit wiederzubeleben. Von nun an konzentriere ich mich voll und ganz auf die Gegenwart.

Die Energie der Wertschätzung

Die fünfte magnetische Energie des Erfolgs

Es ist ein geistiges Gesetz,
dass wir das verstärken, was wir loben.
Die gesamte Schöpfung reagiert auf Lob
und Dankbarkeit.
Charles Fillmore

Die fünfte dynamisch-magnetische Energie ist die Wertschätzung. Sie ist eine der wertvollsten Schwingungen in unserem Energiefeld und beruht auf der Intention, mit Dankbarkeit zu leben, bewusst das Positive in uns und um uns herum wahrzunehmen und die guten Dinge zu würdigen, die wir bereits besitzen. Wertschätzung drückt darüber hinaus den Wunsch aus, das ganze Leben aus dieser inneren Einstellung heraus zu erfahren. Um diese Schwingung erzeugen zu können, sollten wir jeden Tag bewusst und dankbar im Hier und Jetzt leben. Dies ist keine idealistische Wunschvorstellung, sondern eine energetische Notwendigkeit, denn wirkliches Vergnügen entsteht nur, wenn wir wertschätzen und würdigen, was wir denken, fühlen und tun.

Tatsache ist, dass wir ohne Wertschätzung keine Freude erleben können. Denken Sie an die Situationen, in denen Sie glücklich waren; erinnern Sie sich daran, wo Sie sich befanden, was Sie taten und mit wem Sie zusammen waren. Halten Sie einen Moment lang inne, und tauchen Sie wieder in diese glücklichen Momente ein. Lassen Sie ein Lächeln auf Ihren Lippen erscheinen, und fühlen Sie die Freude, die sich in Ihrem Herzen ausbreitet. Während Sie sich an diese Situationen erinnern, sollten Sie sich fragen: *Was habe ich an jeder einzelnen geschätzt, und wofür war ich dankbar?*

❊ Immer wenn wir glücklich sind, befinden wir uns in einem Zustand der Wertschätzung, ob wir uns dessen bewusst sind oder nicht. Sind wir begeistert, bedeutet dieses Gefühl, dass wir für irgendetwas dankbar sind. Je mehr wir diese Resonanz wahrnehmen, desto mehr erschaffen wir uns ein glückliches Leben, und gemäß dem Gesetz des Magnetismus zieht unsere Dankbarkeit nur noch mehr an, wofür wir auch in Zukunft dankbar sein können.

Diese Erkenntnis ist inspirierend und befreiend, weil wir nicht länger darauf warten müssen, dass wir irgendwann einmal glücklich sein werden. Wir sind nicht davon abhängig, mehr Geld, einen neuen Partner, ein größeres Haus oder einen besseren Job zu haben, um diesen Zustand des Wohlbefindens zu erleben. Wir können uns jetzt dazu entschließen, dankbar zu sein. Und wenn wir diese innere Haltung *wirklich fühlen*, werden wir jeden Tag genießen.

Dies ist ein zentraler Punkt, wenn es darum geht, unseren Energie- und Bewusstseinszustand zu verändern.

Vielleicht streben wir unsere Ziele an, weil wir glauben, dass wir glücklicher sind, wenn wir sie erreicht haben. Mit dieser Einstellung ist es aber nicht möglich, hier und jetzt glücklich zu sein. Sehen wir jedoch alles durch die Brille der Dankbarkeit, erschaffen wir nicht nur auf der Stelle das, wonach wir streben, wir ziehen auch in Zukunft glückliche Resultate an.

Aus welchem Zustand kommen Sie?

Ein klarer Blick auf unsere Gefühle zeigt uns, dass wir meistens zwischen verschiedenen emotionalen Zuständen hin und her springen: An einem Tag sind wir glücklich, am anderen unglücklich; in einem Moment sind wir begeistert und im anderen ängstlich und voller Sorgen. Unsere Stimmung wird leicht von unserer Umwelt beeinflusst, und viele von uns sind empfänglicher für negative Einflüsse als für positive. Wir haben schnell Befürchtungen, und manchmal stören uns schon die kleinsten Dinge. Aber was bewirkt diese Schwankungen?

Wie wir gesehen haben, entspringt jedes Glücksgefühl einer inneren Haltung von Wertschätzung und Dankbarkeit. Auf negative Gefühle trifft das Gegenteil zu: Ihnen liegen fast immer Unzufriedenheit und Missfallen zugrunde. Welche Geisteshaltung nehmen Sie die meiste Zeit über ein? Versuchen Sie bewusst, die Gegenwart zu genießen? Sind Sie dankbar für das, was Sie bereits haben? Oder achten Sie hauptsächlich darauf, was Ihnen im Leben fehlt? Wenn Letzteres der Fall ist, sollten Sie sich klarmachen, dass Ihre innere Einstellung sich auf Ihren Bewusstseins- und Energiezustand auswirkt und Ihre Mutlosigkeit nur noch verstärkt.

Manche Menschen sind ständig unzufrieden. Sie grummeln sich durchs Leben, beschweren sich über alles, was ihrer Meinung nach falsch ist, und konzentrieren sich darauf, was ihnen fehlt. Nichts scheint ihnen zu gefallen, und unglücklicherweise zementiert ihr Energiezustand diesen traurigen Zustand. Die universellen Gesetze lassen in diesem Punkt nicht mit sich spaßen: *Worauf wir unsere Aufmerksamkeit richten, wird sich in unserem Leben manifestieren. Wenn wir nur wahrnehmen, was uns fehlt, überwältigen uns letztlich die Unzulänglichkeiten des Lebens.*

Wenn wir immer nur das Negative sehen, ist das so, als würden wir ständig an das Problem denken, statt uns über eine Lösung Gedanken zu machen. Dies macht es unmöglich, die Geisteshaltung des Erfolgs einzunehmen; stattdessen filtern wir alles durch die Wahrnehmung des Mangels. Denken Sie daran, wie sich unser Bewusstsein zusammensetzt: Der erste Bestandteil ist die Wahrnehmung. Mangel wahrzunehmen produziert Neuropeptide, die zu einem Gefühl der Hoffnungslosigkeit passen – wodurch unsere bewusste Wahrnehmung nur noch mehr negative Dinge manifestiert.

Der zweite Bestandteil ist die Imagination. Das Bild des Mangels zeigt eine riesige Leere, die Vision eines dunklen, leeren Raums. Sie erzeugt Bedürftigkeit, Dringlichkeit und Angst und aktiviert die widersprüchlichen Kräfte der paradoxen Intention.

Der dritte Bestandteil ist die Erwartung. Wie sieht unsere Erwartung aus, wenn wir alles aus einem Gefühl des Mangels wahrnehmen? Wenn diese Emotion unsere konkrete Erfahrung ist, erwarten wir auch in Zukunft Mangel – und werden ihn natürlich bekommen.

Bei manchen Menschen drückt sich ihre allgemeine Unzufriedenheit in einer ganz bestimmten Weise aus. So habe ich mehrere Klienten, die noch nie mit ihrem Körpergewicht zufrieden waren. Eine Klientin offenbarte mir, dass ihr ganzes Leben – jede Erfahrung, Beziehung und Unternehmung – von diesem Thema beherrscht wird. Mit vierzig Jahren sagte sie: »Ich erinnere mich an einen wunderbaren Urlaub in den Tropen, in dem ich nie wirklich glücklich war, weil ich das Gefühl hatte, im Badeanzug furchtbar auszusehen.«

Sie trauerte all den Situationen nach, die sie nicht hatte genießen können, weil sie sich Gedanken um Ihr Aussehen gemacht hatte. Sie war davon überzeugt, einen Großteil ihres Lebens durch diese innere Unzufriedenheit vergeudet zu haben. Obwohl sie nun älter war und noch mehr wog, schwor sie sich damals, dass die Kritik an ihrem Gewicht sie nie wieder davon abhalten sollte, glückliche Momente in ihrem Leben zu genießen.

Nach ihrem bewussten Entschluss, den Fokus ihrer Aufmerksamkeit dauerhaft zu verändern, konnte sie interessanterweise einfacher abnehmen als vorher. Das Gesetz der paradoxen Intention hatte seine Wirkung gezeigt: Weil sie nicht länger zwanghaft darauf fokussiert war, konnte sie ihr Gewicht mit Freude und Gelassenheit reduzieren. Sie wurde zwar niemals zu der schlanken Person, die sie gern gewesen wäre, aber sie fand zu einer Lebensfreude, die sie sich davor aufgrund ihrer äußeren Erscheinung nicht zugestanden hatte.

Für andere ist Geld oder Besitz das zentrale Thema. Sie haben niemals genug, unabhängig davon, wie viel sie verdienen. Sie fahren ein teures Auto, aber es ist noch nicht schick genug; sie wohnen in einem schönen Haus, aber es ist noch nicht groß genug. Bevor sie allerdings nicht mit dem zufrieden sind, was sie bereits haben, werden sie niemals wirklich glücklich sein.

Leider haben viele Menschen kein Gespür mehr für das, was sie wirklich brauchen: Sie bekommen, was sie haben wollen, und verlangen gleich nach etwas Neuem. Wir leben in einer Wohlstandskultur, aber statt dankbar für unsere Reichtümer zu sein, scheinen diese unser Verlangen nur noch zu vergrößern. Unsere Unzufriedenheit wächst proportional zu unserem Besitz.

Diese Erkenntnis wurde mir vollends bewusst, als ich in Russland war, um meine beiden Kinder zu adoptieren. In diesem Land ist die Dankbarkeit groß, weil es so wenig materielle Güter gibt. Es ist nicht ungewöhnlich, dass sich zwei oder gar drei Familien eine Wohnung teilen. Die Menschen dort haben weder den Platz noch das Geld, um viele Dinge anzuhäufen. Also sind sie dankbar für das, was sie haben, und Turnschuhe und Jeans sind für sie wahre Errungenschaften.

Als die Adoptionsvermittlerin aus St. Petersburg zu Besuch in die USA kam, war sie überrascht, wie groß hier alles ist: die Häuser, die Autos, die Schränke und sogar die Garderobe. Besonders beeindruckten sie die Essensportionen. Sie erzählte mir, dass sie aus einem einzigen Gericht in einem amerikanischen Restaurant ein komplettes Abendessen für ihre dreiköpfige Familie machen könnte.

Können Sie auch nicht genug bekommen?

Was hat es mit dem Phänomen auf sich, dass wir immer mehr besitzen und immer undankbarer werden? In unserer Überflussgesellschaft sind wir so vielen Dingen ausgesetzt, dass wir die eigentlichen Werte in unserem Leben nicht mehr wahrnehmen. Wir brauchen immer mehr, um uns zu stimulieren, ganz so, als würden wir jeden Tag

Drogen nehmen: Irgendwann gewöhnen wir uns an sie und müssen die Dosis erhöhen, um die gewünschte Wirkung zu erzielen. Darin liegt allerdings nicht die einzige Ursache für unser maßloses Verlangen.

Manche nehmen zwanghaft jeden Mangel wahr, weil sie glauben, dass ihr negativer Fokus sie dazu zwingt, zu einer Lösung zu kommen. Wir denken ständig darüber nach, analysieren und beurteilen, ob etwas oder jemand genügend Wert für uns hat. Aber wenn wir kritisieren, statt nur zu beobachten, verhärtet sich unsere Energie, und wir sind schnell enttäuscht und sogar aufgeregt, verärgert oder wütend. Diese Gefühle resultieren aus einer Spaltung von Kopf und Herz.

Analysieren und Beurteilen sind geistige Tätigkeiten, durch die ein Wert mental bestimmt wird, während das Herz diesen Wert direkt fühlt und erfährt. Der Kopf sucht nach Problemen, und das Herz sieht die richtige Lösung. Wenn wir uns unsere Unzufriedenheit näher anschauen, stellen wir fest, dass *wir* das größte Hindernis für unser Glück sind. Erst unsere Reaktion verursacht für uns das größte Elend, in unserer Wahrnehmung, unseren Gedanken, unserem ganzen Suchen und Streben.

Vielleicht klingt es zu einfach, aber was würde geschehen, wenn wir aufhörten, uns über alles einen Kopf zu machen – wenn wir *einfach aufhörten, unzufrieden zu sein?* Es würde unser Bedürfnis nach Konkurrenz in Mitgefühl und unser zwanghaftes Kaufen in gegenwärtige Dankbarkeit verwandeln. Unsere Energie – und damit unsere Verbindung zum Universum – würde nicht länger abweisend sein, sondern sich in bereitwillige Empfänglichkeit verwandeln.

Aus dem Herzen heraus zu leben ist der Schlüssel zum Erfolg. Lassen Sie Ihre Unzufriedenheit los, und benutzen Sie Ihre Entscheidungsfreiheit, um ein Gefühl von Wertschätzung und Dankbarkeit zu entwickeln. Erkennen Sie die Dinge, für die Sie im Inneren und im Äußeren dankbar sind. Wenn Sie dauerhaft bewusste Dankbarkeit praktizieren, verändert sich nicht nur Ihr tägliches Glücksgefühl grundlegend, Sie werden langfristig gesehen auch positive Veränderungen in Ihrem Leben wahrnehmen.

Erfolgstagebuch

Um diesen Prozess zu fördern, empfehle ich Ihnen, ein Dankbarkeitstagebuch anzulegen. Sie können dafür ein eigenes Buch beginnen oder es zu einem Bestandteil Ihres Erfolgstagebuchs machen.

Halten Sie jeden Abend vor dem Schlafengehen fest, wofür Sie an diesem Tag dankbar sind. Schreiben Sie die zentralen Dinge auf, aber vergessen Sie nicht auch all die kleinen Geschenke des Lebens, zum Beispiel den Fliederduft im Frühling, den Gesang der Vögel an einem Sommermorgen oder den funkelnden Neuschnee im Mondlicht. Es geht dabei nicht um irgendein Klischee, sondern darum, unser Bewusstsein und unsere Energie zu stärken. Wenn wir bereit sind, selbst an unscheinbaren Dingen Gefallen zu finden und dankbar für sie zu sein, werden wir Glück und Freude im Überfluss anziehen.

Aber Sie sollten nicht nur dafür dankbar sein, was in der Außenwelt geschieht. Halten Sie in Ihrem Tagebuch auch fest, was Sie an sich selbst schätzen. Dadurch stärken Sie Ihr Selbstvertrauen und behandeln *sich selbst* als einen Menschen, der Ermutigung verdient. Außerdem erzeugen Sie eine Schwingung des Selbstrespekts, die dazu führt, dass auch andere Sie mit Respekt und Wertschätzung behandeln.

Weiter ist es hilfreich, die Teile Ihres Dankbarkeitstagebuchs, die Ihnen besonders gut gefallen, abzuschreiben oder zu kopieren und sie immer bei sich zu tragen. Sie können sich von diesen Zeilen inspirieren lassen, wenn Sie einmal deprimiert sind und eine Aufheiterung brauchen oder wenn Sie mit dem Kopf durch die Wand wollen, statt auf Ihr Herz zu hören. Wir können für so viele Dinge Dankbarkeit empfinden – sei es, weil sie schön, herzerwärmend, anregend oder zutiefst emotional sind. Aber in der Hektik des Alltags vergessen wir leicht, wofür wir dankbar sein sollten, und konzentrieren uns auf das Negative. Genau an diesem Punkt ist eine Liste der Dinge, für die Sie dankbar sind, ausgesprochen praktisch, denn sie hilft Ihnen, sich immer wieder an das zu erinnern, was Sie in Ihrem Leben wertschätzen.

Ich beziehe mich oft auf all das, wofür ich dankbar bin. Wenn der Alltag mich zu überwältigen droht, schaue ich mir meine Liste an und denke an all das Wundervolle, das ich im Leben erfahren durfte. Bei manchem handelt es sich um kleine lustige Geschichten über meine Kinder und meinen Neffen, bei anderen um wunderbare Erinnerungen an Reisen in ferne Länder, an Ski- und Wandertouren und an Wildwasserfahrten.

Ich erinnere mich noch an einen Klienten, der schwer depressiv war und mit dem ich große Schwierigkeiten hatte. Unsere Phasenverschränkung – oder die Verbindung unserer beiden Energieströme – zog mich stark nach unten. Daher musste ich mich diesem energetischen Einfluss entziehen, um in einen Bewusstseinszustand zu gelangen, der im Herzen zentriert war. Ich holte meine Dankbarkeitsliste hervor und allein dadurch, dass ich die einzelnen Punkte überflog, fühlte ich mich schon besser und glücklicher. Dennoch suchte ich nach etwas, was mich besonders aufbauen würde.

Ich fand eine kurze Geschichte, die ich über meinen Neffen geschrieben hatte, als er drei Jahre alt war: Als ich ihn eines Tages besuchte, spielte er mit ein paar Sachen an einer kleinen Werkbank. Ich fragte: »Bist du heute ein Bauarbeiter?« Er sagte: »Ja«, und spielte einen Moment lang weiter. Dann legte er seinen Spielzeughammer beiseite und kam zu mir gelaufen. Er sprang auf meinen Schoß, umarmte mich und verkündete: »Ich liebe dich mehr als *alle* meine Werkzeuge!«

Ich musste schmunzeln, als ich diese kleine Anekdote wieder las. Sie lenkte meine Aufmerksamkeit von den Sorgen über meinen verstörten Klienten zu einem Glücksgefühl, das in meinem Herzen bereits existierte. Es war eine einfache Geschichte, die jedoch eine so große Wirkung hatte, dass sich mein emotionaler und energetischer Zustand sofort veränderte.

Sie können Ihre Fähigkeit, Wertschätzung und Dankbarkeit auszudrücken, durch eine Methode verbessern, die ich »Unterbrechen – loslassen – dankbar sein« nenne. Immer wenn Sie wegen irgendetwas deprimiert sind, sollten Sie sofort das *unterbrechen*, was Sie tun. Machen Sie sich für einen Augenblick klar, was Sie gerade denken, und *lassen* Sie dann alle Negativität *los* – Sorgen, Beurteilungen oder andere Dinge, mit denen Sie unzufrieden sind. Affirmieren Sie: »Ich möchte diese negativen Gefühle nicht haben«, und lassen Sie sie einfach los! Nehmen Sie dann – unabhängig davon, wo Sie sind und was Sie gerade tun – die innere Haltung der Dankbarkeit ein. Finden Sie etwas in Ihrer Umgebung, für das Sie in diesem Moment *dankbar sind*.

Wenn Ihnen spontan nichts einfällt, können Sie einen Blick auf Ihre Liste werfen, und wenn Sie noch mehr Hilfe brauchen, sollten Sie den Prozess durchlaufen, der weiter unten beschrieben ist. Je öfter Sie diese Übung machen, desto einfacher werden Sie Ihre Energie verändern können – selbst in herausfordernden Situationen.

Denken Sie mit dem Herzen

Wenn Sie sich dabei ertappen, dass Sie sich über etwas Sorgen machen, oder wenn Sie unzufrieden sind und sich ärgern, können Sie die Negativität in Ihrem Kopf loslassen und Ihre bewusste Wahrnehmung auf den Frieden in Ihrem Herzen lenken. Atmen Sie tief ein und aus, schließen Sie die Augen, und entspannen Sie Ihre Muskeln. Visualisieren Sie, wie Ihr Problem nach oben steigt und wie am Horizont eine Wolke davonschwebt. Atmen Sie noch einmal tief ein und aus, und spüren Sie beim Einatmen, wie sich die Energie in Ihrem Kopf beruhigt; fühlen Sie, wie Ihre Wahrnehmung nach unten ins Herzzentrum geht. Entspannen Sie sich einfach, lassen Sie alle Sorgen und Ängste los, und fokussieren Sie Ihr Bewusstsein auf Ihren innersten Kern.

Entspannen und öffnen Sie sich immer mehr, und denken Sie dabei an etwas, was Sie glücklich macht und mit Dankbarkeit erfüllt. Ob es sich um eine schöne Erinnerung, eine Person, die Sie lieben, oder einen wunderbaren Ort, an dem Sie einmal waren, handelt – stellen Sie es sich jetzt vor. Visualisieren Sie alle Einzelheiten, und setzen Sie sich selbst in die Mitte des Bildes. Führen Sie das innere Bild ganz nah vor Ihr geistiges Auge, gestalten

Sie es farbig und strahlend, und tauchen Sie vollkommen in diese glückliche Situation ein.

Lächeln Sie, und fühlen Sie die Freude. Sie sind entspannt, glücklich und empfinden inneren Frieden. Dies ist der Zustand der Wertschätzung, das warme Gefühl der Dankbarkeit. Halten Sie an diesem Gefühl fest. Es ist letztlich das Gefühl, das eigene Leben zu lieben. Achten Sie bei der Rückkehr zu Ihren täglichen Aktivitäten darauf, Freude und inneren Frieden in allem zu empfinden, was Sie tun.

Freudige Wertschätzung ist eine Energie, die gar nicht hoch genug bewertet werden kann. Sie bringt eine heitere Ausgeglichenheit in den Prozess des Loslassens und schenkt uns Freude an dem, was wir bereits besitzen – wodurch sich das Herz öffnet, um noch mehr zu empfangen. Jeder Moment, den wir in der Resonanz freudiger Wertschätzung verbringen, erzeugt ein kreatives Bewusstsein und eine sehr anziehende Schwingung. Indem wir diese Schwingung aussenden – und den Prozess der Selbstachtung in Gang setzen –, tun wir unser Bestes, damit sich unser Leben zum Positiven verändert.

Ich weise meine Klienten immer wieder darauf hin, dass in dem Wort *(wert)schätzen* mehr als eine Bedeutung steckt. Wie wir in diesem Abschnitt gesehen haben, ist die eine Bedeutung »dankbar sein für«. Wir können aber auch ein »Aufwerten« darin sehen. Hierbei handelt es sich um eine grundlegende energetische Wahrheit. Wenn wir für unser Leben dankbar sind, hat unser Dasein einen größeren Wert. Wenn wir ein wirkliches Bewusstsein für die Qualität unseres Alltags entwickeln, erhöhen wir dadurch seinen Wert. Wenn wir in der Gegenwart Freude erfahren, wird unsere positive Energie noch mehr von dem anziehen, was wir in Zukunft genießen können.

Affirmationen für grenzenlose Dankbarkeit

- Es gibt so vieles, wofür ich dankbar bin. Ich sehe mich um und bin zufrieden.

- Ich lebe in freudiger Dankbarkeit. Indem ich mein Leben wertschätze, ziehe ich immer mehr Dinge an, für die ich dankbar bin.

- Ich achte mich und mein Leben jeden Tag mehr. Ich verdiene es, dass ich mich selbst respektiere.

- Ich übernehme immer die Verantwortung für mein Glück. Es gibt viele wunderbare Dinge, für die ich jeden Tag dankbar bin.

- Ich achte stärker auf die Dinge, für die ich dankbar bin und die ich an mir selbst mag. Mir wird immer mehr bewusst, für was ich alles dankbar sein kann, und ich nehme mir die Zeit, jeden Tag an diese Dinge zu denken.

Die vier Schritte zum Erfolg

Alle universellen Gesetze der Anziehung sind reale Einflüsse in unserem Leben, aber es geht nicht nur um die energetischen und bewussten Aspekte unserer Kreativität. Ernsthafte Planung und zielgerichtetes Handeln sind ebenfalls notwendig, wenn wir unsere Ziele erreichen wollen. Für viele Menschen verschlingt dieser Teil die meiste Aufmerksamkeit, und dennoch wird er oft missverstanden. Es handelt sich um die praktische Seite des Erfolgstrebens, und hier bedarf es einer klaren Intention, unerschütterlicher Ehrlichkeit und aufmerksamer Selbstbeobachtung.

Der Weg zum Erfolg erfordert eine objektive Herangehensweise. Wir müssen in der Lage sein, das gewünschte Ziel und die notwendigen Schritte in seine Richtung klar zu definieren. Uns stehen viele Wege offen, den Prozess zu beschleunigen und seine Resultate zu verbessern. Doch vier bestimmte Schritte sind unerlässlich, wenn wir unsere Ziele erreichen wollen. Sie beziehen sich auf unsere Planung und Vorbereitung sowie unser Engagement, und sie sind so eng mit dem Erfolg verknüpft, dass wir auf keinen Fall auf sie verzichten können. Wir verwirklichen unsere Wünsche nur, wenn wir unser Ziel in unseren Alltag integrieren. Dies muss zu unserer Bestimmung werden und absoluten Vorrang genießen.

Verpflichten Sie sich Ihrem Ziel

Der erste Schritt zum Erfolg

> *Nichts ist so wichtig für den Erfolg,*
> *wie unbeirrbar ein Ziel zu verfolgen.*
> Fred Smith, Gründer von FedEx

Damit sich der Erfolg wirklich einstellt, müssen wir ihn zu einem Teil unseres Lebens machen. Es reicht nicht, dass wir uns das Ziel nur vorstellen, so als sei es ein entfernter Traum, ein erhofftes Ereignis, das wir eines Tages erleben werden. Um voranzukommen, müssen wir uns bewusst dazu verpflichten. Wenn wir unserer Intention nicht genügend Aufmerksamkeit schenken, vermag sie nichts zu bewirken und entwickelt nicht die bewusste Kraft, um unsere Absicht auch Realität werden zu lassen.

Das Gesetz der Manifestation verlangt dies, denn wenn wir etwas Konkretes im Leben manifestieren wollen, müssen wir es zuerst in unserem Bewusstsein erzeugen. Unsere gezielte Intention ist die Verbindung zur kreativen Energie des Universums, die aus Gedanken Realität werden lässt. Wenn wir uns nicht kontinuierlich darauf konzentrieren, unsere Ziele zu erreichen, lässt unsere

Intention nach, und unsere Aufmerksamkeit schweift in alle möglichen Richtungen ab. Dadurch wird es sehr schwer, das zu verwirklichen, was wir uns am meisten wünschen.

Unser zielgerichtetes, kreatives Bewusstsein muss über drei Dinge verfügen, um unsere Wünsche erfolgreich zu manifestieren:

Eine lebhafte geistige Vorstellung und emotionale Erfahrung des gewünschten Zustands. Wir müssen die Resultate klar benennen können und uns selbst direkt in den Mittelpunkt dieses Bildes stellen, mit allen verknüpften positiven Gefühlen.

2. Ein klares Wissen darum, was im Einzelnen notwendig ist, um das Ziel zu erreichen. Wir müssen uns genau über das Nötige im Klaren sein, damit unser Wunsch Wirklichkeit wird.

3. Die vollkommene Bereitschaft, alles zu tun, was der Prozess und das Ziel erfordern – was auch immer es in Bezug auf Zeit, Arbeitseinsatz, Fokus und Priorität sein mag. Diese Bereitschaft beruht auf der Entschlossenheit, unseren Träumen Vorrang vor unseren Gewohnheiten, Ablenkungen, Ängsten und Süchten zu geben und in unserem Handeln nicht nach unmittelbarer Genugtuung zu streben.

Das Leben neigt dazu, uns nach seiner Pfeife tanzen zu lassen, sodass wir unsere Ziele oft ganz aus den Augen verlieren. Wir werden leicht von alltäglichen Notwendigkeiten, unseren Gepflogenheiten und Vorlieben gesteuert. Alles im Tagesverlauf kann zur eingefahrenen Gewohnheit werden – wann wir aufstehen, was wir frühstücken, womit wir unseren Feierabend und unsere Freizeit verbringen. Irgendwann bestimmen diese Verhaltensmuster unser Leben und gehen uns so in Fleisch und Blut über, dass wir nicht weiter über sie nachdenken.

Wenn zur täglichen Routine – in der wir uns leicht verfangen – nicht von Anfang an das Verfolgen von Zielen gehört, fällt es uns schwer, das, was wir für sie tun wollen, in unseren gewöhnlichen Tagesablauf zu integrieren. Es kann auch sein, dass wir über so viel Freizeit verfügen, dass wir uns an bestimmte Vergnügungsmuster gewöhnt haben und denken, wir bräuchten Vergnügen und Genuss, um unsere Aufgaben zu schaffen. Doch in Wirklichkeit benutzen wir sie, um die Anforderungen zu umgehen, die unsere Ziele und Wünsche uns auferlegen.

Ich hatte zum Beispiel einen Freund, der sein eigenes Beratungsunternehmen gründen wollte. Er war gestresst von seiner Arbeit, wollte sie aber erst kündigen, wenn seine neue Tätigkeit etabliert war und die Geschäfte liefen. Er hatte die Angewohnheit, am Feierabend in einer Kneipe einige Gläser Bier zu trinken, irgendwo unterwegs sein Essen zu kaufen und es auf dem Sofa vor dem Fernseher zu verspeisen – wo er danach einschlief.

Da er allein lebte, schien dies kein Problem zu sein – bis er den Wunsch hatte, sich beruflich weiterzuentwickeln. Er wusste, dass er seine freie Zeit am Abend nutzen sollte, um den Grundstock für seine Firma zu legen, aber sein Verhaltensmuster nach der Arbeit hatte ihn so im Griff, dass er einfach nichts zustande brachte. *Ich werde gleich morgen damit anfangen*, redete er sich ein. Aber jeder neue Tag verlief so wie der vorherige.

Als er mich aufsuchte, um darüber zu sprechen, bat ich ihn herauszufinden, was ihm wirklich etwas bedeutete, und in allen Einzelheiten aufzuschreiben, wie er dieses Ziel erreichen konnte. Wir erstellten auch einen Tagesplan, mit dessen Hilfe er langsam aus seiner schädlichen Routine herauskam. Er fing an, auf sein Bier nach der Arbeit zu verzichten und nutzte die freie Zeit, um seine Pläne voranzubringen.

Nach und nach wuchs in ihm die Begeisterung für sein Projekt, und es fiel ihm leichter, seinem Ziel immer mehr Zeit zu widmen. Einmal in der Woche erlaubte er sich, seiner alten Gewohnheit nachzugehen, aber irgendwann hatte er auch dazu keine Lust mehr. Er gründete seine eigene Firma, und inzwischen liebt er das, was er tut. Er ist ein sehr erfolgreicher Berater, der eine tief sitzende Gewohnheit aufgeben musste, um Erfolg haben zu können.

Wir benutzen unsere Gewohnheiten und Süchte oft als Ausreden. Ob wir von Langeweile, Stress, Ärger oder Depression geplagt werden, wir essen, trinken und sehen fern, um uns von unseren Gedanken und Stimmungen abzulenken. Im Laufe der Zeit werden diese kurzfristig ablenkenden und befriedigenden Aktivitäten zu starren Gewohnheiten. Wir essen vor dem Fernseher, trinken nach der Arbeit oder rauchen im Auto Tag für Tag, Jahr für Jahr, bis die Gewohnheit selbst uns dazu motiviert, sie aufrechtzuerhalten.

Ich hatte einen Freund, für den eine gelegentliche Schale Eiskrem vor dem Schlafengehen zu einer allabendlichen Sucht wurde, die er jahrelang beibehielt. Er bezahlte sein »Vergnügen« mit einem Verlust an produktiver Zeit und einer Gewichtszunahme um fünfzehn Kilo! Viele Menschen sind so von ihren täglichen Verhaltensmustern abhängig, dass sie ein ungutes Gefühl – oder sogar panische Angst – haben, wenn sie diese verändern müssen. Weit davon entfernt, ihr Leben selbst zu bestimmen, werden sie von ihren Gewohnheiten kontrolliert, die eine träge Energie und ein träges Bewusstsein erzeugen, was für jede Art von Erfolg absolut tödlich ist.

Wir tappen in diese Falle, weil wir das, was wir täglich tun, nicht als das Ergebnis bewusster Entscheidungen begreifen, die sehr reale Konsequenzen haben. Es ist leicht, in eine bestimmte Spur zu geraten und immens schwer, wieder aus ihr herauszukommen – besonders bei Gewohnheiten und Schwächen. Aber wir sollten nie vergessen, dass wir die Macht der Wahl haben. Es steht uns in jedem Moment frei, unsere eigenen Entscheidungen zu treffen.

Am Ortsausgang eines abgelegenen Städtchens in Nordalaska habe ich einmal etwas gesehen, was hierzu passt. Der Winter dauert dort oben fast neun Monate, und die drei Sommermonate sind ziemlich regnerisch. Der Ort ist mit einem anderen, noch einsamer liegenden Dorf durch eine unbefestigte Straße verbunden, auf der sich im Sommer tiefe Spuren im Morast bilden. Im Winter werden diese zu gefrorenen Fahrrillen, die das Steuern deutlich erschweren. Am Anfang der Straße steht ein Schild, um all die zu warnen, die sich auf diese Route begeben: »Achten Sie genau darauf, welche Fahrspur Sie wählen, denn Sie werden auf den nächsten 50 Kilometern nicht mehr aus ihr herauskommen.«

Wäre es nicht wunderbar, wenn man auch uns vor den Bahnen warnen würde, in die *wir* geraten können? »Achten Sie darauf, welche Gewohnheiten Sie annehmen, denn Sie werden sie in den nächsten fünfzig Jahren nicht mehr ablegen!« Es ist leicht, einfach weiter das zu tun, was wir schon immer getan haben, und es unseren angesammelten Gewohnheiten zu erlauben, uns durchs

Leben zu führen. Es hat jedoch erhebliche energetische Konsequenzen, wenn wir in unseren alten Mustern steckenbleiben – irgendwann zahlen wir dafür, wenn wir eingefahrene Verhaltensweisen nicht loslassen und uns neue Ziele stecken.

✺ Ein Ziel anzustreben, das uns etwas bedeutet, erfordert eine bestimmte Anstrengung. Erfolg zu haben erfordert sogar noch mehr Einsatz. Er fordert freie Zeit, eine engagierte Aufmerksamkeit und den Wunsch, dem Erreichen des Ziels absoluten Vorrang einzuräumen. Wir müssen von unserer Macht der Wahl bewusst Gebrauch machen und unser Ziel in unsere täglichen Gewohnheiten einbauen. So werden unsere Handlungen und unsere Prioritäten zu einem spontanen Teil unseres Lebens und unseres Charakters. Und darum geht es letztlich, wenn wir uns wirklich einer Sache verpflichten.

Ob unser Ziel darin besteht, Gewicht zu verlieren, ein Meisterwerk zu malen, eine eigene Firma zu besitzen oder Millionär zu werden – dies alles wird nicht geschehen, wenn wir uns nicht bewusst dazu verpflichten, es zu einer Priorität in unserem Alltag zu machen. An dieser Stelle sollten wir uns also ehrlich anschauen, wie weit unser Engagement geht. Hat das Erreichen unseres Ziels tatsächlich Vorrang in unserem Leben? Wenn nicht, wären Sie dann bereit, den Preis an zeitlichem Einsatz und Anstrengung zu leisten und die notwendigen Opfer zu bringen?

Erfolgstagebuch

Sind Sie Ihrem Erfolg verpflichtet? Beantworten Sie die nachfolgenden Fragen, mit deren Hilfe Sie herausfinden können, ob Sie das haben, was man braucht, um erfolgreich zu sein: die Entschlossenheit, sein Ziel auch tatsächlich erreichen zu wollen. Schreiben Sie Ihre Antworten in Ihr Tagebuch, und lesen Sie sich diese hin und wieder durch, um zu sehen, ob Sie immer noch in der richtigen Spur gehen.

1. Was würde es Ihnen abverlangen, Ihr Ziel so lange kontinuierlich zu verfolgen, bis Sie es erreicht haben? Was müssten Sie dafür regelmäßig tun?

2. Was müssen Sie vielleicht aufgeben – oder zumindest verändern –, um weiterhin an Ihrem Traum festhalten zu können? Halten Sie die Gewohnheiten fest, die Sie behindern, und erklären Sie, was Sie tun müssten, um sie zu verändern.

3. Wie bringen Sie den Vorrang Ihres Ziels mit den anderen wichtigen Dingen im Leben in Einklang? Entwerfen Sie einen Plan, der die Zeit einteilt, in der Sie sich mit den Dingen beschäftigen, die Ihnen etwas bedeuten.

Wenn wir uns für eine Sache verpflichten, geben wir uns und unserer Zukunft ein Versprechen. Es kann ernsthafte energetische Konsequenzen haben, wenn wir diesen wichtigen Teil unseres Lebens nicht beachten, weil wir dann im Wesentlichen signalisieren, Erfolg sei uns nicht wichtig. Das Universum empfängt diese Botschaft und reagiert entsprechend. Aber wenn wir unserem Ziel den Vorrang geben und uns begeistert darauf freuen, dass es Wirklichkeit wird, führt unsere Leidenschaft dazu, dass unser Umfeld uns unterstützt. Wir sollten daher an unserer Begeisterung und unserem Engagement festhalten – und zwar bei jedem Schritt, der uns dem Ziel näher bringt.

Affirmationen für echtes Engagement

- Ich will erfolgreich sein. Meine Ziele zu verfolgen hat jeden Tag Vorrang.

- Mein Ziel nimmt im energetischen Bereich bereits Gestalt an. Ich kann es klar und deutlich sehen; selbst in diesem Moment ist es ein Bestandteil meiner bewussten Manifestation.

- Ich lasse mich voll auf das ein, was das Erreichen meines Ziels an Zeit- und Arbeitseinsatz erfordert.

- Ich schaffe ein Gleichgewicht in meinem Alltag und integriere das Streben nach meinen Zielen in meinen Tagesablauf.

- Ich strebe mein Ziel mit Freude an – wie lange es auch dauern mag, bis ich es erreicht habe.

Entwickeln Sie einen Stufenplan

Der zweite Schritt zum Erfolg

Um zu verwirklichen, was wir uns erträumen,
müssen wir es jeden Tag leben.
Nur kleine, wiederholte Schritte führen zum Erfolg –
jeweils ein Schritt, jeweils ein Tag.
Sharon Anne Klingler

Ein detaillierter Plan ist offenbar unentbehrlich auf dem Weg zum Erfolg, dennoch überlassen erstaunlich viele Leute diesen wichtigen Schritt dem Zufall. Sie haben eine ungefähre Vorstellung davon, wie sie ihr Ziel erreichen wollen, konkretisieren diese Vorstellung jedoch nur selten. Diese unmethodische Vorgehensweise führt nur zu Aufschub und »Zukunftsdenken« und verlangsamt den zielführenden Prozess – sie vereitelt sogar die gewünschten Resultate.

❋ Eine genaue Handlungsanleitung treibt uns an, gibt uns Regeln und führt dazu, dass wir uns auf unsere Intention konzentrieren. Gemäß dem Gesetz der Manifestation existiert alles zuerst im Bewusstsein. Wenn wir also unsere Wünsche in die

Realität umsetzen wollen, müssen sie zuerst fest
in unserem Bewusstsein verankert sein, bevor
irgendetwas anderes geschehen kann. Unser
Handlungsplan ist die geistige Landkarte, die uns
ans Ziel unserer Wünsche führt, also sollten wir
sie auch benutzen.

Ich hatte einmal eine Klientin namens Roxanne, die sich
an ihrem Arbeitsplatz unterdrückt fühlte. Sie hatte eine
künstlerische Begabung, wusste aber nicht, was sie damit anfangen sollte. In ihrer Freizeit ging sie daher
unterschiedlichen Aktivitäten nach. In der einen Woche
konzentrierte sie sich aufs Schreiben, in der anderen aufs
Malen. Später versuchte sie sich in Schmuckdesign, Töp-
fern und Fotografie.

Roxanne war klar, dass sie ihren Job kündigen wollte,
aber sie hatte so viele andere Möglichkeiten, dass sie sich
nicht entscheiden konnte. Sie war der Meinung, dass sie
in allem, was sie tat, ganz gut war, und dies machte sie
nur noch unentschlossener. Ihre Energie war zu aufge-
splittet, als dass diese Klientin einen Plan hätte entwickeln können, und so untersuchten wir erst einmal die
Möglichkeiten, die sie hatte.

Wir schauten uns zuerst das an, was ihr am meisten
gefiel: das Schmuckdesign. Wir entwickelten dazu ein
bestimmtes Ziel und einen Plan, der ihr half, auf diese
eine Tätigkeit konzentriert zu bleiben. Sie entschloss sich,
an einer Kunsthandwerksmesse teilzunehmen, die einige Monate später in ihrer Nähe stattfinden sollte, sodass
sie bis dahin genug Ausstellungsstücke herstellen musste. Dies inspirierte sie so sehr, dass sie ihre Abende und
Wochenenden damit verbrachte, wunderschönen, trag-
baren Schmuck herzustellen. Da die ungewöhnlichen

Formen gut ankamen, nahm sie noch an weiteren Verkaufsschauen teil. Irgendwann konnte sie so viel Schmuck verkaufen, dass sie damit genauso viel verdiente wie in ihrem Job als Sekretärin, und konnte ganz auf ihre künstlerische Tätigkeit umsteigen.

Für Roxanne war es wichtig, dass sie ihre Möglichkeiten objektiv unter die Lupe nahm. Sie musste ihre verstreuten Energien bündeln und einen Geschäftsplan erstellen, um in die Gänge zu kommen. Die Entwicklung eines Plans motivierte sie und gab ihr einen Fokus – und ihre Intention, alles wirklich in die Tat umzusetzen, brachte schließlich die Resultate, die sie sich erhoffte. Ob wir eine Firma gründen oder eine Party organisieren, ein funktionierender Plan ist immer *der* Schlüssel zum Erfolg.

Die folgenden grundlegenden Überlegungen werden Ihnen dabei helfen, für sich einen solchen Plan zu erstellen und eine klare Intention zu entwickeln.

1. Was ist Ihr Ziel? Wie eine Landkarte keinen Sinn macht, wenn Sie nicht wissen, wohin Sie wollen, so können Sie sich auch nicht in die Richtung des Erfolgs bewegen, wenn Sie keine klare Vorstellung von Ihrem angestrebten Ziel haben. Sie sollten daher genau wissen, was Sie wollen und wie Sie Ihr Ziel erreichen. Es ist hilfreich, *alle* Optionen aufzuschreiben, die Sie haben. Nutzen Sie also Ihre Intuition und Ihren gesunden Menschenverstand, um sich die möglichen Alternativen vor Augen zu führen. Sobald Sie sich sicher sind, was Sie wollen, sollten Sie Ihre Fähigkeiten und Talente sowie Ihren Lebensstil begutachten. Führen Sie sich alle Einzelheiten Ihres Ziels vor Augen. Ohne ein klares Ziel werden Sie niemals in der Lage sein, einen erfolgreichen Plan aufzustellen.

Achten Sie darauf, dass Sie für sich einen Weg wählen, der Ihre Leidenschaft entfacht. Je mehr Sie das lieben, was Sie tun, desto mehr werden sich Ihre Energien mit den Kräften der universellen Gesetze verbinden. Leidenschaft und Liebe sind wie ein Blitzableiter, in den die Synchronizität fährt, um unsere Intention mit der Wirklichkeit zu verschmelzen. Das Universum unterstützt unsere Entscheidung, ein Ziel anzustreben, das unsere Selbstachtung ausdrückt und unseren Herzenswunsch widerspiegelt.

2. Finden Sie heraus, was genau notwendig ist, damit Sie Ihr Ziel erreichen. Bei jeglicher Planung gibt es immer eine Phase, in der man Nachforschungen anstellen muss. Sie wissen vielleicht, was Sie ungefähr brauchen, um Ihr Ziel zu erreichen, aber versuchen Sie auch, an genauere Informationen zu kommen, die für Ihren Plan nützlich sein können. Sprechen Sie mit Menschen aus dem Bereich, in dem Sie Erfolg haben wollen. Finden Sie möglichst jemanden, der Ihr Mentor oder Ihre Mentorin sein möchte und Sie immer wieder beraten kann.

Recherchieren Sie umfassend. Wenn Sie zum Beispiel Rechtsanwältin, Chirurg oder Psychologe werden wollen, müssen Sie wissen, welchen Abschluss Sie brauchen und an welchen Universitäten Sie ihn machen können. Sie sollten sich auch nach den Zulassungsbedingungen erkundigen und wissen, was der Besuch der Hochschule monatlich kostet. Wenn Sie einen Laden eröffnen wollen, müssen Sie entscheiden, welche Produkte Sie verkaufen wollen und wie Sie diese über den Großhandel beziehen können. Sie sollten die mögliche Geschäftslage auskundschaften und sich über Einzelhandel und Kaufgewohnheiten in den verschiedenen Gebieten schlau machen. Um ein Ziel zu erreichen, braucht es Vorbereitung, sei es eine Ausbildung, bestimmte Erfahrungen oder das nötige Gründungskapital. Finden Sie vorher heraus, was Sie alles wissen müssen, damit Sie hinterher keine bösen Überraschungen erleben.

3. Schreiben Sie einen detaillierten Handlungsplan. Wenn Sie herausgefunden haben, was für die Verwirklichung Ihres Traums erforderlich ist, verbinden Sie die notwendigen Schritte miteinander. So können Sie sich eine genaue Vorstellung davon machen. Entwickeln Sie einen Zeitplan mit lang-, mittel- und kurzfristigen Resultaten, die Sie erzielen wollen. Ihr langfristiges Ziel ist der große Erfolg, auf den Sie hinarbeiten. Die mittelfristigen Resultate sind die jeweils nächsten Schritte, die Sie dorthin führen. Und die kurzfristigen Ergebnisse sind die Dinge, die Sie jeden Tag tun müssen, um auf Ihrem Weg voranzukommen.

Wenn ich zum Beispiel an einem Manuskript arbeite, ist das gewünschte Resultat das abgeschlossene und veröffentlichte Buch. Mein langfristiges Ziel ist der fertige Text, mittelfristig muss ich die einzelnen Kapitel beenden, und meine unmittelbare, kurzfristige Aufgabe besteht darin, zu schreiben und immer weiter zu schreiben. Wenn ich einen festgesetzten Abgabetermin habe, rechne ich mir aus, wie viel ich jeden Tag produzieren muss, um das Projekt rechtzeitig zu beenden.

Wenn Sie einen Zeitplan für sich aufstellen, sollten Sie realistisch sein. Manche Dinge brauchen länger oder kürzer, als wir denken, aber *einige* Aktivitäten müssen auf jeder Entwicklungsstufe unternommen werden. Halten Sie diese Handlungen schriftlich fest, und führen Sie sie jeden Tag zielgerichtet aus. Ein gut strukturierter Plan hilft Ihnen dabei, nicht den Faden zu verlieren; außerdem können Sie Ihr Handeln mit Ihrer täglichen Intention abstimmen, dem nächsten notwendigen Schritt zum Erfolg.

Affirmationen für einen nutzbringenden Handlungsplan

- Ich bin bereit, die Grundlage für mein angestrebtes Ziel zu schaffen – mögen die Vorbereitungen auch noch so umfangreich sein.

- Ich kenne mein Ziel und weiß, dass ich einen praktischen Plan ausarbeiten kann, den ich dann Tag für Tag in die Tat umsetze.

- Ich setze mir langfristige und mittelfristige Ziele und weiß, welche Resultate ich sofort erzielen will. Ich bin konzentriert, aber flexibel.

- Ich bin kreativ und belastbar. Ich bin offen für alle Möglichkeiten und die sprudelnde Fülle, die das Universum zu bieten hat.

- Das Universum unterstützt meine Pläne und Intentionen und hilft mir, erfolgreich zu sein.

Tun Sie jeden Tag etwas, was Sie Ihrem Ziel näher bringt

Der dritte Schritt zum Erfolg

Jede Handlung sagt etwas über unsere Absicht aus.
Leo Buscaglia

Wer plant, aber nicht handelt, ist ein Narr, der einem Tagtraum nachhängt. Sobald der Plan steht, beginnt die wirkliche Arbeit und die positive Energie, die Sie jetzt erzeugen, ist der größte Beschleuniger auf Ihrem Weg zum Ziel. Es spielt keine Rolle, an welchem Punkt Sie sich gegenwärtig befinden, ob Sie erst am Anfang stehen oder sich bereits auf der Zielgeraden befinden. Sie können heute bestimmt das eine oder andere tun, um Ihrem Ziel näher zu kommen. Sie müssen nur bereit sein, sich selbst *aktiv* in den Prozess einzubringen. Sind Sie willens, alles Nötige zu tun? Sind Sie entschlossen, jede notwendige Tätigkeit auszuführen – sei es in der Produktentwicklung, in der Verwaltung, im Verkauf, in der Geschäftsführung oder sei es reine Routinearbeit – und alles zu tun, was Ihr Ziel sonst noch von Ihnen verlangt? Wenn Sie nicht willens sind, nur dafür zu arbeiten, sind Sie auch nicht bereit, wirklich Erfolg zu haben.

Deshalb ist es so wichtig, den Weg zum Ziel in allen Phasen zu planen. Manche Menschen leisten Großartiges, wenn ihnen die Richtung vorgegeben wird, aber sie sind nicht in der Lage, sich selbst zu motivieren, während andere wunderbare Schöpfer, aber furchtbar im Marketing sind – besonders, wenn sie ihre Produkte selbst verkaufen sollen. Viele sind starke Initiatoren, denen es jedoch daran mangelt, einmal Begonnenes bis zum Ende zu verfolgen. Jede Stufe auf dem Weg zum Ziel erfordert ein bestimmtes Handeln. Vielleicht können Sie Teile an andere delegieren, aber letztlich sind *Sie* dafür verantwortlich, dass Ihr Traum in Erfüllung geht.

Ich habe einmal ein Interview mit der seit Jahrzehnten erfolgreichen Romanautorin Jackie Collins gesehen. Der Journalist fragte sie nach ihrer Reaktion auf Menschen, die sagen: »Liebesgeschichten sind so einfach, dass jeder sie schreiben kann.« Sie antwortete: »Dann soll doch jeder Liebesgeschichten schreiben!«

Es ist leicht zu sagen, dass etwas einfach ist, solange man es nicht selbst tun muss. Der schwierige Teil besteht darin, es auch tatsächlich zu tun und zum erfolgreichen Abschluss zu bringen. Wir können alles Mögliche darüber sagen, was wir tun könnten – oder was wir gern täten –, aber solange wir es nicht tatsächlich *tun*, ist alles nur heiße Luft. Legen Sie also keine Lippenbekenntnisse ab, sondern unternehmen Sie regelmäßig etwas, was aus Ihrem Ziel Wirklichkeit werden lässt. Um den zusätzlichen Zeit- und Arbeitsaufwand zu rechtfertigen, muss Ihr Ziel allerdings sehr wichtig für Sie sein – zumindest so bedeutend wie andere Tätigkeiten, die ähnlich viel Zeit verschlingen.

Wichtigkeit und Dringlichkeit werden oft miteinander verwechselt. Manch einer glaubt, wenn etwas sofort getan werden muss, sei es wichtiger als das, was noch warten kann. Wenn wir viele Aufgaben – und auch noch die Hausarbeit – erledigen müssen, können wir leicht das Gefühl von Dringlichkeit oder sogar Druck bekommen, was leider oft falsch verstanden wird. Es steht vielleicht an, das Geschirr abzuspülen oder die Wäsche zu machen, aber ist dies wirklich wichtiger, als an unserem Ziel zu arbeiten?

Wenn wir zulassen, dass all die kleinen Aufgaben im Leben Vorrang bekommen, werden wir niemals genug freie Zeit haben, um an dem zu arbeiten, was wirklich zählt. Wir können uns von morgens bis abends um unsere täglichen Belange kümmern, ohne auch nur einen Gedanken an unser Ziel zu verschwenden. Und wenn wir uns immer wieder ablenken lassen und unseren Geist mit Vergnügungssucht betäuben, kann es sein, dass wir unseren Traum völlig aus den Augen verlieren.

⚖ Denken Sie immer an die universellen Gesetze! Was wir heute tun – oder nicht tun –, ist eine energetische Ursache. Da jede Anstrengung unsere Intention im energetischen Bereich verstärkt, sollten wir es als Zeitverschwendung betrachten, wenn wir nichts unternehmen, um unserem Ziel näher zu kommen. Alles, was wir tun, sendet unsere Schwingung aus und fokussiert unsere bewusste Manifestation, deshalb sollten wir ab sofort etwas anderes *tun,* was eine Bedeutung für uns hat.

Wir sollten nicht länger warten, ein inneres Gleichgewicht herzustellen und unsere Prioritäten so zu setzen, dass sie das ausdrücken, was *wirklich* wichtig für uns ist. Wenn unser Traum es wert ist, Wirklichkeit zu werden, lohnt es sich, täglich etwas zu tun, was uns diesem Ziel näher bringt. Auch bei langfristigen Zielen in weiter Ferne sollten wir jetzt schon mit der Vorbereitung beginnen. Tun Sie heute etwas, was Sie Ihrem Ziel näher bringt. Selbst wenn Sie das Gefühl haben, schon genug Vorarbeit geleistet zu haben, sollten Sie nicht untätig sein. Es wird immer etwas geben, das Sie auf Ihrem Weg voranbringt.

Wie Sie aktiv werden

Sehen Sie sich die folgenden Hinweise regelmäßig an, und verfolgen Sie so lange unbeirrt Ihr Ziel, bis Sie Ihr maximales Resultat erzielt haben.

- **Legen Sie genau fest, was Sie für jede Stufe Ihres Plans tun müssen.** Legen Sie Ihre Absichten für kurz- und mittelfristige Ziele fest, und betten Sie alle Schritte in eine langfristige Perspektive ein.

- **Erstellen Sie eine Liste *aller* Gründe, warum Sie möchten, dass Ihr Wunsch Wirklichkeit wird.** Halten Sie jeden positiven Effekt fest, den das Erreichen Ihres Ziels auf Sie hat. Wenn es Ihnen einmal schwerfällt, sich für den nächsten Schritt zu motivieren, müssen Sie nur Ihre Liste zu Rate ziehen. Sie werden wieder inspiriert sein und mit neuer Entschlusskraft ans Werk gehen.

- **Integrieren Sie bestimmte Tätigkeiten in Ihren normalen Tagesablauf.** Planen Sie diese Tätigkeiten möglichst für Zeiten ein, an denen Sie sich ausschließlich mit Ihrem Ziel beschäftigen. Berücksichtigen Sie dabei aber auch Ihr persönliches Energiemuster. Wenn

Sie wissen, dass Ihre Energie gegen Nachmittag oder Abend abnimmt, sollten Sie Ihre wichtigsten Aufgaben nicht in die zweite Tageshälfte legen.

- **Lesen Sie sich Ihren täglichen Aktionsplan mindestens einmal in der Woche durch.** Überdenken Sie ihn nach jeder gelösten Aufgabe erneut, und bleiben Sie dabei flexibel. Geben Sie sich, wenn nötig, mehr Zeit, aber wenn Sie ein mittelfristiges Ziel eher erreichen als geplant, können Sie schon mit dem nächsten Punkt auf Ihrer Liste weitermachen.

- **Erstellen Sie eine Prioritätenliste.** Tragen Sie diese immer bei sich, und ergänzen Sie sie, wenn nötig. Haken Sie jeden erledigten Punkt ab.

- **Wenn Sie mit Hindernissen oder Ablenkungen konfrontiert sind, sehen Sie sich erneut Ihre Intentionen an – und zwar alle.** Erinnern Sie sich noch an die Erfolgsabsichten, die Sie am Anfang in Ihr Tagebuch geschrieben haben? Lesen Sie sich diese Intentionen durch, wenn Sie sich erneut motivieren wollen. Falls Sie sie noch nicht festgehalten haben, können Sie dies jetzt nachholen. Die Intentionen helfen Ihnen dabei, Ihre bewusste Wahrnehmung auf Ihre langfristigen Ziele zu richten.

- **Nehmen Sie sich jeden Morgen Zeit, um zu visualisieren, was Sie *heute* tun werden.** Stellen Sie sich in allen Einzelheiten vor, was Sie heute anzugehen planen. Achten Sie darauf, dass Sie alle Aktivitäten mit Begeisterung und Freude ausführen. Visualisieren Sie am Ende des Tages alles, was Sie noch vor sich haben.

- **Stellen Sie sich immer wieder das gewünschte Endergebnis vor, lassen Sie sich von dem geistigen Bild anregen, noch mehr zu tun.** Machen Sie Ihre Zielvorstellung zum Zentrum Ihrer Aufmerksamkeit. Fühlen Sie, was auf diesem Bild zu sehen ist; wünschen Sie sich, in dieser Situation zu sein, und lassen Sie sich von Ihrer Vision begeistern! Affirmieren Sie, dass Sie bereits in diesem Moment das gewünschte Resultat anziehen. Auf diese Weise verbinden Sie Ihr Handeln mit den dynamischen Kräften der universellen Intention, und Ihr Erfolg wird sich schneller einstellen.

Affirmationen für erfolgreiches Handeln

- Was ich heute tue, erschafft das, was ich morgen haben werde. Ich entscheide mich dafür, jetzt zu handeln.

- Ich bin bereit, alles Notwendige zu tun, um mein Ziel auch wirklich zu erreichen.

- Mein Ziel ist mir so wichtig, dass ich jeden Tag etwas dafür tue. Durch Handeln wird aus meinen Wünschen Realität.

- Jeden Morgen visualisiere ich, was ich an diesem Tag tun werde. Ich stelle es mir geistig vor und räume dem Priorität ein.

- Ich bin geduldig und ausdauernd. Jeden Tag unternehme ich etwas, was mich meinem Ziel näher bringt. Ich weiß, dass meine Träume und Wünsche im energetischen Bereich bereits Gestalt annehmen.

Lassen Sie alle Bindungen los, und hören Sie nicht auf zu handeln

Der vierte Schritt zum Erfolg

Löse dich von der Bindung an das Bekannte,
tritt in den Bereich des Unbekannten ein,
wo dir alle Möglichkeiten offenstehen.
Deepak Chopra

Manche Menschen sind von ihren Zielen abhängig geworden, daher ist dieser Schritt für sie am schwersten zu verstehen. Sie glauben, dass sie durch die Bindung an ihr Ziel motiviert werden durchzuhalten, und haben Angst, sie könnten ihre Bemühungen ganz aufgeben, wenn sie ihr Ziel erst einmal loslassen – aber genau das Gegenteil ist der Fall. Je größer der Zwang ist, das Ziel unter allen Umständen erreichen zu müssen, desto schlechter fühlen wir uns in unserer Verzweiflung. Dadurch sabotieren wir unseren Erfolg und würgen unsere Motivation ab.

Kontinuierliches Handeln hängt von unserer inneren Einstellung ab und nicht von dem Grad unserer Bindung: Sind Sie entschlossen, Ihre Träume wahr werden zu lassen, oder sind Sie verzweifelt? Entschlossenheit bedeutet *ruhiges, aber konstantes Handeln*. Durch sie konzentrieren wir uns auf unsere kreative Schaffenskraft, statt uns von unserer emotionalen Unruhe ablenken zu lassen. Eine solche Schwingung ist fokussiert und ruht in sich selbst – und führt zu positiven Resultaten.

Verzweiflung hingegen macht aus der zielgerichteten Aktion eine emotionale *Re*aktion. Sie löst Ängste und Befürchtungen in uns aus, die sowohl unser Handeln als auch unsere Kreativität blockieren. Die dauerhafte Anspannung verschlingt unsere Energie und erfordert noch mehr Anstrengung. Geben wir eine verzweifelte Schwingung in das allgemeine Energiefeld, kann es auch nur diese Art von Wirklichkeit für uns erschaffen. Selbst wenn es schwierig zu sein scheint, es führt kein Weg darum herum, das Gefühl der Verzweiflung loszulassen.

Gedanken wie *Ich kann nicht glücklich sein, ohne dass ich mein Ziel erreiche* oder *Ich werde nie Erfolg haben, wenn ich dieses Ziel nicht erreiche* geben uns nur ein schlechtes Gefühl und strahlen die negativen Frequenzen von Verlangen und Bedürftigkeit aus. Sie zerstören unseren gegenwärtigen Energiezustand, weil die Schlussfolgerung lautet, dass wir nicht hier und jetzt glücklich und erfolgreich sein können. Unsere Wünsche werden von dieser Schwingung abgestoßen, und die negativen Konsequenzen führen uns nur noch tiefer in die Verzweiflung. Unsere Angst, nicht glücklich sein zu können, wird auf diese Weise zu einer sich selbst erfüllenden Prophezeiung.

❈ Sie sollten alle Dringlichkeit loslassen und sich von jenen Gedanken verabschieden, die Ihr mögliches Glück davon abhängig machen, dass Sie etwas in der Außenwelt erreichen. Lassen Sie Ihre Verzweiflung los, indem Sie Ihr Glück nicht von Ihrem Erfolg abhängig machen, sondern das Erreichen des Ziels lediglich als etwas betrachten, was Ihr Leben bereichert. Seien Sie geduldig, und vertrauen Sie dem göttlichen Zeitplan. Sie werden das anziehen, was Sie sich wünschen, wenn Sie vertrauen, loslassen und Ihr Leben jeden Tag genießen.

Unsere tägliche Dosis Begeisterung

Unser Erfolg hängt stark von unserem Engagement ab, denn wir müssen einen hohen Energiezustand aufrechterhalten, um unsere Ziele zu erreichen. Diese starke Schwingung beschleunigt unser kreatives Handeln in produktiven Zeiten und motiviert uns, wenn wir gerade eine Durststrecke haben. Wir können diese große Energie mit einer täglichen Dosis Begeisterung aufrechterhalten, die wir brauchen wie Vitamine. Diese innere Einstellung stärkt unsere Intention; sie motiviert und stärkt uns und inspiriert uns jeden Tag aufs Neue. Dazu sollten Sie Ihre Überzeugung affirmieren und sich vorstellen, dass Sie Ihr Ziel schon erreicht haben. Lächeln Sie und fühlen Sie, wie Begeisterung Sie durchströmt. Es handelt sich dabei nicht um einfältige Tagträumerei, denn positive, gefühlte Affirmationen regen die chemikalischen Vorgänge im Gehirn an und fokussieren Ihre Aufmerksamkeit auf das, was Sie sich bewusst erschaffen wollen. Ihr Enthusiasmus muss sich nicht auf Ihr Ziel beschränken. Er sollte sich auch auf Ihren Alltag erstrecken und alle

Handlungen einbeziehen, die notwendig sind, damit Sie Ihr Ziel auch tatsächlich erreichen.

Dies fällt einer Freundin von mir, die schon immer einen großen Roman schreiben wollte, sehr schwer. Sie ist geistreich, eloquent und weltgewandt, und es fällt ihr leicht, sich als Bestseller-Autorin zu sehen, die in Talkshows alle mit ihrem literarischen Genie beeindruckt. Es gibt nur einen Haken: Sie schreibt nicht gern.

Ob es ihr nun an Selbstdisziplin mangelt oder sie einfach nicht genug Interesse für das Schreiben als solches aufbringen kann, sie hat es noch nie geschafft, einen längeren Text von Substanz zu Papier zu bringen. Sie redet immer noch über ihren Roman, der schon im Computer sei, aber solange sie keine wirkliche Begeisterung für jeden Schritt auf dem Weg zum Erfolg aufbringen kann, wird sie diesen speziellen Traum nicht wahr machen können.

Um aktiv zu bleiben und sich trotzdem nicht vom Erreichen des Ziels abhängig zu machen, sollten Sie Begeisterung für den Prozess als solchen aufbringen. Sie mögen begeistert sein, wenn Sie sich Ihren Erfolg bildlich vorstellen. Doch können Sie das gleiche Kribbeln erzeugen, wenn Sie sich vorstellen, was Sie alles tun müssen, um Ihr Ziel zu erreichen? Wenn Sie daran denken, einen Marathon zu gewinnen, malen Sie sich dann auch aus, wie Sie jeden Tag stundenlang trainieren und immer wieder über Schmerzen und Erschöpfung hinausgehen? Wenn Sie darauf spekulieren, in Ihrer Firma zum stellvertretenden Geschäftsführer aufzusteigen, sind Sie in der Folge bereit, Überstunden zu machen und Risiken zu übernehmen, vor denen andere Angst haben? Wenn Sie davon träumen, bei einer erfolgreichen Fernsehserie mitzuspielen, würden Sie dementsprechend Schauspielunterricht nehmen und zusammen mit hundert anderen Hoffnungsvollen vorsprechen – und dafür beten, genommen zu werden, gleichzeitig aber darauf gefasst sein, es vielleicht nicht zu schaffen?

Wenn Sie sich vorstellen, dass Sie die mühsamen und beschwerlichen Aufgaben erledigen, die auf dem Weg zum Erfolg vor Ihnen liegen, sind Sie dann in der Lage, noch einen Schritt weiterzugehen? Können Sie sich sogar vorstellen, diese Arbeit zu *genießen* und sie um ihrer selbst willen zu tun? Mit anderen Worten: Wären Sie immer noch begeistert, wenn am Ende kein Ruhm und kein Vermögen auf Sie warten?

Genau darum geht es nämlich bei dem Gesetz des echten Wunsches. Wenn Sie sich für den Prozess selbst begeistern können, erfüllen Sie ihn jeden Tag mit Ihrer Lebensenergie. Stellen Sie sich vor, wie viel Spaß es Ihnen macht, auf Ihr Ziel hinzuarbeiten, und visualisieren Sie *danach* ein glückliches Resultat. Bewahren Sie diese Bilder im Kopf und im Herzen, und lassen Sie sich von ihnen leiten.

Wie Sie handeln und Ihr Ziel gleichzeitig loslassen können

Sie können mehrere Dinge tun, um aus Ihrer negativen Grundstimmung herauszukommen und Ihre Ziele frohen Mutes anzustreben.

● **Schalten Sie alles negative Denken ab.** Immer wenn Ihnen auffällt, dass Sie in einen unangenehmen Energiezustand geraten, sollten Sie in Ihrem Kopf den Sender wechseln. Stellen Sie sich vor, Sie drücken so lange den »Suchlauf«, bis Sie einen Gedanken gefunden haben, der im Einklang mit der höheren Schwingung von Vertrauen und Entschlusskraft ist. Lassen Sie alles andere los, denn negatives Denken führt niemals zu positiven Ergebnissen.

- **Hören Sie auf, negative Emotionen zu empfinden.** Wenn Sie sich niedergeschlagen fühlen, können Sie von Ihren trübsinnigen Gedanken loskommen, indem Sie bewusst ein anderes Gefühl wählen. Betätigen Sie den Suchlauf Ihres »Gefühlsradios«. Spüren Sie die Bilder, Erinnerungen und positiven Erwartungen auf, die Sie mit einem glücklichen Zustand verknüpfen. Atmen Sie bewusst, lächeln Sie, und fokussieren Sie Ihre Aufmerksamkeit auf etwas anderes. Dabei entscheiden Sie sich für inneren Frieden statt für Angst und Zweifel.

- **Genießen Sie jeden Schritt auf Ihrem Weg zum Ziel.** Was auch immer Sie tun – ob Sie sich weiterbilden oder Überstunden machen –, betrachten Sie den Weg zum Erfolg niemals als eine Last. Lassen Sie sich auf den Prozess um seiner selbst willen ein. Erfreuen Sie sich an allen notwendigen Schritten, damit Sie Erfolg haben.

- **Sprechen Sie mehrere Male am Tag Affirmationen für sich selbst und für Ihre Zukunft.** Würdigen Sie dabei Ihren Einfallsreichtum, Ihre Fähigkeiten und Talente, und vergessen Sie nie, dass Sie nur das Beste verdienen.

- **Entscheiden und handeln Sie auf der Grundlage von Selbstachtung und Integrität.** Verlieren Sie diese Regel niemals aus den Augen – was auch geschieht. Ein »Erfolg«, der Sie Ihre Integrität kostet, ist keine wirkliche Errungenschaft, sondern eher ein grundlegendes persönliches Versagen.

- **Stärken Sie weiterhin Ihr Selbstvertrauen.** Sie können nicht glücklich, aktiv oder erfolgreich sein, wenn Sie sich permanent schlechtmachen, also werfen Sie Selbstkritik und Zweifel über Bord. Glauben Sie an sich selbst und an Ihre Fähigkeit, sich Ihre Träume zu erfüllen. Setzen Sie so lange einen Schritt vor den anderen, bis aus Ihren Wünschen Wirklichkeit geworden ist.

- **Nehmen Sie bewusst wahr, worin Sie schon erfolgreich sind.** Gratulieren Sie sich zu den positiven Werten, die Sie bereits in Ihrem Leben geschaffen haben – und zu den Geschenken, die Sie der Welt geben. Definieren Sie Ihren größten Erfolg darin, Ihren Energie- und Bewusstseinszustand zu meistern. Auf diese Weise erreichen Sie auch alle anderen Ziele.

- **Lernen Sie,** *nicht* **unglücklich zu sein.** Selbstliebe und Optimismus sind die geistigen Grundlagen wirklicher Freude. Wenn es Ihnen nicht leicht fällt, glücklich zu sein, sollten Sie ihre Einstellung zu sich selbst und zum Leben insgesamt unter die Lupe nehmen. Lassen Sie die Gedanken los, die Sie unglücklich machen.

- **Lächeln und lachen Sie mehr, auch wenn es Ihnen nicht leichtfällt.** Freuen Sie sich jeden Tag, und stellen Sie sich vor, dass Ihre Wünsche bereits in Erfüllung gegangen sind. Diese Kombination aus Freude und Visualisieren verändert Ihre Körperchemie, Ihre bewusste Wahrnehmung und Ihre Schwingungsfrequenz und führt zu anderen Resultaten.

- **Seien Sie schon jetzt die Person, die Sie sein wollen.** Wie fühlt es sich an, wenn Sie am Ziel Ihrer Träume sind? Wären Sie lustiger, ausgelassener und liebevoller? Sie können all dies und noch mehr sein – und zwar von heute an.

Unsere persönliche Energie entzündet den Leuchtturm unserer Wahrheit, damit ihn die ganze Welt sehen kann. Die Schwingung unseres inneren Lichtes erzeugt das Bild, das wir nach außen senden. Wenn Sie das Gefühl haben, durch Enttäuschung und Verzweiflung nach unten gezogen zu werden, sollten Sie Ihren emotionalen Zustand ändern und buchstäblich Energie tanken.

Spüren Sie wieder Ihre Begeisterung, und lassen Sie sich von Ihrer Bestimmung und einem entschlossenen Handeln inspirieren. Wechseln Sie möglichst oft von Mangel zu Überfluss, von Pessimismus zu Optimismus, von Zweifel zu Selbstvertrauen. Immer wenn wir uns bewusst für eine andere Schwingung entscheiden, senden wir einen positiven Impuls und einen hellen Strahl aus, der die Welt durchdringt und unseren Erfolg beschleunigt. Wenn wir mit dem Bild von unserem Erfolg eine echte positive Anstrengung verknüpfen, wird unsere Intention zielgerichtet und unsere Schwingung hoch sein – und unser Handeln wird die ersehnten Resultate bringen.

Affirmationen für ungebundenes Handeln

- Ich bin entspannt und unternehme jeden Tag Schritte, die mich in Richtung meines Ziels führen. Ich bleibe innerlich gelassen und bin gleichzeitig entschlossen und auf das ausgerichtet, was zu tun ist.

- Ich lasse jede Dringlichkeit los und habe Geduld. Ich handle aus einer ruhigen Gewissheit heraus.

- Ich strebe mein Ziel mit einer Haltung an, in der ich offen für neue Anregungen bin. Ich bin immer bereit zu empfangen.

- Ich genieße jede Aktivität als solche. Ich erkenne die Bestimmung, die dem Prozess zugrunde liegt.

- Ich handle mit einer positiven Einstellung, und zwar unabhängig davon, was sich daraus ergeben mag. Ich lebe aus einer inneren Freude heraus.

Die drei unsichtbaren Erfolgsgehilfen

Zweifellos ist Energie ein wesentlicher Bestandteil der Vorgänge im Universum. Wir sind von zahllosen unsichtbaren Kräften durchdrungen und umgeben, die unsere Erfahrungen im Leben beeinflussen. Zusätzlich zu den Schwingungen, mit denen wir uns bereits befasst haben, gibt es noch drei weitere unsichtbare Gehilfen, die ausschließlich im energetischen Bereich wirken. Es handelt sich dabei um geistige Schwingungen, deren Energie so machtvoll ist, dass es ein großer Fehler wäre, ihre Hilfe nicht in Anspruch zu nehmen.

Spirituelle Energie durchströmt die gesamte Schöpfung. Sie ist die dynamischste Kraft der natürlichen und übernatürlichen Welt und kann sich unbegrenzt manifestieren. Sich mit dieser unfassbaren Macht bewusst zu verbinden, ist das Wichtigste, was wir im Leben tun können. Dennoch legen wir darauf oft am wenigsten Wert. Selbst den geistigen Anteil an unserer eigenen Identität vernachlässigen wir schnell, weil er uns weniger wichtig erscheint als unsere körperlichen oder materiellen Bedürfnisse. Wir sind so damit beschäftigt, Geld zu verdienen, um glücklich zu sein, dass wir die entscheidende Quelle für wahres Glück nicht zur Kenntnis nehmen.

Die geistige Welt besteht aus grenzenloser Freude und unbegrenzten Ressourcen. Ihre Energie ist beides: lokal und nichtlokal, individuell und universell, gegenwärtig und unbegrenzt. Jedes Wesen hat eine besondere Identität, ist aber gleichzeitig nicht getrennt von anderen Individuen – und schon gar nicht vom Ursprung und von der freien Manifestation aller Schöpfung.

Es handelt sich hier um anspruchsvolle geistige Konzepte, mit denen wir uns jedoch befassen sollten, da die spirituelle Schwingung die Grundlage aller »Magie« ist. Wenn wir uns mit der universellen kosmischen Kraft verbinden, kommen wir in Kontakt mit dem Ursprung aller wunderbaren Dinge. Mit Hilfe dieser strahlenden Verbindung können wir Wunder erschaffen und erkennen, dass wir selbst ein Wunder sind. Tatsächlich sind die ätherischen und physischen Bereiche so spektakulär, dass sie unsere Vorstellungskraft übersteigen. Und wenn wir mit der geistigen Ebene in Resonanz sind, ziehen unsere Schwingungen all das in unser Leben, was schön, grenzenlos und voller Freude ist.

Das höhere Selbst

Der erste unsichtbare Erfolgsgehilfe

*Die Quelle ist unerschöpflich und kennt keine Grenzen;
sie erweitert sich endlos und erzeugt grenzenlosen
Überfluss … Das Zweifeln aufzugeben zeugt von der
bewussten Entscheidung, sich wieder mit dem
ursprünglichen Selbst zu verbinden.*
Dr. Wayne W. Dyer

Die geistige Welt versorgt uns mit wunderbaren Schwingungen, die nur die besten Absichten haben und uns dabei helfen, unsere Ziele zu erreichen. Der Gehilfe, der Ihnen sehr nahesteht und Sie am besten kennt, sind natürlich Sie selbst. Es handelt sich bei diesem Helfer um Ihre Seele oder Ihr höheres Selbst. (Es ist nicht »höher«, weil es über uns schwebte oder irgendwie besser wäre, sondern weil es auf einer höheren Energiestufe schwingt als unser körperliches Selbst.) Durch unsere Seele sind wir mit der göttlichen Gegenwart und ihrer Überfülle verbunden; auf diese Weise stehen uns alle Informationen, Energien und Ressourcen zur Verfügung, die wir jemals brauchen werden.

✺ Unser spirituelles Selbst weiß, dass es in seiner Essenz und ureigenen Existenz unbegrenzt und ewig ist. Es erkennt, dass es dieses Leben überdauert, das nur ein flüchtiger Ausdruck seiner langen, wunderbaren Reise ist. Diese Wahrheit bringt Ruhe und Sicherheit in unseren Alltag; sie geht über unsere Wahrnehmung einer begrenzten Zeit und begrenzter Möglichkeiten hinaus. Unsere Seele verbindet uns mit der endlosen und unbegrenzten Realität, die selbst das Hier und Jetzt durchdringt.

Ohne diese uneingeschränkte Perspektive ist die Zeit unser Feind. Wir können unruhig werden, verzweifeln und versuchen, alles zu kontrollieren. Auf diese Weise wird unsere Angst zu einer unterschwelligen Schwingung, die wir ständig aussenden und die unseren Aktivitäten eine Dringlichkeit gibt, die das angestrebte Glück sabotiert. Sind wir uns aber unserer Zeitlosigkeit bewusst, verändert sich die Erfahrung von Angst grundlegend, und wir entwickeln zu allem – auch zu unseren Zielen – eine klarere und gelassenere innere Einstellung.

Höheres Selbst, höhere Kräfte

Das höhere Selbst weiß besser als wir, was wir brauchen. Es kennt all die Lösungen, die wir suchen, und hat jederzeit Zugriff auf die Informationen, die wichtig für uns sind. Es verfügt auch über alle Stärken, die wir jemals brauchen werden, aber wir müssen uns dafür öffnen, seine Kraft zu empfangen. Wenn Zweifel uns plagen, können wir das höhere Selbst um Hilfe dabei bitten, unsere Sorgen und Nöte loszulassen und Vertrauen und Gelassenheit zu entwickeln. Wenn Sie nicht wissen, welche Möglichkeiten sich Ihnen bieten, können Sie Ihr höheres Selbst um die Weisheit bitten, die Ihnen zeigt, was zu tun ist – und um den nötigen Mut, das Angefangene auch zu Ende zu führen.

Jede persönliche Eigenschaft ist anhand dieser Schwingungen abrufbar. Unser geistiges Selbst umfasst Eigenschaften wie Vertrauen, Weisheit, Mut, Entschlossenheit, Liebe und Hoffnung. Und selbst wenn wir glauben, eine bestimmte Erfahrung noch nie gemacht zu haben, unsere ewige Seele hat sie gewiss schon erlebt. Sie stellt uns ihre Erfahrungen zur Verfügung, wenn wir sie brauchen – in jeder Situation und zu jeder Zeit.

Kraftmeditation

Wenn Sie eine bestimmte körperliche oder geistige Eigenschaft für sich erlangen möchten, entspannen Sie sich und visualisieren Sie ein wunderschönes Licht in Ihrem Herzzentrum. Nehmen Sie seinen herrlichen Glanz wahr, und fühlen Sie seine Wärme. Dieses Strahlen ist Ihr wahres und höchstes Selbst; es ist in der Lage, Ihnen jede Eigenschaft zur Verfügung zu stellen, die Sie sich wünschen. Ob es sich um Anmut, Mitgefühl, Ausdauer, Disziplin, Frieden, Bestimmtheit, Würde oder etwas anderes handelt – benennen Sie die ersehnte Eigenschaft, und rufen Sie sie aus Ihrem innersten Wesenskern herbei. Sagen Sie einfach nur das entsprechende Wort, atmen Sie tief ein und aus, entspannen Sie sich, und fühlen Sie, wie diese spezielle Energie Sie erfüllt.

Machen Sie nun die Probe aufs Exempel: Atmen Sie tief ein und aus, und sagen Sie: »Vertrauen.« Nehmen Sie dieses Gefühl tief in Ihrem Herzen und in Ihrer Seele wahr. Atmen Sie erneut tief durch, und entspannen Sie sich in diese Empfindung hinein. Meditieren Sie auf dieses Gefühl, und wiederholen Sie den Namen seiner wunderbaren Eigenschaft. Fühlen Sie, wie sich die entsprechende Schwingung in Herz und Verstand ausbreitet. Spüren Sie, wie sich die Schwingung des Vertrauens in Ihnen ausbreitet, Sie erfüllt und emporhebt und dadurch stark, sicher und frei macht.

Wiederholen Sie diese Übung für jede positive Eigenschaft, die Sie gern besitzen möchten. Entspannen Sie sich, wiederholen Sie den Namen der Eigenschaft, die Sie sich wünschen und nehmen Sie ihre spezielle Schwingung wahr – und schon bald werden Sie über diese Eigenschaft verfügen.

Als Ergänzung für diese einfache Methode gibt es eine wunderbare Affirmation, die ein Freund von mir lehrt. Er ist ein inspirierender Berater und Vortragsredner. In seinen Seminaren ermutigt Tom Cratsley die Teilnehmer, sich ihre unglaublichen Seelenkräfte zu erschließen, indem sie Affirmationen sprechen, die mit den Worten beginnen: *Ich nutze die Fähigkeit meiner Seele ...* Die Sätze enden mit der Intention, etwas zu verändern, zu heilen oder zu empfangen – was auch immer aktuell gebraucht wird.

Dies ist eine dynamische Möglichkeit, uns mit unserer inneren Stärke zu verbinden. Was wir auch vorhaben, wir können es mit Hilfe dieser Intention erreichen. Beginnen Sie damit, dass Sie sich entspannen und tief ein- und ausatmen. Konzentrieren Sie sich dann auf Ihr Herzzentrum, und spüren Sie, wie dort Ihre Kraft wächst. Denken Sie dabei an das Thema, das Sie gerade beschäftigt, und affirmieren Sie die Eigenschaft, die Sie benötigen.

Sie können diese Methode für jede Eigenschaft einsetzen, die Sie brauchen. Sie könnten zum Beispiel affirmieren: *Ich nutze die Fähigkeit meiner Seele ...*

... zu vertrauen

... mir keine Sorgen mehr zu machen

... mir zu vergeben

... Informationen zu empfangen

... dieses Projekt zu beenden

... erfrischt aufzuwachen

... Risiken einzugehen

... ruhig und gelassen zu sein

Sie können sich jederzeit auf diese wirkungsvolle Methode verlassen. Sie erinnert uns daran, dass uns unendlich viele Möglichkeiten offenstehen – bei der persönlichen Stärke, bei positiven Emotionen genauso wie bei kreativen Intentionen. Nutzen Sie also diese Möglichkeiten.

Die Erhabenheit des Geistes gehört ebenso zu unserer menschlichen Erfahrung wie Angst und Sorgen. Das höhere Selbst ist der Teil von uns, der keine Angst und keine Grenzen kennt. Die Beschaffenheit unserer Seele eröffnet uns unendliche Möglichkeiten. Neben allen energetischen Zuständen, die wir jemals benötigen, hat diese Seelenqualität Zugang zur gesamten Weisheit des unbegrenzten und ewigen Universums.

Wir sind eins mit dem göttlichen Geist, und diese Quelle des Wissens steht uns jederzeit, also auch jetzt, zur Verfügung. Unser eigentliches Selbst ist ein Quell von Informationen – stellen Sie also Ihre Fragen, beruhigen Sie Ihren Geist, hören Sie in sich hinein, und nehmen Sie Ihre intuitive Antwort wahr. Immer wenn Sie eine Entscheidung treffen oder sich über irgendetwas Klarheit verschaffen müssen, können Sie um Informationen bitten und sich empfänglich für die Antworten machen, die Sie mit Sicherheit erhalten werden.

Inspiriert werden

Was geschieht, wenn wir uns über die Grenzenlosigkeit unserer Seele definieren, statt uns von Körper und Geist beschränken zu lassen? Es macht uns empfänglich für universelle Eingebungen. Es gibt unzählige Menschen, die völlig unerwartet beflügelt wurden. Aus der Wissenschaft, aus Kunst, Literatur und sogar der Wirtschaft wird immer wieder über augenscheinliche Wunder berichtet. Diese Momente sind energetische Reaktionen, die dann geschehen, wenn das höhere Selbst mit dem universellen Spirit oder Geist im Einklang ist. Das Wort *inspirieren* bedeutet genau das: im Spirit sein.

Das Ganze muss kein mystischer Vorgang sein, auch wenn es so aussehen mag. Der Kosmos ist randvoll mit Information und grenzenloser Kreativität. Wie die morphogenetischen Felder, die die Gefühlsenergie transportieren, beherbergen große Datenfelder auch die ewige Weisheit und das ewige Wissen – in der Gegenwart, Vergangenheit und Zukunft. Durch unsere mitschwingende Verbindung zum universellen Strom haben wir ständig Zugriff auf sie.

Das Einzige, was uns davon abhält, in ihm zu schwimmen, ist unser eigener Widerstand. Hindernisse kommen als Zweifel und Ablenkungen daher, aber sobald wir diese Energieblockaden auflösen, kommen die gesuchten Antworten wahrhaft unerwartet und auf geheimnisvolle Weise zu uns.

Ich glaube, diese Synchronizität mit dem Göttlichen ist

die Quelle zahlloser Erfindungen, Entdeckungen und Meisterwerke in Kunst, Musik und Literatur. Eine besonders erstaunliche Eingebung hatte der kalifornische Chemiker Kary Mullis, als er die Polymerase-Kettenreaktion entdeckte. Seine Erkenntnisse bedeuteten einen der wichtigsten Durchbrüche bei der DNS-Entschlüsselung und deren Verständnis.

In seinem Buch *Dancing Naked in the Mind Field* erzählt Mullis die Geschichte, wie er im Labor erfolglos versuchte, eine Methode zu finden, mit deren Hilfe man die DNS identifizieren konnte. Eines Tages verließ er sein Labor und fuhr zu seinem Wochenendhaus im kalifornischen Anderson Valley. Als er aus dem Auto die Berge hinaufblickte und die Kastanienblüten sah, schoss ihm die Lösung durch den Kopf. Im Bruchteil einer Sekunde kam ihm die richtige Antwort, und er fuhr an den Straßenrand, um sie festzuhalten.

Zurück im Labor setzte er seine Forschungen fort, die eigentliche Lösung war jedoch eine spontane Eingebung gewesen. Mullis meinte später, sie sei so einfach, dass er sich wunderte, warum sie noch niemandem vor ihm eingefallen war. Die Information befand sich offensichtlich im morphogenetischen Feld und wartete auf die passende Schwingung, die sie abrief.

Mullis hatte wahrhaftig eine Eingebung erlebt. Die richtige Antwort hatte sich ihm nicht im Labor offenbart, während er über seinen Aufzeichnungen brütete. Sie kam erst, als er sein Cabrio fuhr und sich an den blühenden Bäumen begeisterte, die die Berghänge schmückten. Alle Informationen warteten auf ihn, und sein Wunsch und seine Intention bewirkten, dass diejenige, die ihm fehlte, aus dem energetischen Bereich in seine Wirklichkeit wechselte.

Diese Offenbarung brachte ihm den Nobelpreis, wodurch sich sein Einfluss auf die ganze Welt ausweitete. Die Forschungen, die durch seine Entdeckung möglich wurden, veränderten das Verständnis der DNS von Grund auf. Sie halfen, genetisch bedingte Krankheiten vorherzusehen und zu verhindern und eröffneten der Gerichtsmedizin völlig neue Möglichkeiten.

Mullis war nicht der Einzige, der diese Erfahrungen machte. Schriftsteller, bildende Künstler, Erfinder und Menschen aus anderen Bereichen haben zu allen Zeiten den Zauber der spontanen Inspiration erlebt. Einstein sagte oft, ihm fielen seine besten Lösungen ein, wenn er nicht über Probleme nachdachte. Thomas Edison hatte eine Liege in seinem Labor und berichtete davon, dass er häufig die richtige Antwort erhielt, wenn er von einem kurzen Nickerchen aufwachte. Auch Sie können sich inspirieren lassen, indem Sie einfach entspannen, sich öffnen und fragen.

Lassen Sie Ihr höheres Selbst die Arbeit tun

Wir können diese erstaunliche Kraft erschließen, indem wir auf unsere Intuition hören. Dazu müssen wir unseren Geist beruhigen und in uns auf Antworten lauschen; wir müssen gewillt sein, sie wahrzunehmen und ihren Hinweisen zu folgen. Hören Sie öfter auf Ihr Bauchgefühl, und lernen Sie zu unterscheiden zwischen der Stimme der Intuition und jener der Angst. Manchmal klingen beide so ähnlich, dass wir tief in uns gehen und auf unser Herz hören müssen, um sie auseinanderhalten zu können.

Ich habe einmal eine Frau getroffen, die eigentlich mit dem Flugzeug fliegen wollte, das über Lockerbie in

Schottland explodierte. Sie fühlte sich gezwungen, ihre Abreise nur um ein paar Stunden zu verschieben, zögerte jedoch, den zusätzlichen Betrag für die Umbuchung zu zahlen. Schließlich hörte sie auf ihr höheres Selbst und ließ die finanziellen Befürchtungen los. Sie entrichtete die zusätzliche Summe, und ihre Intuition rettete ihr das Leben.

⁂ Um unsere intuitive Verbindung mit dem universellen Strom zu verstärken, sollten wir innerlich ruhig werden und unsere Bedenken loslassen. Lernen Sie, sich zu entspannen und alle Eile und Sorgen zu vergessen, denn diese Energien unterbrechen Ihre spirituelle Vernetzung. Regelmäßige Meditation und ruhige Besinnung verbinden Sie mit dem höheren Ursprung und ziehen Sie in den friedvollen Strom universeller Information, Führung und Liebe.

Wenn Sie in Not sind, sollten Sie sich klarmachen, worum es gerade geht, und Ihr höheres Selbst um Hilfe bitten. Beim Zubettgehen können Sie Ihren Geist in die Welt schicken, um dort für Sie zu wirken. Ihr höheres Selbst hat mehr Macht, als Sie glauben – sei es, um jemanden von der Effektivität Ihrer Idee zu überzeugen oder einfach nur, um die speziellen Informationen zu erhalten, die Sie auf dem Weg zu Ihrem Ziel einen Schritt weiterbringen.

Bitten Sie Ihr höheres Selbst beim Einschlafen darum, in Ihrem Auftrag ins Universum zu strömen. Halten Sie ein Notizbuch neben Ihrem Bett bereit, sodass Sie alle Eindrücke festhalten können, die Sie im Verlauf der Nacht haben. Die ersehnten Antworten können sich sogar in Ihren Träumen verstecken; schreiben Sie diese also auf, und bleiben Sie offen für die Offenbarung der inneren Wahrheit.

Die spirituelle Energie, die uns durchdringt und umgibt, ist Teil unserer gegenwärtigen und ewigen Bestimmung. Wir werden niemals wieder im göttlichen Geist ruhen, wie wir es in diesem Moment tun. Unsere Seele wird nicht größer, machtvoller oder weiser, wenn sie den physischen Körper verlässt; sie wird nur weniger von materiellen Ablenkungen heimgesucht. In diesem Augenblick hat unser innerer Kern die Macht, in die Felder einzudringen, in denen die gesamte Weisheit gespeichert ist, und er kann sich mit allen energetischen Bereichen verbinden. Bitten Sie also Ihr höheres Selbst um Hilfe, doch belassen Sie es nicht dabei. Senden Sie Ihr Anliegen hinaus in die Welt – Sie werden überrascht sein, welche Antworten Sie erhalten.

Affirmationen zur Verbindung mit dem höheren Selbst

- Ich nehme mein ewiges Wesen jeden Tag bewusster wahr. Ich lebe in dem Frieden, den mir mein Geisteszustand bringt.

- Ich bin offen für die Klarheit und Weisheit, die Anmut und Kraft meiner Seele.

- Ich nutze die Fähigkeit meiner Seele, zu lieben und geliebt zu werden, zu erschaffen, zu vertrauen und zu empfangen.

- Ich höre immer mehr auf meine Intuition. Eingebungen kommen oft unerwartet und zeigen sich auf vielerlei Weise. Sie leiten mich und geben mir jeden Tag wichtige Informationen.

- Ich lasse weltliche Bedenken los und ergebe mich in den Frieden meiner ewigen Identität.

Engel, Geistführer und liebevolle Geistwesen

Die zweite Kategorie unsichtbarer Erfolgsgehilfen

Vor dem offenen Fenster
ist die Morgenluft erfüllt mit Engeln.
Richard Wilbur

Die geistige Welt ist größer und stärker bevölkert, als es sich die meisten Menschen vorstellen können. Nicht nur die Schwingung unserer eigenen Seele, auch die jedes anderen Individuums pulsiert durch Raum und Zeit. Unsichtbare Wesenheiten sind uns wohlgesonnen und wollen uns auf jede erdenkliche Weise unterstützen. Zu diesen Wesen gehören Engel, Geistführer, Verstorbene und andere mitfühlende Herzen aus dem energetischen Bereich, und sie alle senden uns ständig Liebe und Zustimmung.

Engel

Zu allen Zeiten und in fast jeder Religion wurden Engel als Diener Gottes und Helfer der Menschen betrachtet. Verzichten Sie nicht auf diese erstaunlichen Wesen, weil es Ihnen komisch oder zu religiös vorkommt. Wenn Sie etwas tun oder erreichen wollen, können Sie die Engel um Hilfe bitten. Um spirituelle oder andere Unterstützung zu erhalten, müssen Sie ihnen zunächst mitteilen, was Sie sich wünschen.

Es gibt viele Geschichten über die Anwesenheit von Engeln in allen möglichen Situationen. Ein Freund von mir hat einen ziemlich gefährlichen Job in einer Fabrik und erzählte mir, er bitte die Engel auf dem Weg zur Arbeit immer um Schutz. Eines Tages brach in dem Gebäude ein Feuer aus, und der Rauch wurde so dicht, dass er den Weg zum Ausgang nicht mehr fand. Er hörte jemanden seinen Namen rufen und folgte der Stimme zur Tür. Dort angekommen, konnte er jedoch niemanden finden, der ihn hätte rufen können.

Eine olympische Eiskunstläuferin vertraute mir an, dass sie sich immerzu an Engel wendet. Oft hat sie das Gefühl, dass die Engel mit ihr auf dem Eis tanzen und sie sogar hochheben, wenn sie ihre Sprünge ausführt.

Ein anderer Freund von mir ist Pilot bei einer kleinen Pendler-Fluglinie. Über dem Oberen See, der etwa so groß ist wie Österreich, geriet er einmal in einen Sturm. Sein mit zwölf Passagieren besetztes Flugzeug neigte sich plötzlich in den Sturzflug, und so sehr er sich auch bemühte, er bekam die Maschine nicht wieder in den Griff. Er betete um Beistand und fühlte plötzlich zwei starke Arme, die ihm halfen, den vorderen Teil des Fliegers wieder nach oben zu ziehen, sodass er den Kurs stabilisieren konnte und alle Insassen unversehrt ihr Ziel erreichten.

All diese Menschen baten ihre Engel um Hilfe und erhielten sie. Unterstützung aus der geistigen Welt ist allerdings nicht auf Engel beschränkt.

Geistführer

Schicken Sie Ihre Anliegen und Wünsche in die geistige Welt, dort gibt es zahllose Geistführer, die bereit sind, Ihnen zu helfen. Zu ihnen gehören Heilige oder andere spirituelle Meister. Der Schauspieler Danny Thomas erfuhr dies aus erster Hand, und sein Hilfeersuchen führte dazu, dass er Tausenden von Menschen das Leben retten konnte.

Thomas versuchte in den 1940er-Jahren, in der Unterhaltungsbranche Fuß zu fassen, was sich als sehr schwer herausstellte. Er hatte fürs Radio gearbeitet und Improvisations-Comedy gemacht, verdiente aber nicht genug Geld, um seine junge Familie ernähren zu können. Seine Frau wollte, dass er nicht weiter als Entertainer arbeitete, sondern Angestellter in einem Lebensmittelgeschäft wurde. Sie war schwanger, und beide waren sie so arm, dass er glaubte, dies sei seine einzige Möglichkeit.

Er hatte vom heiligen Judas Thaddäus, dem Schutzpatron der hoffnungslosen Fälle, gehört, und so ging er in die Kirche und betete zu ihm. Thomas bat um ein Zeichen, ob er bei der Comedy bleiben oder sich etwas »Handfestes« suchen sollte. Sollte seine Karriere als Unterhalter nicht bald in Schwung kommen, war er bereit, eine normale Arbeit anzunehmen.

Bald danach träumte er davon, nach Chicago zu gehen. Er folgte dieser Inspiration und wurde gleich an seinem

ersten Tag dort für mehrere Rollen in Radioshows ange-
heuert. Nachdem er später in zwei sehr erfolgreichen
Fernsehserien gespielt hatte, gründete er seine eigene
Filmproduktionsfirma, die viele bekannte Sendungen
produzierte und ihm eine Menge Geld einbrachte.

Als Danny Thomas den heiligen Judas Thaddäus um
Hilfe bat, gelobte er, ihm zu Ehren einen Schrein bauen
zu wollen. Letztlich tat er etwas wesentlich Wirkungsvol-
leres. Im Jahr 1962 gründete er das St. Jude Children's
Research Hospital, in dem schwerkranke Kinder behandelt werden. Das Krankenhaus nahm seinen Betrieb
unter der Schirmherrschaft und mit der finanziellen
Unterstützung von Danny Thomas auf. Zu den Grundsät-
zen der Einrichtung gehört, dass kein Kind deshalb abgewiesen werden soll, weil seine Eltern die Behandlung
nicht bezahlen können.

Dieses Krankenhaus ist inzwischen führend in der
Erforschung von Kinderkrankheiten, und in den Jahrzehnten, die seit seiner Gründung vergangen sind, wurde
Tausenden von jungen Menschen das Leben gerettet. Der
heilige Judas Thaddäus, um dessen spirituelle Hilfe Danny Thomas vor so vielen Jahren gebeten hatte, erhört
nun die Gebete zahlreicher Familien. Thomas erhielt für
seine humanitären Bemühungen die Goldene Ehrenme-
daille des amerikanischen Kongresses.

Auch ich habe einen Geistführer, an den ich mich oft
wende. Der heilige Antonius ist der Schutzpatron der
verlorenen Dinge, und wir können ihn anrufen, um alles
wiederzufinden, was wir verlegt haben. Es gibt im Englischen eine Anrufung: »Dear St. Anthony, come around.
Something's lost and can't be found.« (Lieber St. Antonius, komm herbei. Etwas ist verloren gegangen und lässt
sich nicht wiederfinden.) Wenn man diesen Spruch laut

ausspricht und dabei an das verlorene Stück denkt, soll man schon bald eine Idee haben, wo es sich versteckt.

Ich wende mich ständig an den heiligen Antonius, nicht nur, wenn ich etwas nicht wiederfinde, ich lasse mir von ihm auch dabei helfen, Informationen oder Unterstützung zu bekommen. Ich bat ihn seinerzeit sogar, bei der Suche nach unseren Adoptivkindern zu helfen und sie sicher zu uns nach Hause zu bringen. Im Laufe der Jahre habe ich den Heiligen so oft angerufen, dass ich ihn inzwischen einfach nur noch Toni nenne.

Vor ein paar Jahren hielt ich einen Vortrag vor einem großen Publikum, in dem ich über Hilfe aus der geistigen Welt sprach und davon erzählte, wie der heilige Antonius mir geholfen hatte. Als ich die Anrufung erwähnte, schrieben viele Menschen sich den Wortlaut auf, aber eine Frau sprang sofort auf und rannte aus dem Saal. Nach meinem Vortrag kam sie plötzlich auf mich zu. Sie entschuldigte sich für ihr Verhalten und meinte, sie habe sofort ihre Schwester anrufen und ihr von dem Schutzpatron erzählen müssen.

Die Schwester hatte den Verlobungsring der Großmutter verloren, der nicht nur ein wertvolles altes Stück war, sondern beiden Schwestern auch sehr am Herzen lag. Sie las ihr den Anrufungstext am Telefon vor, dann sprachen die zwei ihn laut. Sofort empfing die Schwester das Bild von einer Kommodenschublade. Als sie sie öffnete, kam der Ring sofort zum Vorschein. Sie verstand das Ganze nicht, denn sie hatte dort schon unzählige Male nachgeschaut und den Kasten einmal sogar auf dem Bett ausgeleert. Außerdem hatte sie sich an jenem Morgen erst ein Paar Socken herausgenommen, ohne den Ring zu bemerken. Die Frau beendete ihre Geschichte mit dem Satz: »Ich bin total überrascht!« Ich erzählte ihr, dass ich oft ähnliche Geschichten höre und nicht erstaunt bin, weil der heilige Antonius eine liebevolle und hilfreiche Seele ist. Sie antwortete: »Oh, darum geht es gar nicht. Ich bin überrascht, weil wir Juden sind!«

Womit mal wieder bewiesen wäre, dass die geistige Welt nicht konfessionsgebunden »arbeitet«. Ich spreche mit allen, vom Heiligen Geist über Sai Baba bis hin zu meiner geliebten Großmutter Anna. Auch Sie können alle um Hilfe bitten – Buddha oder die Heiligen, Propheten, Engel oder verstorbene Verwandte.

Geliebte Verstorbene und andere Geistwesen

Es gibt eine bekannte Geschichte über den berühmten Physiker Enrico Fermi. Schon als Kinder lernten er und sein Bruder Giulio mit großer Leidenschaft Physik. Leider starb Giulio, als Enrico zehn Jahre alt war. Nach dem Verlust seines Bruders verschlang Enrico alle Physikbücher, derer er habhaft werden konnte. Er hatte gerade ein bestimmtes Werk fast zu Ende gelesen, da fiel seiner Schwester etwas Besonderes auf. Sie fragte ihn, wie er mit elf Jahren ein Buch verstehen konnte, das völlig in Latein abgefasst war. Er meinte, er würde jeden Satz verstehen und ihm sei gar nicht aufgefallen, dass er die Sprache gar nicht gelernt hatte.

Manche glauben, dass Enricos verstorbener Bruder den Text für ihn übersetzt hatte. Andere sind der Ansicht, dass ihm ein Engel half, während wieder andere überzeugt davon sind, dass er einfach das innere Wissen hatte. Was auch immer der Grund für sein wundersames Verstehen gewesen sein mag, er nutzte es, um schon in jun-

gen Jahren ein führender Kopf im Bereich der Nuklear-
wissenschaft zu werden.

Haben Sie keine Angst, sich von vielen Seiten Hilfe zu
holen. Bitten Sie um Antworten und um Erfolg! Corneli-
us Vanderbilt, der amerikanische Eisenbahnunterneh-
mer des 19. Jahrhunderts, suchte bekanntlich eine Hell-
seherin auf, damit sie ihn in Geschäftsentscheidungen
beriet. Er machte daraufhin ein Vermögen und gründete
eine Universität.

Woher auch immer die Hilfe kommen mag, alle Geschichten haben eine Sache gemeinsam: Die notwendige
Unterstützung kam nicht aus der normalen, physischen
Welt, sondern aus dem unsichtbaren, energetischen Bereich, wo sich liebevolle, mitfühlende Wesen aufhalten,
die nur unser Bestes wollen. Engel, Geistführer und
Schutzwesen bewegen sich frei in der physischen und der
energetischen Welt und beeinflussen beide. Uns umgibt
ein Meer aus Information und Unterstützung. In einer
Welt puren Potenzials ist alles, was wir brauchen, im
schöpferischen Bewusstsein vorhanden und wartet darauf, dass wir die Tür öffnen.

Affirmationen, um sich mit liebevollen geistigen Schwingungen zu verbinden

- Ich werde immer liebevoll unterstützt. Ich bin offen
  und dankbar.

- Engel bereichern mein Leben mit ihrer Freundlichkeit
  und ihrem Mitgefühl. Ich bin geschützt und gut versorgt.

- Immer wenn ich eine Frage oder ein Problem habe, brauche ich nur zu fragen. Ich erhalte immer die richtigen Antworten und bin dafür sehr dankbar.

- Gebete geben mir Kraft und Entschlossenheit. Ich bete in einer entspannten und friedvollen Haltung.

- Das Universum ist voll von liebevollen Intentionen. Ich verbinde meine eigene liebevolle Intention mit diesem Überfluss.

Die Göttliche Gegenwart

Der dritte unsichtbare Erfolgsgehilfe

Wir sind so voller Sorgen und Probleme, dass wir nie die göttliche Melodie hören. Wenn wir sie erkennen und die göttliche Gegenwart wahrnehmen würden, was könnten wir dann nicht alles tun?

Ernest Holmes

Die göttliche Quelle der Schöpfung existiert in jedem Teilchen und jeder Welle des Kosmos. Diese unglaubliche Energie ist der Herzschlag des Lebens, der alle Dinge hervorbringt – auch unseren Erfolg. Aus diesem Grund sollte diese Gegenwart ein realer und verlässlicher Teil unseres Lebens sein. Wenn wir diese erstaunliche Kraft nicht zur Kenntnis nehmen, sterben unsere Träume: Sie verhungern spirituell. Aber wenn wir das Göttliche als den Spender des Lebens und Mitschöpfer unseres Daseins betrachten, verbinden sich unsere Schwingungen mit der grenzenlosen Energie und erschaffen ein friedvolles und gelassenes Bewusstsein, das unsere gesamte Existenz durchdringt.

Dies ist keine idealistische Vorstellung, sondern eine handfeste Erfahrung – ein Prozess, in dem wir Gott jeden

Tag um seine liebevolle Hilfe bitten und sie erhalten. Die persönliche Würde, die jedem menschlichen Leben zugrunde liegt, entspringt dem Ursprung der Seele, der die wahre Natur unserer ewigen Wahrheit offenbart. Diese Verbindung transzendiert alle Sorgen und Probleme und jede Form von Mangel. Sie erzeugt ein starkes Gefühl von Frieden und Beständigkeit, indem sie uns immer wieder zurück zum Ursprung und zu einer positiven Veränderung führt.

Damit sich dieser Frieden in uns ausbreiten kann, müssen wir uns zunächst als geistige Wesen betrachten. Dementsprechend hängt unser Wert nicht von äußeren Dingen ab, sondern ergibt sich aus unserer göttlichen Abstammung. Jeder von uns, jedes einzelne Leben ist heilig. Wenn wir uns selbst herabsetzen, zerstören wir unsere heilige Identität, die der wahre Ursprung unseres persönlichen Erfolgs ist. Wir müssen sowohl unseren gegenwärtigen Wert als auch jenen unseres ewigen Lebens erkennen und aufhören, uns zu verurteilen und nicht so zu akzeptieren, wie wir sind. Solche am Materiellen orientierten Maßstäbe leugnen nur unsere angeborene Vollkommenheit. Die lebendige Gegenwart des Göttlichen in unserem Innern bestimmt letztlich unseren Wert. Und wenn wir nach dieser Wahrheit leben, wird die Welt auch uns an ihren Geschenken teilhaben lassen.

In dieser Weise ist unser spiritueller und persönlicher Erfolg von Natur aus mit unserer Selbstachtung verknüpft. Wir sind ein Kind Gottes, eine Manifestation der ewigen Liebe und des ewigen Lichts. Wie wir uns selbst behandeln, drückt gegenüber Gott aus, ob wir bereit sind, eines seiner Kinder zu lieben. Würden wir es anderen erlauben, so mit unserem Kind zu sprechen, wie wir mit uns selbst sprechen? Wenn wir uns selbst kritisieren, fragt uns Gott: »Wie kannst du eines meiner geliebten Kinder so behandeln?« Selbstkritik verleugnet unsere ewige Seele, und wenn Selbsthass und Selbstverurteilung weiterhin ihr Unwesen treiben dürfen, mauern wir das Licht so lange in uns ein, bis unsere magnetische Energie dicht und dunkel wie ein schwarzes Loch geworden ist.

Wir können nicht die Person, die wir in dieser Welt sind, von jener trennen, die wir *in Wahrheit* sind. Wenn wir die göttliche Gegenwart nicht in das Gefühl uns selbst gegenüber integrieren, sperren wir die attraktivste Schwingung des Universums in unserem Innern ein. Das große Leiden der Menschheit besteht darin, dass Millionen von Menschen überall ihre vitale, vom göttlichen Ursprung ausströmende Energie in ihren gebrochenen Herzen zurückhalten. Dieser schmerzliche Verlust von Lebensenergie lässt uns verzweifelt nach einer äußerlichen Befriedigung durch materielle Dinge, Ablenkungen und Abhängigkeiten suchen. Aber wie groß das äußere Vergnügen auch sein mag, es kann eine leere und nicht mit der göttlichen Quelle verbundene Seele niemals zufriedenstellen.

❈ Wir müssen unser Herz öffnen und es wieder mit dem göttlichen Ursprung – der Quelle all dessen, was wir empfangen – verbinden. Erfolg, Liebe und wirkliche Zufriedenheit kann nicht *zu uns* strömen, wenn es nicht *durch uns hindurch*strömen kann. Auch hier ist ein Wandel unseres Energiezustands notwendig. Wenn wir uns mehr mit dem Göttlichen verbinden wollen, müssen wir die Negativität hinter uns lassen und aufhören, uns selbst und andere zu hassen. Eine offene, spontane und lebendige Verbindung erfordert, dass wir unsere Intentionen ständig hinterfragen und jeden Tag neue Entscheidungen treffen. Um uns für Gott zu öffnen, müssen wir jede Art von Konflikt loslassen, in Frieden leben und immer aus Liebe heraus handeln.

Das Göttliche Herz

Der Pfad zum Göttlichen ist nicht lang; er umfasst nur die Entfernung zwischen unserem Kopf und unserem Herzen. Es lohnt sich nicht, in den Himmel hochzuschauen, denn dort oben befindet sich diese Verbindung nicht. Konzentrieren Sie sich lieber auf Ihr Herzzentrum. Atmen Sie langsam und tief, und bitten Sie darum, das ewige Licht fühlen zu dürfen, das immer schon in Ihnen existiert. Nehmen Sie wahr, wie es in Ihrem Innern größer wird, von dort nach außen strahlt und sich mit all den anderen Lichtern der göttlichen Liebe verbindet. Dies ist die Natur unserer endlosen Seele; wir alle sind Strahlen aus dieser hellen Quelle und in Gottes unendlicher Schwingung miteinander verbunden.

Zusätzlich zur täglichen Meditation können wir uns auch durch ernsthafte, aus dem Herzen kommende Gebete mit der göttlichen Gegenwart verbinden. Dem Gebet wird seit langer Zeit eine heilende, schützende und inspirierende Kraft zugesprochen – es ist außerdem ein Kanal des Göttlichen. Ein ehrliches Gebet reicht bis in die unbekannten Gefilde der energetischen Welt und kann zu Resultaten führen, die durch nichts anderes hervorzurufen wären.

Ich habe auf den ersten Seiten meines Tagebuchs eine Gebetsliste angelegt. Darin vermerke ich sowohl Personen, die Heilung benötigen, als auch Situationen, für die eine Lösung gefunden werden muss. Jeden Tag spreche ich mit Gott über die Menschen, deren Namen auf meiner Liste stehen; jeden Morgen und jeden Abend sende ich liebevolle Intentionen in alle problematischen Situationen. Ich konzentriere mich auf meine persönlichen Ziele, beziehe aber auch allgemeine Anliegen mit ein, zum Beispiel die Hilfe für Obdachlose, die Heilung von Kranken und eine friedliche Lösung aller Konflikte. Ich bitte auch um liebevolle Unterstützung derer, die niemanden haben, der sich für sie einsetzt.

Für was auch immer Sie beten, Ihre Gedanken und Worte müssen weder formal noch kreativ sein, sie sollten einfach nur aus dem Herzen kommen. Nutzen Sie alle Kommunikationskanäle, wenn Sie etwas loslassen wollen oder Heilung benötigen. Bitten Sie um das, was Sie sich wünschen, und danken Sie dafür, was Sie empfangen. Gebete der Wertschätzung und Dankbarkeit erwidern die Liebe, die uns der zuteil werden lässt, der uns all die wunderbaren Geschenke gewährt. Drücken Sie in allem, was Sie tun, Ihre Erkenntlichkeit aus, und all Ihr Handeln wird zu einer einzigen Anrufung. Sehen Sie das Göttliche in jeder Erfahrung, dann können Sie Ihr Leben als ein einziges Gebet erfahren.

Es wird immer wieder über Sportler, Erfinder, Musikstars, Schauspieler, Millionäre und zahllose andere Personen berichtet, die ihren Erfolg auf die Beziehung zu Gott zurückführen. Betrachten Sie das Ganze nicht als alberne Sentimentalität. Die unbegrenzte Macht des Göttlichen, des schöpferischen Ursprungs des Universums, ist die wertvollste Unterstützung, die wir erfahren können. Sie ist der liebevollste und freigiebigste Mitschöpfer unseres individuellen Schicksals. Verbinden Sie sich mit dieser Macht, und Sie werden ihre lebensverändernde Kraft mit jedem

Atemzug spüren. Auch in Ihrem Leben können dann große Dinge geschehen – und letztlich gibt es keine größere Errungenschaft als eine erfolgreiche Verbindung mit Gott.

Affirmationen für ein Leben in der göttlichen Gegenwart

- Ich bin gesegnet mit der Liebe Gottes. Ich bin frei.

- Ich lasse Angst und Selbsthass los. Ich werde beschützt und verdiene nur das Beste. Ich lebe in der Gegenwart Gottes.

- Freude, Erfolg und innerer Frieden kommen zu mir in universeller Fülle. Ich werde hier und jetzt mit göttlichen Geschenken überhäuft.

- Jeder Moment der Verbindung mit dem Göttlichen führt zu einer positiven Veränderung in meinem Leben.

- Ich sehe das Göttliche in allen Menschen. Das göttliche Bewusstsein verbindet uns alle.

- Die Liebe Gottes erfüllt mich. Mein Leben ist eine Meditation und ein friedvolles Gebet. Ich freue mich über die liebende Verbindung zu meinem göttlichen Ursprung.

- Ich fühle die Macht des Gebets in meinem Leben. Durch Gebet und Liebe verknüpfe ich mich mit der unermesslichen Hilfe und Unterstützung des Universums.

Die beiden Hindernisse auf dem Weg zum Erfolg

Manchmal sieht es so aus, als lägen zahlreiche Steine auf unserem Weg zum Erfolg. Vieles läuft immer wieder schief, wir sind zur falschen Zeit am falschen Ort, die Wirtschaft steckt in einer Krise, oder andere Dinge und Umstände behindern uns. Es scheint, dass wir nicht die richtigen Verbindungen knüpfen können – oder beteiligte Personen vermasseln uns alles.

Diese Hindernisse sehen situationsbedingt aus, und wir haben vermeintlich keinen Einfluss auf sie. Doch das sollten wir nicht glauben. Diese Dinge geschehen nämlich nicht zufällig, es handelt sich vielmehr um energetische Antworten auf unsere eigene Schwingung. Ihr Ursprung liegt somit in unserem Innern. Die beiden größten Hindernisse, mit denen wir uns auseinandersetzen müssen, sind hausgemacht. Aber das ist eine gute Nachricht, denn was wir selbst erschaffen, können wir auch selbst verändern.

Das Leben ist ein Prozess, ein unaufhörlicher Strom von guten und schlechten Erfahrungen. Energetisch gesehen geht es nicht so sehr darum, was wir erleben, sondern darum, wie wir darauf reagieren. Was auch geschieht und wie lang unser Weg zum Erfolg auch sein mag, wir können uns dafür entscheiden, am Ball zu bleiben – und zwar nicht nur in Bezug auf unsere Ziele, sondern auch auf unsere bewusste Wahrnehmung und unseren Energiezustand. Gleich, welche Hindernisse auftreten, wir sollten immer daran denken, dass selbst eine kleine Bewusstseinsveränderung zu einer bedeutenden – und sogar unmittelbaren – Transformation in unserem Leben führt. Wir haben jederzeit die Möglichkeit, eine Veränderung herbeizuführen und dadurch unsere Ziele Wirklichkeit werden zu lassen.

Begrenzende Überzeugungen

Das erste Hindernis auf dem Weg zum Erfolg

Geh davon aus, dass du erfolgreich sein wirst.
Wenn du fest daran glaubst, wirst du das tun,
was notwendig ist, um den Erfolg herbeizuführen.
Dale Carnegie

Es besteht kein Zweifel, dass unsere Überzeugungen unseren Energiezustand und damit unser Schicksal bestimmen; sie sind der größte Faktor, der unseren Erfolg beeinflusst. Am meisten Schaden richten wir an, wenn wir zweifeln und von Begrenzungen ausgehen. Stellen Sie sich vor, wie die Annahme von Begrenzungen auf Ihr Bewusstsein wirkt: Unser Gehirn hält leicht das, was es wahrnimmt, für die tatsächliche Realität; wenn wir an unserem Erfolg zweifeln, erzeugen wir also diese Gedanken, die unser Bewusstsein dann real werden lässt.

Wenn die Kräfte des Universums uns bei der Erfüllung unserer Wünsche helfen sollen, müssen wir im Einklang mit den universellen Gesetzen leben. Wir können die besten Pläne ausarbeiten und alles Notwendige tun, aber wenn unser Bewusstsein auf Versagen oder auch nur auf

Zweifel programmiert ist, lässt sich das Universum einfach nicht dazu bewegen, positiv auf unsere Wünsche zu reagieren. Wenn unser Energiezustand Angst und Begrenzung ausstrahlt, schwimmen wir gegen den Strom und müssen permanent mit den Wellen kämpfen.

Auf dem wirklichen Weg zum Erfolg befinden wir uns, wenn wir uns für starke, optimistische Ansichten entscheiden. Alles, was unser Bewusstsein erschaffen kann, hat seinen Ursprung in unseren Überzeugungen. Sie sind die Quelle unserer täglichen Gedanken, die für unseren individuellen Energiezustand verantwortlich sind. Eine optimistische Einstellung erzeugt positive Resultate, während eine pessimistische Haltung Schwingungen aussendet, die unweigerlich eine negative Auswirkung haben.

⚖ Die Gesetze des Magnetismus und der Manifestation sind klar und deutlich: Wir erhalten das, wovon wir überzeugt sind – und nicht das, was wir wollen, uns wünschen oder uns erhoffen. Diese Wahrheit gilt ohne Ausnahme. Unsere Überzeugungen sind der Brennstoff des kosmischen Motors, unserer Manifestationsmaschine. Wenn wir von begrenzten Annahmen ausgehen, senden wir ein begrenztes Bewusstsein aus und ziehen noch mehr Begrenzungen an. Unbegrenzte Überzeugungen hingegen führen zu unbegrenzten Resultaten und ermöglichen es uns, die ganze Fülle des Universums zu empfangen..

Negative Gedanken stoppen

Stellen Sie sich den menschlichen Geist als eine Art Computer vor – wenn wir ein Wort oder einen Ausdruck eingeben und die Suchtaste drücken, erhalten wir bestimmte Antworten. Unsere geistigen Prozesse laufen ähnlich ab. Wenn wir in unser Gehirn ein Wort oder Bild eingeben, sucht es nach einer entsprechenden Antwort. Es ist, als hätten wir wie bei einem Internetbrowser die Funktion »Favoriten« oder »Lesezeichen« aktiviert.

Was kommt Ihnen zum Beispiel als Erstes in den Sinn, wenn Sie an das Wort *Job* denken? Welches Gefühl wird dadurch ausgelöst? Denken Sie danach an das Wort *Geld*. Was bekommt Ihr Geist als Antwort? Viele Menschen denken an Mangel und fühlen Angst und Unbehagen. Wie sieht es bei Ihnen aus? Was denken Sie über Ihr Ziel? Wenn Sie eine mentale Suche starten, was erhalten Sie als Ergebnis? Ist es positiv oder negativ? Erhalten Sie Gefühle der Begeisterung oder Befürchtungen und Zweifel? Denken Sie zum Schluss über sich selbst nach, und achten Sie darauf, was Ihnen in den Sinn kommt. Wenn Sie eine negative Antwort erhalten, sollten Sie die Suche von Neuem starten.

Unsere Gedanken sind wie Werbebanner im Internet. Wir sind gerade in eine Tätigkeit vertieft, und plötzlich erscheint eine negative Annahme auf unserem inneren »Monitor«. Manchmal ist es nur ein flüchtiger Gedanke, aber oft ist die Negativität so überwältigend, dass sie den ganzen Bildschirm einnimmt und es den Anschein hat, als gäbe es kein Entrinnen.

Wenn so etwas geschieht, haben wir keine andere Wahl, als den Computer herunterzufahren und neu zu starten. Wir müssen einen neuen, positiven Gedanken installieren und entschieden all die schädlichen Einblendungen unterdrücken, die seinen Inhalt destabilisieren. Zum Glück können wir unseren eigenen, positiven Schutzmechanismus entwickeln. Ich benutze ihn selbst und habe ihn meinen Klienten beigebracht, die ihn in den unterschiedlichsten Situationen anwenden.

Positive Gedankeninhalte visualisieren

Denken Sie an ein fröhliches Bild mit strahlenden Farben. Es kann eines von Ihnen sein, auf dem Sie wunderbar aussehen, sich gerade einen Wunsch erfüllen oder etwas tun, was Ihnen Spaß macht. Stellen Sie sich dieses herrliche Bild in allen Einzelheiten vor, und verknüpfen Sie mit ihm ein positives Wort oder einen positiven Ausdruck. Immer wenn Sie von nun an in negativen Gedanken versinken, können Sie dieses positive Bild einblenden.

Achten Sie darauf, dass es Ihren gesamten inneren Monitor einnimmt, sodass Sie sich nichts anderes vorstellen können. Konzentrieren Sie sich so lange auf dieses Bild, bis Ihre negativen Gefühle verschwinden. Atmen Sie tief ein und aus, und holen Sie die Szene näher an sich heran, während Sie zufrieden lächeln und sich entspannen. Betrachten Sie Ihre ganze Person im Licht dieser Realität. Halten Sie an dem positiven neuen Bild fest, und führen Sie es sich so lange vor Augen, bis sich Ihre Gedanken und Gefühle verändern und Sie sich und Ihr Leben aus einer positiven Perspektive betrachten.

Dieser Prozess dient dazu, das neue Bild, die neuen Gedanken und die damit verbundenen glücklichen Gefühle im Bewusstsein – und im universellen Strom – zu verankern. Er sendet positive Schwingungen in den energetischen Bereich, wo die passenden Schwingungen die entsprechenden Resultate bringen. Wenn wir diese Einblendungen vornehmen, sobald wir einen negativen Gedanken haben, ist es nur eine Frage der Zeit, bis eine neue, dynamische Energie zu unserer neuen Lebensgrundlage wird.

Sie können diese Methode in schwierigen Situationen anwenden oder wenn Sie von Zweifeln oder begrenzten Überzeugungen geplagt werden. Im Grunde genommen bleibt Ihnen gar nichts anderes übrig. Ihre Denkweise bestimmt Ihre Realität, und daher sollten Sie in jedem Moment eine positive Einstellung wählen. Begrenzte Vorstellungen ziehen eine Mauer um uns und blockieren unseren Erfolg. Stellen Sie sich vor, was jeder begrenzte Gedanke bewirkt, da er genau das Gegenteil von dem erzeugt, was Sie sich eigentlich wünschen.

Hören Sie auf zu zweifeln oder sich in irgendeiner Weise einzuschränken. Unabhängig davon, was Sie in der Vergangenheit geglaubt haben, befreien Sie sich jetzt von alten Gedanken, die an Ihnen nagen. Sie haben die Möglichkeit, sie loszulassen, und es ist die einzige Entscheidung, die Sinn macht. Selbst wenn es nicht leicht ist, Gewohnheiten oder eingefleischte Vorstellungen aufzugeben, Ihre negativen Überzeugungen werden nur zu unerwünschten Resultaten führen und Sie keinen Schritt weiterkommen lassen.

Wahrheit oder Befürchtung?

Die folgende Liste enthält jene begrenzenden Überzeugungen zum Erfolg, die zwar am weitesten verbreitet sind, jedoch *nicht* der Wahrheit entsprechen. Sie sind nicht nur energetisch gesehen schädlich, sie zerstören auch die Harmonie und bringen uns aus dem Einklang mit dem universellen Energiefluss. Um wieder in einen harmonischen Zustand zu gelangen, müssen wir an etwas glauben, das der Wahrheit entspricht und uns Kraft gibt. Wir müssen aufhören, unser Potenzial zu verleugnen, und anfangen, aus unserer inneren Kraft heraus zu leben. Erkennen Sie die unbegrenzten Möglichkeiten in sich selbst, in der Welt und in all den Dingen, nach denen Sie streben!

Welche der unten aufgeführten Überzeugungen entsprechen im Allgemeinen den Ihren? Finden Sie es heraus, und schreiben Sie dann neue Standpunkte auf kleine Karteikarten. Tragen Sie Letztere immer bei sich, und lesen Sie die neuen Überzeugungen, sooft es geht. Entwerfen Sie dabei ein passendes positives Bild – es muss Sie nur gutgelaunt und glücklich zeigen. Visualisieren Sie es, und denken Sie gleichzeitig an Ihre neuen Überzeugungen, wenn Sie sich dabei ertappen, dass Sie einen negativen Gedanken hegen.

Begrenzende Überzeugung: Ich bin nicht gut (klug, attraktiv) genug, um es zu schaffen.

Persönliche Wahrheit: Ich bin gut (klug, attraktiv) genug, um erfolgreich zu sein. Ich glaube an mich und meine Fähigkeit, mir eine großartige Zukunft zu schaffen.

Begrenzende Überzeugung: Ich muss vollkommen sein. Alles, was ich tue, muss perfekt sein, denn jeder muss mich akzeptieren können.

Persönliche Wahrheit: Ich akzeptiere mich selbst. Ich akzeptiere, wer ich bin und was ich tue, ohne es negativ zu bewerten.

Begrenzende Überzeugung: Wie sollte ich Erfolg haben können? Ich war noch nie wirklich erfolgreich.

Persönliche Wahrheit: Ich lasse meine Vergangenheit los. Heute ist ein neuer Tag; dies ist ein neuer Gedanke. In jedem Moment erzeuge ich eine neue, positive Schwingung.

Begrenzende Überzeugung: Ich habe nicht genug Geld (berufliche Qualifikation, Glück), um erfolgreich zu sein.

Persönliche Wahrheit: Ich habe alles, was ich brauche, um erfolgreich zu sein. Ich habe alle nötigen Fähigkeiten, um mir die Zukunft zu erschaffen, die ich mir wünsche.

Begrenzende Überzeugung: Es gibt nicht genügend gute Jobs (Frauen, Männer, Gelegenheiten) für alle.

Persönliche Wahrheit: Das Universum ist grenzenlos. Es gibt viele wunderbare Jobs (Frauen, Männer, Gelegenheiten) für jeden, um erfolgreich zu sein und ein glückliches und zufriedenes Leben zu führen.

Ich ziehe in diesem Moment den Überfluss des Universums an. Es gibt jederzeit verschiedenste Dinge, was ich genießen kann.

Begrenzende Überzeugung: Die Dinge laufen immer schlecht für mich. Ich habe nur Pech.

Persönliche Wahrheit: Ich sehe all die positiven Dinge in meinem Leben. Ich ziehe immer mehr positive Situationen an. Ich bin wirklich glücklich und gesegnet.

Begrenzende Überzeugung: Was ich im Moment tue, ist nicht gut genug. Ich muss mehr tun, mehr sein und mehr haben.

Persönliche Wahrheit: Was ich im Moment tue, ist nützlich und wertvoll und ich bin es auch. Ich betrachte mich jetzt schon als erfolgreich. Ich erkenne den Wert in allem, was ich tue, und ziehe noch mehr Dinge an, die mir etwas bedeuten.

Begrenzende Überzeugung: Ich muss mich immer anstrengen, um noch besser zu sein. Ich kann mich nicht so akzeptieren, wie ich bin.

Persönliche Wahrheit: Es ist in Ordnung, dass ich so bin, wie ich bin. Ich muss nichts anderes sein oder tun. Ich erkenne von Tag zu Tag mehr meinen wahren Wert. Ich lerne, mich in jedem Moment selbst zu akzeptieren, an mich zu glauben und mir selbst zu danken.

Begrenzende Überzeugung: Ich kann erst glücklich sein, wenn ich erfolgreich bin. Ich muss mich beeilen, damit ich endlich Erfolg habe.

Persönliche Wahrheit: Ich bin hier und jetzt zufrieden und glücklich. Ich weiß, dass ich mit einer ausgeglichenen und freudigen Einstellung einen größeren Erfolg und noch mehr Freude anziehe, und so lebe ich jeden Tag mit dieser inneren Haltung.

Dies ist lediglich eine Auswahl von begrenzenden Überzeugungen, die Sie vielleicht bei sich feststellen. Kennen Sie noch andere? Schreiben Sie sie in Ihr Tagebuch, und vergessen Sie nicht, zu jeder begrenzenden Überzeugung auch das positive Gegenteil zu formulieren. Tragen Sie die positiven Gedanken bei sich, und prägen Sie sich diese so lange ein, bis sie Ihnen als spontane Reaktion in den Sinn kommen. Dies ist keine Arbeitsbeschaffungsmaßnahme, sondern ein wesentlicher Bestandteil eines positiven Energiezustands. Der Prozess der Manifestation ist so stark mit unseren Gedanken und Überzeugungen verknüpft, dass wir keine begrenzten Vorstellungen haben können, ohne einen Preis für sie zu bezahlen.

Begrenzende Überzeugungen überwinden

Manche Menschen definieren sich über ihre Begrenzungen. Ihre Negativität ist zu ihrer zweiten Natur geworden. Sie sind so tief in ihre Sorgen und Ängste verstrickt, dass sie nicht einmal auf die Idee kommen, dass sie auch positiv reagieren könnten. Gleich ob wir solchermaßen chronisch im Elend stecken oder ob wir nur ab und zu einen flüchtigen Zweifel haben – wir sollten auf jeden Fall die Kraft der Entscheidung nutzen, um einen anderen energetischen Weg einzuschlagen.

Begrenztes Denken ist lediglich eine andere Form von Ängstlichkeit, und wer mit Angst an ein Problem herangeht, verstärkt nur seine negative Energie. Ärger, Angst oder Zweifel helfen niemals dabei, eine Lösung zu finden, sie verstärken nur die Schwierigkeiten, mit denen wir uns bereits herumschlagen. Wir sollten den Dingen vielmehr mit Zuversicht begegnen.

Es scheint nicht leicht zu sein, die eigenen Gedanken und Überzeugungen zu verändern, aber langfristig gesehen ist es weniger mühsam, als weiterhin ihrem negativen Einfluss ausgesetzt zu sein. Halten Sie die Umgestaltung Ihrer Gedanken und Überzeugungen *nicht* für unmöglich oder sogar unrealistisch. Begrenzende Überzeugungen schränken unsere Wirklichkeit ein und bilden eine energetische Mauer, die wir in unserem Streben nach Erfolg nicht überwinden können.

❀ Unser Glaubenssystem lässt uns am stärksten leiden. Es sind nicht der Job ohne Aufstiegschancen, die unglückliche Beziehung oder der Geldmangel – obwohl wir schnell bei der Hand sind, diesen Dingen die Schuld zu geben. Der wahre

Grund für unser Leiden ist die Hoffnungslosigkeit, die der Angst und der negativen Beurteilung entspringt. Lassen Sie sich nicht länger in ihren Bann ziehen! Erst wenn Sie sich dafür entscheiden, die Verzweiflung loszulassen, können Sie Ihr unbegrenztes Potenzial leben. Durch die Freude und Freiheit, die auf diese Weise entstehen, werden alle Sorgen, Ängste und Zweifel der Vergangenheit angehören, und Sie werden über mehr Kraft und Energie verfügen, als Sie es jemals für möglich gehalten haben.

In meinen Seminaren erzähle ich oft eine Geschichte, die auf interessante Weise deutlich macht, was wir mit einer starken Überzeugung erreichen können. Sie handelt von einem Vater, der mit seinem Sohn einen Zirkus besucht, und trug sich in einer Zeit zu, als es noch keine großen Arenen gab, sondern die Darsteller mit ihren Tieren von Ort zu Ort zogen. In einer Stadt beobachteten Vater und Sohn zusammen, wie die Arbeiter das Manegenzelt aufbauten. Die Elefanten zogen die schweren Zeltwände und hievten die großen Mittelpfeiler in die Höhe, die so lang wie Telegrafenmasten waren.

Der Junge war beeindruckt von der unglaublichen Kraft dieser Tiere. Als er am Abend mit seinem Vater wiederkam, um sich die Vorstellung anzuschauen, sah er, dass die Elefanten angebunden waren. Jeder hatte ein Seil um den Fußknöchel, das an einem Pflock in der Erde befestigt war. Als der Junge dies sah, fragte er seinen Vater, warum die mächtigen Geschöpfe nicht einfach den Pflock aus der Erde rissen, denn immerhin hatten sie am Nachmittag gezeigt, dass sie große Pfeiler aufrichten und schwere Zeltbahnen ziehen konnten.

Der Vater erklärte ihm, dass den Elefanten, als sie noch klein waren, immer ein Fuß an einem Pflock angekettet worden war. Wollten sie weglaufen, hielt die Kette sie zurück, und so lernten sie, dass ihr Radius begrenzt war, wenn sie angebunden waren. Diese Einsicht wurde zu ihrer Überzeugung und infolgedessen zu ihrer physischen Realität. Selbst als sie zu ihrer stattlichen Größe herangewachsen waren, beruhte ihr Leben noch auf den Erfahrungen, die sie als kleine Elefanten gemacht hatten. Ihr Dasein war beschränkt – nicht durch den tatsächlichen Umstand, sondern durch das, was ihnen beigebracht worden war.

Welcher begrenzende Gedanke hält Sie angekettet? Welche persönliche Kraft lassen Sie ungenutzt, weil Ihnen in der Kindheit beigebracht wurde, sie existiere gar nicht? Was auch immer uns erzählt worden ist, wir sind mächtiger, als wir denken. Außerdem ist die Fähigkeit, unser Denken zu verändern, grenzenlos. Somit verfügen wir über die größte Stärke überhaupt: die Macht, unsere Realität anders zu gestalten.

Das Universum sagt Ja zu dem, wovon wir überzeugt sind – was es auch sein mag. Die positiven oder negativen Schlussfolgerungen, die wir für uns ziehen, bestimmen unweigerlich das Schicksal unserer Wünsche und Träume. Begrenzte Ziele beschränken das, was wir bekommen. Wenn wir uns jedoch dafür entscheiden, unsere selbstangelegten Fesseln abzustreifen und an Fülle und Überfluss zu glauben, sagt das Universum Ja zur freudigen Erfüllung unserer Wünsche.

Affirmationen, um begrenzende Überzeugungen loszulassen

- Ich lasse allen Zweifel los. Immer wenn mir begrenzende Gedanken in den Sinn kommen, blocke ich sie mit einer positiven Einblendung ab. Ich behalte mein Ziel im Auge – ich sehe es klar und deutlich vor mir.

- Ich lasse alle Ängste und Sorgen los und lebe auf der Grundlage von Vertrauen. Ich habe alles, was ich brauche, um meine Träume Wirklichkeit werden zu lassen.

- Ich glaube an mich selbst und meine Fähigkeit, glücklich und erfolgreich zu sein.

- Es gibt nichts, was ich nicht bewältigen kann. Ich kann jederzeit mein Denken, meinen Energiezustand und meine Realität verändern.

- Bei jeder Gelegenheit, die sich mir bietet, lasse ich mein negatives Denken los. Ich wähle stattdessen positive, vertrauensvolle und aufbauende Gedanken.

- Das Universum sagt Ja zu dem, was ich als wahr erkannt habe. Ich glaube daran, dass ich unendlich viele Möglichkeiten habe, erfolgreich zu sein.

Zu schnell aufgeben

Das zweite Hindernis auf dem Weg
zum Erfolg

> *Während der eine zögert,*
> *weil er sich minderwertig fühlt,*
> *macht der andere eifrig Fehler*
> *und wird überlegen.*
> Henry C. Link

Viele haben deswegen keinen Erfolg, weil sie einfach aufgeben, wenn es ungemütlich wird. Wirkliche Errungenschaften brauchen Zeit, Energie, Konzentration und Geduld. Wir brauchen den konstanten Willen durchzuhalten, weil er oft das Einzige ist, was uns in rauen Zeiten bei der Stange hält.

Die moderne westliche Kultur hat zu großem Wohlstand geführt und in einigen Fällen zu schnellem Reichtum. Geld ist sehr verführerisch und kann zu überzogenen Erwartungen und unrealistischen Zielvorgaben führen. Es klingt vielleicht paradox zu sagen: »Träume groß, aber bleib realistisch«, doch das ist es nicht. Wir sollten immer große Ambitionen haben und bereit sein, die Zeit, Anstrengung und Flexibilität zu investieren, um unsere Vorhaben in die Tat umzusetzen. Beißen Sie sich nicht an nur einer Möglichkeit oder einem Resultat fest, denn dadurch könnte eine negative Dringlichkeit entstehen, die die positive Schwingungsfrequenz Ihrer Intention sabotiert. Seien Sie ausdauernd und entspannt, fokussiert und flexibel – und zwar sowohl im Hinblick auf Ihre Pläne als auch auf Ihre Ziele.

Neulich habe ich eine gute Metapher für die richtige Geisteshaltung gehört. Wenn ein Flugzeug startet, hat es einen Zielflughafen, den es auf einer bestimmten Route erreichen soll, aber manchmal geschehen Dinge, die unvorhersehbare Veränderungen erfordern, wie schlechtes Wetter oder technische Probleme. Das Flugzeug muss vielleicht einen Sturm umfliegen oder sogar auf einem völlig anderen Flughafen landen.

Unser Streben nach Erfolg kann sich ähnlich entwickeln. Der Bestimmungsflughafen ist unser Ziel und die Route dorthin unsere Handlungsanleitung. Zu jeder Zeit können es die Umstände, die Notwendigkeit oder unsere Inspiration erzwingen, dass wir entscheidende Veränderungen vornehmen. Ob es sich um eine leicht veränderte Route oder um ein völlig neues Flugziel handelt, wir müssen bereit sein, die notwendigen Schritte tatsächlich zu unternehmen.

Im Jahr 1914 war es das Ziel von Bruce Ismay, Vorstand der Reederei White Star Line, das schnellste Atlantik-Kreuzfahrtschiff zu besitzen. Man warnte den Kapitän des Dampfers zwar vor Eisbergen, aber weder wurde die Geschwindigkeit angepasst noch die Route verändert. Weit vor ihrem Ziel sank die *Titanic*, Ismays nagelneues, hochmodernes Schiff, auf ihrer Jungfernfahrt und kostete 1500 Passagiere und Besatzungsmitglieder das Leben. Sie zog Ismays Geschäft und guten Ruf mit in die Tiefe.

Sie sollten Ihre Hoffnungen und Träume nicht im eiskalten Wasser von Unflexibilität und Dringlichkeit »ertränken«. Es kann sein, dass Sie Ihre Richtung – und vielleicht auch Ihr Ziel – verändern müssen, aber wenn Sie bereit sind, das Ganze noch einmal zu überdenken und wo nötig nachzusteuern, werden Sie Ihren Erfolg feiern können. Bleiben Sie offen für die vielen Möglichkeiten, die Ihnen das Universum bietet, und halten Sie an Ihrem Ziel fest. Ihre Entschlossenheit wird sich bezahlt machen.

Stehvermögen

Es gibt zahllose Menschen, die trotz vieler Schwierigkeiten und Niederlagen nicht aufgegeben haben. Hier sind nur ein paar von ihnen:

- Clark Gable bekam in seinen ersten Jahren in Hollywood nur kleine Rollen und musste sich von einem bedeutenden Filmproduzenten anhören, er hätte nicht das Zeug für eine wirkliche Hauptrolle. Später spielte er eine der wichtigsten Figuren der Filmgeschichte: Rhett Butler in *Vom Winde verweht*.

- Nelson Mandela verbrachte 27 Jahre im Gefängnis. Nach seiner Freilassung setzte er sich für das Ende der Apartheid in Südafrika ein. Er erhielt den Friedensnobelpreis und wurde bei der ersten freien Wahl in Südafrika zum Staatspräsidenten gewählt.

- Michael Jordan wurde auf der Highschool aus der Basketball-Mannschaft ausgeschlossen.

- Stephen King fand keinen Verlag für seine Romane, und ihm stand das Wasser bis zum Hals. Er arbeitete erst in einer Wäscherei und später als Lehrer und ärgerte sich so sehr über die vielen Ablehnungen, dass er sogar ein ganzes Manuskript wegwarf. Der Titel dieses Buches war *Carrie*. Seine Frau rettete es aus dem Mülleimer. Es wurde verfilmt und war der erste von vielen weltweiten Megabestsellern.

- Die ersten Arbeiten des amerikanischen Autors Dr. Seuss wurden von fast zwei Dutzend Verlagen abgewiesen. Nachdem er im 24. Versuch Erfolg hatte, verkauften sich seine Bücher in Millionenauflage und bereicherten das Leben von Kindern auf der ganzen Welt.

- Jerry Seinfeld wurde in seinen Anfangstagen als Komiker scharf kritisiert und schließlich zum Star einer der erfolgreichsten Fernsehkomödien aller Zeiten.

- Guglielmo Marconi lieh sich Geld von seiner Familie, um einen drahtlosen Telegrafen zu entwickeln. Man glaubte zu seiner Zeit, dass sich elektromagnetische Wellen nicht über den Horizont senden ließen, und so wurde er von der Wissenschaftsgemeinde belächelt. Es dauerte mehr als sechs Jahre, dann war Marconi der Erste, der Signale über den Atlantik schickte. Er gewann den Nobelpreis und wurde auf der ganzen Welt berühmt.

- Conrad Hilton wollte ins Bankwesen einsteigen, aber nachdem sein Angebot zum Kauf einer Bank abgelehnt wurde, erwarb er stattdessen ein Hotel. Nach und nach investierte er auch in weitere, die er bis auf eines in der Großen Depression der 1930er-Jahre wieder verlor. Er hatte so viele Schulden, dass sein Buchhalter ihn anflehte, Bankrott anzumelden. Er weigerte sich und baute in der Folgezeit eine millionenschwere internationale Hotelkette auf, die noch heute seinen Namen trägt.

Dies sind nur einige der unzähligen Geschichten von Menschen, die trotz großer und manchmal schier unüberwindbarer Schwierigkeiten weitergemacht haben. Wenn Sie sich weigern aufzugeben, kann sich Ihre eigene Geschichte zu den oben erzählten gesellen und Ihr Name steht neben dem von Albert Einstein. Er handelte entschlossen und ließ sich wie viele andere große Persönlichkeiten nicht durch Widrigkeiten von seinem Ziel abbringen.

Der Erfolgshase

In der Werbekampagne eines bekannten Batterieherstellers taucht ein kleiner pinkfarbener Spielzeughase auf, der immer wieder schwierige Situationen bewältigen muss. Unerschrocken zeigt der Hase in jeder Situation Ausdauer und lässt sich nicht unterkriegen.

Ihr Streben nach Erfolg sollte von der gleichen unerschrockenen Energie und Intention angetrieben werden. Nehmen Sie Ihre Träume und Wünsche wie dieser Hase in Angriff. Um Ihnen auf dem Weg zu helfen, möchte ich Ihnen ein paar Strategien vorstellen, die Sie für Ihren Erfolg berücksichtigen sollten.

- **Was auch geschehen mag, gehen Sie niemals in Selbstzweifeln unter.** Wenn Sie wirklich Erfolg haben wollen, ist kein Platz für Unsicherheit und Selbstkritik. Ihr Bewusstsein und Ihre Schwingung müssen eine vertrauensvolle Entschlossenheit aufweisen – wie lange es auch dauern mag.

- **Denken Sie immer daran, dass Ihr Erfolg nicht von einem einzelnen Ereignis abhängt.** Bewerten Sie die Möglichkeit oder Sache allein nicht zu hoch, denn dadurch kann eine Energie der Verzweiflung entstehen, die das gewünschte Ergebnis abstößt. Es gibt immer Alternativen, also wählen Sie eine und machen Sie weiter.

- **Seien Sie geduldig.** Setzen Sie Ihre Pläne Schritt für Schritt um, und genießen Sie, was Sie tun. Ihre gelassene und ausdauernde Energie wird mehr zu Ihrem Erfolg beitragen als jedes einzelne Ziel.

- **Machen Sie Ihre Selbstakzeptanz nicht von äußeren Dingen abhängig.** Hören Sie auf, sich mit anderen zu vergleichen und neidisch auf sie zu sein, dadurch machen Sie sich nur klein und werden für andere unattraktiv.

- **Überbewerten Sie es nicht, wenn etwas schiefgeht. Konzentrieren Sie sich lieber auf das, was gut läuft, und lassen Sie es sich vervielfachen.** Lassen Sie das los, was nicht funktioniert, und gehen Sie entschlossen weiter Ihren Weg.

- **Leben Sie in Dankbarkeit.** Erkennen, würdigen und genießen Sie, was Sie im Leben haben. Wenn sich Unzufriedenheit breitmacht, können Sie sich umschauen und etwas wahrnehmen, was Ihnen Zufriedenheit gibt.

- **Erstellen Sie einen Zeitplan, aber setzen Sie sich keine zeitlichen Grenzen.** Geben Sie nicht gleich auf, wenn etwas ein wenig länger dauert; machen Sie unbeirrt weiter.

- **Bedauern Sie nichts.** Jegliches Wunschdenken in Bezug auf die Vergangenheit verstärkt nur Ihre Zurückhaltung in der Gegenwart. Hören Sie auf, über alte Fehler zu grübeln, und blicken Sie nach vorn.

- **Lassen Sie Ihre Bequemlichkeit hinter sich.** Gehen Sie Risiken ein – machen Sie etwas Neues, Anderes, Kühnes. Lassen Sie Ihre Ängste los, und ergreifen Sie eine Gelegenheit beim Schopfe.

- **Betrachten Sie Ihre Rückschläge niemals als Versagen.** Viele Menschen sehen Rückschläge nur als Lehrgeld, das sie zahlen. Durch die Erfahrung, was nicht geht, finden Sie vielleicht heraus, was *geht* – und was Sie Ihren Zielen sogar noch näher bringt.

- **Seien Sie ehrlich zu sich selbst.** Schätzen Sie realistisch ein, was geändert werden muss. Veränderungen können in einem sicheren Rahmen stattfinden und zum Erfolg führen. Daher sollten Sie immer flexibel, offen und ehrlich sein.

- **Lassen Sie sich nicht entmutigen.** Nehmen Sie auftretende Probleme oder Rückschläge nicht zum Anlass, zu alten, begrenzenden Überzeugungen zurückzukehren. Das Universum ist Fülle und Überfluss, und es gibt eine Zukunft ohne Angst.

- **Zweifeln Sie nie daran, dass Sie Ihren Erfolg verdienen.** Was auch geschieht, Sie sind es wert, nur das Beste zu bekommen. Vergessen Sie dies nie, und tun Sie alles Nötige, damit Ihre Wünsche Wirklichkeit werden.

- **Geben Sie niemals auf.** Halten Sie durch – egal wie. Haben Sie Vertrauen, seien Sie offen für Überraschungen, und erwarten Sie ein Wunder. Besser noch: Seien Sie selbst das Wunder!

Ich hatte einmal eine Freundin, die in ihrem Garten Bambus anpflanzte, eine Pflanze, die nur sehr langsam wächst. Zuerst breiten sich die Wurzeln unter der Erde aus, und erst viel später erscheint dann auch die eigentliche Pflanze an der Oberfläche. Meine Freundin ging absolut gewissenhaft vor, wässerte geduldig den Boden, entfernte das Unkraut und sprach sogar mit dem Bambus, um ihm beim Wachsen zu helfen.

Familie und Freunde dachten, sie sei verrückt, denn sie tat dies vier Jahre, ohne ein sichtbares Ergebnis zu erzielen. Sie waren der Ansicht, meine Freundin kümmere sich um ein leeres Stück Garten, und verstanden nicht, warum sie nicht einsehen wollte, dass die Pflanze offensichtlich eingegangen war. Aber sie ließ sich nicht beirren, denn sie kannte die speziellen Ansprüche, die der Bambus hatte.

Im fünften Jahr schließlich sprossen die ersten Knospen. Tatsächlich wuchs die Pflanze innerhalb von einem Jahr um fünfzehn Meter! Die ganze Zeit über hatte meine

Freundin den Bambus herangezüchtet, sodass er starke Wurzeln entwickelte, die dann in der Lage waren, sein schnelles Hochschießen aufzufangen.

Mit Ihrem Erfolg sollten Sie genauso sorgfältig umgehen. *Die Arbeit, die Sie im Moment tun, lässt die Wurzeln wachsen, die der Größe Ihres Erfolgs entsprechen.* Haben Sie Geduld, und lassen Sie sich nicht aus der Ruhe bringen. Wenn Sie ein tragfähiges Fundament errichten, wird der Erfolg sich einstellen und für jedermann sichtbar sein.

Affirmationen für unermüdliche Ausdauer

- Was es mich auch kostet, ich habe genug Ausdauer.

- Ich bin standhaft, aber gleichzeitig flexibel, entschlossen und engagiert. Ich verfolge meine Ziele – was auch geschieht.

- Jede Herausforderung ist eine neue Gelegenheit. Ich erneuere jedes Mal meine Entschlossenheit und meine Zielstrebigkeit.

- Während ich mein Ziel ansteuere, bewerte ich die Situation ständig neu und nehme die nötigen Anpassungen vor. Was auch geschieht, ich lasse mich nicht von meinem Weg abbringen.

- Ich lasse meine Ungeduld los. In kultiviere die innere Haltung des Erfolgs in allem, was ich tue. Ich vertraue und gehe meinen Weg.

Der richtige Weg zum Erfolg

Wenn wir in größerer Harmonie mit den universellen Gesetzen der Anziehung leben, fühlen wir, wie sich unser energetischer Zustand verändert. Wir stellen fest, dass sich auch unser Bewusstsein weiterentwickelt und sich unsere äußeren Lebensumstände mit der Zeit entsprechend anpassen. Die wichtigste Transformation besteht jedoch in der Veränderung der emotionalen Qualität unserer Erfahrung und in der tiefgreifenden Freude, die unser Leben durchdringt.

Die Veränderung unserer inneren Einstellung und des entsprechenden Energiezustands erzeugt einen Dominoeffekt in Bezug auf das, was wir manifestieren. Wir verändern unsere Wahrnehmung und werden glücklicher, wodurch sich unsere persönliche Schwingung ebenfalls verändert und andere Dinge und Umstände anzieht. Die wichtigste Voraussetzung für eine kontinuierliche und erfolgreiche Manifestation unserer Wünsche ist demnach unsere feste Absicht, im Hier und Jetzt glücklich zu sein. Wir müssen schon jetzt der Erfolg *sein*, den wir anstreben, und mit der Freude leben, die wir mit dem Erreichen unseres Ziels verknüpfen. Warten Sie also nicht länger; erkennen Sie, dass das Leben ein fröhliches Abenteuer ist – selbst in diesem Moment.

Mit einem fröhlichen und erfolgreichen Bewusstsein leben

Der richtige Weg zum Erfolg

Das Leben ist nur dann heiter und unbeschwert,
wenn unser Blick nicht gesenkt ist. Dies ist eine
aufregende Welt. … hinter der nächsten Ecke
erwarten uns großartige Momente.
Richard M. DeVos

Wie ist Ihr Tag verlaufen? Waren Sie glücklich und zufrieden? Wenn nicht, was glauben Sie, ist notwendig, damit Sie sich glücklich und zufrieden fühlen? Nehmen Sie sich jetzt ein paar Minuten Zeit, um diese drei Fragen in Ihrem Tagebuch zu beantworten. Seien Sie ehrlich mit sich, da Ihr Erfolg von Ihren Antworten abhängen kann.

Vielleicht denken Sie, dass mehr Geld, mehr Besitz oder eine Liebesbeziehung Sie glücklich machen würde. Oder Sie glauben, dass Ihnen ein neuer Job oder ein völlig neuer Beruf die Freude und Erfüllung bringen wird, nach der Sie suchen. Aber seien Sie vorsichtig! Diese Gedanken geben Ihnen nur ein schlechtes Gefühl und sabotieren hier und jetzt Ihren Energiezustand und Ihre Intention. Das Paradox ist klar: Unsere Vorstellung von dem, was wir brauchen, um zufrieden zu sein, verhindert in Wirklichkeit, dass wir in diesem Moment Glück und Freude empfinden. Stattdessen erzeugen wir ein leeres, schmerzhaftes Bedürfnis, das die ersehnten Dinge daran hindert, zu uns kommen.

✳ Verwechseln Sie nicht das Erreichen von Wohlstand und materiellen Gütern mit dem Glücklichsein. Energetisch gesehen kann uns Geld nicht froh machen. Nur unser gegenwärtiges Glück bringt uns Fülle und Überfluss! Die Freude, die wir bereits im Leben haben, zieht die Dinge an, die uns noch mehr Vergnügen bereiten. Dies ist in Wirklichkeit eine gute Nachricht, denn mit dieser Einstellung müssen wir nicht länger darauf warten, irgendwann einmal glücklich zu sein. Wenn wir ein Erfolgsbewusstsein erzeugen wollen, dürfen wir es nicht länger hinausschieben, unser Leben zu genießen.

Für manche klingt dies wie harte Arbeit, denn sie wissen nicht, wie sie wirklich glücklich sein können – sie haben es weder in ihrer Kindheit noch als Erwachsene gelernt. Für diese Menschen wird Unglücklichsein zum Lebensstil, und so seltsam es auch klingt, die Gewöhnung an diesen Zustand erzeugt seine eigene verrückte Behaglichkeit. Das selbsterzeugte Elend scheint der Weg des geringsten Widerstands zu sein, aber in Wahrheit bedarf es mehr Energie und Anstrengung, einen unzufriedenen Lebensstil aufrechtzuerhalten, als zu lernen, wie man glücklich und zufrieden sein kann.

Wir sollten unser Glücklichsein niemals daran koppeln, dass wir unsere Ziele erreichen. Viele Menschen sehnen sich jedoch so sehr nach materiellen Dingen, dass sie sich nicht vorstellen können, glücklich zu sein, ohne dass sie das bekommen, was sie sich wünschen. Dies ist eine kindliche und emotional unreife Haltung gegenüber dem Leben. Es ist die Erwachsenenversion des Kindersatzes: »Ich nehme jetzt meinen Ball und gehe nach Hause.« Wenn wir nicht bekommen, was wir haben wollen, und nicht am Spiel teilnehmen, isolieren wir uns vom universellen Strom und empfinden nicht das Glück, das wir fühlen könnten, wenn wir einfach loslassen und den Moment genießen.

Ich erinnere mich an ein Erlebnis, das ich einmal mit meinem Neffen hatte, als dieser drei Jahre alt war. Ich hatte ihn mit ins Restaurant genommen und während wir auf das Essen warteten, holte er seine Figuren heraus, die er immer bei sich trug für den Fall, dass er mit ihnen spielen wollte. Dazu gehörten ein paar Monster und andere wilde Kreaturen, aber auch ungefähr ein Dutzend Power Ranger in unterschiedlichen Farben und Größen aus der gleichnamigen Fernsehserie.

Als er anfing, die Power Ranger zum immerwährenden Kampf gegen das Böse aufzustellen, wurde er plötzlich ganz traurig und runzelte die Stirn. Er verschränkte die Arme und sagte: »Ich habe keine Lust zum Spielen.« Als ich ihn fragte, warum nicht, meinte er nur, er habe seinen roten Power Ranger zu Hause vergessen. Ich erwiderte zwar, dass die anderen Kämpfer genauso stark seien, aber er hatte keine Lust mehr, mit ihnen zu spielen.

Nach ein paar Minuten Schweigen sagte ich: »Okay, vergessen wir deine Figuren. Wollen wir ›Was mir gefällt‹ spielen?« Dabei erzählt man sich gegenseitig, was einem so richtig Spaß macht. Es fängt immer mit ziemlich normalen Dingen an, wie zum Beispiel Schneeballwerfen und Eisbecher mit Karamellsoße. Aber irgendwann landet man bei völlig verrückten Dingen wie »Rotz-Sandwiches« und »Spinnensuppe«.

Eigentlich liebte mein Neffe dieses Spiel, aber heute konnte er sich nicht dafür begeistern. Ich versuchte, ihn zu überreden, und sagte: »Komm schon, du spielst es doch sonst so gern. Wir können uns richtig ekelhafte Sachen einfallen lassen. Du wirst deinen Spaß haben!«

Er saß bloß da und schüttelte den Kopf. Schließlich sagte er: »Ohne meinen roten Power Ranger kann ich nicht glücklich sein!« Er trauerte lieber um etwas, was ihm fehlte, als sich über das zu freuen, was er hatte.

Überraschenderweise – und unglücklicherweise – ist diese Reaktion nicht auf Kinder beschränkt. Es gibt viele freudlose Erwachsene, die ähnlich empfinden. Wenn sie nicht genau das bekommen, was sie haben wollen, weigern sie sich schlichtweg, überhaupt glücklich zu sein. Die Version lautet bei ihnen ungefähr: »Wenn ich keinen Ehemann habe, wie kann ich dann mein Leben genießen?« oder: »Wenn ich nicht das Geld besitze, das ich haben möchte, werde ich niemals glücklich sein.«

Warum fällt es uns so schwer, uns an unseren Erfahrungen zu erfreuen? Warum geht es uns in den reichsten Kulturen und einer der wohlhabendsten Perioden in der Geschichte der Menschheit so schlecht? Die Antwort steckt in zwei wichtigen Entscheidungen, die wir gewöhnlich treffen. Die erste besteht darin, etwas nicht wertzuschätzen, sondern zu beurteilen. Hierdurch öffnet sich eine Kluft zwischen der Glückserwartung und der tatsächlichen Erfahrung von Glück.

Der zweite Irrtum besteht darin, neidisch statt dankbar zu sein. Diese innere Einstellung kann chronisch werden und uns sehr schwächen, weil wir uns nur noch auf das konzentrieren, was andere Menschen haben. Der ständige Ärger darüber, was uns fehlt, nagt an unserem Glücksgefühl und frisst es schließlich auf.

Die Kluft zwischen Alltag und Glücksmoment

Wir neigen dazu, Spaß und Freude in außergewöhnlichen Aktivitäten zu suchen, und sehen oft nicht, dass uns
auch normale, alltägliche Dinge Freude bereiten können.
Dies erzeugt eine immer größer werdende Kluft zwischen
unserer langweiligen Alltagsroutine und den glücklichen
Erfahrungen, die wir in »besonderen« Momenten machen. Denken Sie an das Bewusstsein, das Sie dadurch in
Ihrem täglichen Dasein erschaffen. Wenn wir nur das
Ungewöhnliche feiern und kein Vergnügen in normalen
Dingen finden, führt dies zwangsläufig dazu, dass wir uns
die meiste Zeit innerlich leer fühlen.

Eine Kluft zwischen alltäglichen Erfahrungen und besonderen Glücksmomenten existiert dann, wenn wir die
scheinbar endlosen Aufgaben und Verpflichtungen des
Alltags gering schätzen und nicht glauben, dass wir auch
an ihnen Spaß und Freude haben können. Mit dieser
Einstellung kann man im Leben nur eine Last sehen. Die
selbsterzeugte, negative Annahme macht uns garantiert
unglücklich und sendet dabei eine trübsinnige Schwingung aus, die unsere Situation nur noch schwieriger
macht.

Wir können glücklich sein, indem wir *alle* Erfahrungen
schätzen, die wir im Leben machen. Wir können an alles
mit einer frischen, leichtherzigen und spielerischen Haltung herangehen – auch an unsere tägliche Routine. Es
darf sich dabei natürlich nicht um eine vorübergehende

Priorität handeln, sondern sollte Teil einer übergreifenden Intention sein, mit der wir am Morgen und am Abend gezielt Wertschätzung und Dankbarkeit ausstrahlen, unabhängig davon, wie der Tag im Einzelnen verlaufen wird beziehungsweise ist.

Es ist an der Zeit, die Kluft zwischen alltäglichen Erfahrungen und speziellen Glücksmomenten zu schließen und sich an jedem Augenblick zu erfreuen, denn auf diese Weise werden alle Erfahrungen zu etwas Besonderem. Wir sollten im Leben niemals eine Last sehen, sonst erzeugen wir eine dunkle Energie, auf die das Universum unmöglich positiv antworten kann. Betrachten Sie, was Sie tun, aus einer völlig neuen Perspektive, und seien Sie sich bewusst, dass es genug Gelegenheiten gibt, um Glück und Zufriedenheit zu erfahren. Tun Sie stets, was einen Wert für Sie hat und Ihnen etwas bedeutet – auch hier und jetzt schon.

In der östlichen Philosophie gibt es ein Sprichwort: »*Vor der Erleuchtung: Holz hacken und Wasser tragen. Nach der Erleuchtung: Holz hacken und Wasser tragen.*« Dies bedeutet nichts anderes, als das ganze Leben als eine Meditation zu betrachten, als eine Möglichkeit, selbst in den unscheinbarsten Dingen Frieden und Schönheit zu entdecken. Dies ist der ultimative Ausdruck von Wertschätzung und Dankbarkeit; durch ihre Energie entsteht ein fließendes Bewusstsein, das das gegenwärtige Gefühl der Zufriedenheit als den größten Erfolg betrachtet. Eine andere östliche Spruchweisheit drückt diese innere Haltung gut aus:

Wenn du nur noch zwei Geldstücke besitzt,
kaufe mit dem einen Brot für den Magen,
mit dem anderen Hyazinthen für die Seele.

Hyazinthen sind meine Lieblingsblumen, jedes Jahr erfüllen sie das Haus mit dem süßesten Frühlingsduft. Es ist erstaunlich, wie eine solche Kleinigkeit so viel Freude und Dankbarkeit erzeugen kann. Doch wir können uns auch unabhängig von der Jahreszeit umsehen und uns fragen: *Was erfreut meine Seele?* Denken Sie an die wunderbare Energie, die Sie erzeugen, wenn Sie in einer Haltung zufriedener Wertschätzung leben. Die Resonanz auf Ihr inneres Glück wird völlig unwiderstehlich sein.

Die Kluft zwischen alltäglichen Erfahrungen und besonderen Glücksmomenten erzeugt eine starke Polarisierung in unserem Leben. Sie bewirkt ein chronisches Alles-oder-Nichts-Denken, das uns glauben lässt, wir seien in einer bedeutungslosen Leere gefangen, wenn wir gerade keinen guten Augenblick erleben. Wir sollten uns immer daran erinnern, dass wir uns nur in der Gegenwart wirklich freuen können – unabhängig davon, was wir gerade tun.

Diese Kluft zu schließen bedeutet nicht, dass wir in jedem Moment unseren körperlichen Gelüsten nachgeben. Es ist vielmehr eine tiefe Zufriedenheit, die einer grundlegenden Wertschätzung des Hier und Jetzt entspringt. Wirkliches Glück ist eine Entscheidung und nichts, was uns zufällig zustößt. Indem wir uns dafür entscheiden, gut gelaunt und fröhlich zu sein, erzeugen wir eine Schwingung, die dieses Gefühl immer und überall aufrechterhält.

In der Londoner U-Bahn gibt es ein Schild, auf dem steht: »Mind the gap!« Es warnt die Menschen vor dem Spalt zwischen Bahnsteig und Zug. Für uns ist es Zeit, auf die Lücke zwischen alltäglichen Erfahrungen und besonderen Glücksmomenten zu achten. Verpassen Sie nicht die Gelegenheit, Glück und Zufriedenheit zu erleben, indem Sie sich weigern, in jedem Tag ein herausgehobenes Geschenk zu sehen. Es ist Ihre Entscheidung: Sie brauchen nicht länger zu warten, sondern können ab sofort glücklich sein.

Das Salieri-Syndrom

Der Film *Amadeus* erzählt in fiktiver Form das Leben von Wolfgang Amadeus Mozart, und zwar aus der Sicht des Komponisten und Zeitgenossen Antonio Salieri. Die Geschichte handelt nicht nur von Mozarts Genie, wir erfahren auch viel über Salieris Leben. Dem Film zufolge wurde er am Wiener Hof umjubelt, beneidete aber Mozarts musikalisches Talent. Nach und nach wurde er immer besessener von der selbst inszenierten Konkurrenz und fühlte sich immer elender. Er glaubte, in seinen Kompositionen nicht mit der Schönheit von Mozarts Stücken mithalten zu können, und diese Überzeugung zerstörte seine Fähigkeit, glücklich zu sein.

Obgleich Historiker eine direkte Beziehung zwischen den beiden eher bezweifeln, ist die Geschichte eine großartige Metapher für das Elend, das viele Menschen heutzutage empfinden – nämlich aus einem Konkurrenzverhalten heraus neidisch auf die zu sein, die mehr haben. Dieses Gefühl scheint im Lauf der Zeit eher zu- als abzunehmen und sich in der ganzen Welt auf Menschen jeden Alters auszuweiten. Und tatsächlich, wenn immer mehr Menschen für alle anderen sichtbar zu Besitz und Wohlstand kommen, fragt man sich schon: *Warum nicht auch ich?* Aber das zu begehren, was andere haben, nagt an unserer Seele und führt zu einer chronischen, aggressiven Unzufriedenheit und damit zu einem

Bewusstseinsfilter, der unsere Erfolgsaussichten zunichtemacht.

Neid führt dazu, dass wir uns mit jenen vergleichen, die haben, was wir nicht haben. Die daraus resultierende Selbstverachtung führt zu Enttäuschung in der Gegenwart und zu Hoffnungslosigkeit im Hinblick auf die Zukunft. Das grundlegende Paradox besteht darin, dass die zwanghafte Konzentration auf den Mangel eben diesen nur noch verstärkt. Die negative Energie dringt in unser Bewusstsein und führt dazu, dass wir schließlich mit den emotionalen Auswirkungen konstanter Unzufriedenheit konfrontiert sind. Emotional, energetisch, in jeglicher Hinsicht ist Neid nichts weiter als ein Abgrund des Elends.

Ein altes Sprichwort sagt: »Wenn du in der Grube sitzt, hör auf zu graben.« Das ist ein guter Rat, wenn es um die erbärmliche Fallgrube des Neids geht. Wenn wir bereits das Gefühl haben, dass uns etwas fehlt, gräbt uns die Sehnsucht danach nur noch tiefer ins Loch. Indem wir unseren Fokus verändern, können wir dieser Falle jedoch entkommen. Da sich das verstärkt, worauf wir unsere Aufmerksamkeit richten, sollten wir uns lieber nicht länger mit den Dingen beschäftigen, die andere haben und wir nicht. Unser zwanghafter Fokus darauf, was andere besitzen, erzeugt in Wirklichkeit die Schwingung, die ihnen – und nicht uns – noch mehr gute Dinge beschert.

Stattdessen können wir in aller Ruhe beobachten, wie andere leben, und uns für sie freuen. Noch wichtiger: Wir sehen, was *wir* haben, und können mit uns selbst zufrieden sein. Wir brauchen nicht länger zu glauben, dass wir mehr brauchen, um glücklich zu sein. Wir können begreifen, dass wir umso mehr bekommen, je mehr Freude wir in unser Leben einziehen lassen. Es sind unsere Überzeugungen, nicht unsere materiellen Güter, die uns Glück und Zufriedenheit bringen.

Wenn wir unglücklich sind, liegt dies nicht daran, dass wir nicht den richtigen Job, das richtige Auto oder das richtige Haus hätten. Vielmehr besitzen wir nicht die richtige Überzeugung oder innere Einstellung. Wenn wir uns umschauen und deprimiert sind, müssen wir nicht unsere Lebensumstände ändern, sondern nur die Bedeutung, die wir der jeweiligen Situation geben. Wir sollten hier und jetzt von Grund auf dankbar für das sein, was wir bereits *haben*.

Diese Veränderung unseres energetischen Zustands ist ein wichtiger Schritt, um ein Erfolgsbewusstsein in uns zu erzeugen. Wir dürfen nicht länger Gefangene unserer Konkurrenzgefühle sein und sollten aufhören, uns als Opfer unserer Sehnsüchte und unseres Mangels zu betrachten. Wir müssen nicht dem selbstzerstörerischen Glauben anhängen, nur materielle Dinge machten uns glücklich. Wir besitzen die Macht, nicht länger neidisch zu sein und das Salieri-Syndrom abzustreifen. Wir haben die Option, die Gegenwart zu genießen und die Kluft zwischen alltäglichen Erfahrungen und besonderen Glücksmomenten zu schließen. Es ist Zeit, das verzweifelte Streben, die Beurteilungen und den ewigen Konkurrenzkampf loszulassen und zu verstehen, dass wir nur im gegenwärtigen Moment wirklich glücklich sein können.

Der Glücksfaktor

Unser Bewusstsein ist immer im Prozess der Schöpfung. Wir müssen seine Energie zu den Gefühlen und Erfahrungen lenken, die wir uns wünschen, und nicht auf die

Verhältnisse, die wir hinter uns lassen wollen. Wenn wir uns auf unsere Probleme konzentrieren, ziehen wir nur noch mehr Probleme an. Besser richten wir unsere Aufmerksamkeit auf das, was wir uns wünschen. Wir sollten die positiven Resultate visualisieren und dabei hier und jetzt glücklich sein. Wir müssen uns also selbst aus dem Weg gehen und nicht länger das Glück leugnen und missachten, das wir bereits haben können. Wir sollten die guten Dinge in unserem Innern und in unserer Umgebung wahrnehmen und das Universum bitten, uns noch mehr davon zu schicken.

Erfolg resultiert daraus, wie wir unsere Entwicklung erleben – und zwar nicht nur die Verwirklichung unserer Träume, sondern auch die Bewältigung unseres Alltags. Hinter jeder persönlichen Suche steht der Wunsch, glücklich zu sein, und wirklicher Erfolg stellt sich erst ein, wenn wir jeden Tag glücklich sind. *Glück ist ein Faktor in der Gleichung und nicht ihr Produkt.* Wir sollten daher dem Leben freudig gegenübertreten, wenn wir unser Bewusstsein auf Erfolg programmieren wollen. Dieser Punkt ist so wichtig, dass wir zuerst auf diesem Gebiet erfolgreich sein müssen, bevor wir irgendwelche anderen Ziele anstreben.

Um Erfolg im Leben zu haben, müssen wir zwei Voraussetzungen erfüllen:

1. Wir sollten bereit sein, alles loszulassen, was unsere Energie unterdrückt und uns unglücklich macht. Die beiden wichtigsten Blockaden, die wir dabei überwinden müssen, sind Beurteilung und Angst vor der Zukunft. Wahres Glück kann nicht zusammen mit den Gedanken und Gefühlen existieren, die durch diese beiden hervorgerufen werden. Wir dürfen uns auf keinen Fall auf diese negativen Energien einlassen. Jedes Mal, wenn Sie sich dabei erwischen, etwas zu beurteilen, selbstkritisch zu sein oder eine Katastrophe zu prophezeien, sollten Sie sofort eingreifen. Wiederholen Sie: »Stopp. Loslassen. Atmen.« Wenn es möglich ist, können Sie die Worte laut aussprechen, aber es genügt auch, sie im Stillen zu sagen. Atmen Sie danach tief ein und aus, und lassen Sie den negativen Gedanken los. Tun Sie dies so oft wie nötig, bis Sie nicht mehr ängstlich oder beurteilend sind.

2. Wir sollten für die Gegenwart dankbar sein und gleichzeitig weiter an unseren Zielen für die Zukunft arbeiten. Diese Art von Dankbarkeit gründet sich darauf, dass wir den Wert unseres Lebens und unseres wahren Selbst auch in diesem Moment erkennen. Wir können weiter an der Verwirklichung unserer Träume arbeiten, aber wir können unseren Dank nicht zurückhalten und für ein Ereignis in der Zukunft aufsparen. Unser Dank muss *hier und jetzt* freigiebig, echt und bedingungslos sein.

In dem Buch *Der Zauberer von Oz* suchen Dorothy, die Vogelscheuche, der Löwe und der Blechmann verzweifelt nach der Smaragdstadt. Jeder hofft, dass ihn etwas anderes glücklich macht, und man hat ihnen erzählt, dass der große Zauberer, der dort lebt, ihnen alle Wünsche erfüllen kann. Als sie an ihrem Ziel ankommen, stellen sie fest, dass er ein ganz gewöhnlicher Mensch ist, der sich hinter Rauch und Spiegeln und einem kleinen, dünnen Vorhang versteckt.

In unserem Streben nach Erfolg suchen auch wir nach der Smaragdstadt. Wie Dorothy und ihre drei Freunde glauben wir, dass die Erfüllung unserer Wünsche in weiter Entfernung liegt und nur ein steiniger Weg dorthin führt. Wenn wir dieser Annahme auf den Leim gehen, begeben wir uns auf eine Reise, auf der wir uns mit den Tornados der Verzweiflung, den bösen Hexen des Ärgers und den geflügelten Affen unserer eigenen Angst auseinandersetzen müssen. Natürlich können wir diesen Weg für uns wählen, aber wir können uns auch genauso gut das zu Herzen nehmen, was Dorothy auf ihrer furchtbaren Reise gelernt hat: Die Lösung liegt – wie immer – in uns selbst. *Glücklichsein ist kein zukünftiges Ereignis, sondern etwas, wofür wir uns jetzt entscheiden können. Erfolg misst sich nicht im Erreichen bestimmter Ziele, sondern ist eine grundlegende Lebenseinstellung.*

Spaß haben auf dem Spielplatz des Universums

Aus einer spielerischen Einstellung heraus zu handeln unterstützt uns dabei, eine hohe Energie auszustrahlen. Verspieltheit ist eine leichtherzige und freudige Intention, die eine höhere geistige Schwingung erzeugt. Statt nur die endlose Plackerei zu sehen, die heute noch vor Ihnen liegt, können Sie das Ganze auch spielerisch angehen und Spaß und Freude dabei entwickeln. Lassen Sie die schreckliche Vorstellung los, Sie müssten Ihre Pflichten erfüllen. Welchen Energiezustand erzeugt eine solche Einstellung? Statt sich darüber zu beklagen, dass Sie die Wohnung putzen müssen, können Sie auch dankbar dafür sein, dass Sie überhaupt ein Zuhause haben!

- Erledigen Sie Ihre Aufgaben mit mehr Kreativität und Freude, und genießen Sie die Schönheit, die Sie umgibt. Hören Sie inspirierende Musik, kaufen Sie sich Blumen, tanzen und singen Sie bei der Hausarbeit. Denken Sie immer daran, dass Ihr täglicher Energiezustand Sie mehr als alles prägt – und damit Ihr Schicksal bestimmt.

Wenn Ihnen die Arbeit, die Sie gerade tun, absolut nicht gefällt und Sie ihr auch keine höhere Bedeutung geben können, sollten Sie Ihre Stimmung dadurch aufhellen, dass Sie an etwas Wunderbares aus der Vergangenheit denken oder gedanklich Ihre Dankbarkeitsliste durchgehen. Denken Sie an einen herrlichen Ort, eine schöne Zeit oder eine bestimmte Person, und spüren Sie erneut, wie eine innere Zufriedenheit Sie durchströmt. Tun Sie das, was Sie sich vornehmen, spontaner und spielerischer, und nehmen Sie die Dinge weniger ernst und weniger persönlich. Beziehen Sie nicht immer alles auf sich – besonders nicht die negativen Dinge.

Lassen Sie los, und erfreuen Sie sich am Leben! Wenn Sie mehr Spaß haben, werden Sie einen Unterschied in Ihrer inneren Haltung feststellen. Als ich das erste Mal spielerisch mit meinen täglichen Aufgaben umging, machte ich gerade die Wäsche. Diese Tätigkeit hatte ich schon immer als Last empfunden, daher wollte ich die Energie verändern, die ich mit ihr verband.

Es war niemand außer mir zu Hause, und so tanzte ich mit dem Korb in der Hand und fing an, mich mit den Wäschestücken zu unterhalten und sie zu fragen, ob sie irgendeine Idee hätten, wie mir die Arbeit mehr Spaß machen könnte. Ich sprach die Frage tatsächlich laut aus. Zum Glück antworteten sie nicht, aber es war irgendwie verrückt und machte Spaß, und so fuhr ich einfach fort damit. Ich erzählte ihnen, dass sie nun ein Bad nehmen und sich danach – sauber – sehr gut anfühlen würden.

Als ich die Kleidungsstücke später von der Waschmaschine in den Trockner beförderte, stellte ich fest, dass eine lilafarbene Socke fehlte. Ich hielt den Strumpf, den ich gefunden hatte, hoch und fragte ihn: »Was hast du getan, dass dein Partner dich verlassen hast? Ich habe gesehen, wie du dich in einen Schlüpfer gewickelt hast!«

Ich musste über meine Worte lachen. Da stand ich nun, machte die Wäsche und kicherte. (Natürlich war ich froh, dass meine Klienten mich in diesem Moment nicht sehen konnten.) Diese Erfahrung veränderte nicht nur jenen Tag, sondern transformierte meine grundlegende Einstellung zum Wäschewaschen und zu vielen anderen häuslichen Pflichten. Ich erkannte, dass ich viele vermeintlich langweilige Tätigkeiten nicht fürchten und verachten musste, sondern in Wirklichkeit genießen konnte. Auch wenn sich ein solches Verhalten vielleicht komisch anfühlen mag, kann es unseren Schwingungszustand von Grund auf verändern. Erlauben Sie sich also zur Abwechslung mal ein bisschen Spaß!

Die positive Energie des Humors

Lachen hat eine überaus attraktive energetische Schwingung, daher sollten wir niemals unseren Humor vergessen. Forschungen haben gezeigt, dass Lachen eine der wenigen Aktivitäten ist, die elektrische Impulse in allen Teilen des Gehirns anregen. Zusätzlich schärft es unser Denken, steigert unsere Kreativität, reduziert Stress, erhöht den Energiezustand und macht uns produktiver. Regelmäßig zu lachen erhöht den Serotonin-Spiegel und steigert unser Wohlbefinden. Außerdem strahlt es eine starke positive Energie aus.

Lassen Sie also alles los, was Sie bedrückt, und hauen Sie mal wieder so richtig auf den Putz! Entdecken Sie das kleine Kind, das in Ihnen steckt. Wenn es Ihnen nicht leicht fällt, wirklich glücklich zu sein, tun Sie am Anfang einfach so, als würden Sie sich freuen. Unser Gehirn nimmt den Unterschied nicht wahr, sondern produziert trotzdem Endorphine, die Ihre Stimmung heben und Ihre persönliche Schwingung erhöhen. Das Wichtigste dabei ist, dass sich auf diese Weise auch unsere Wahrnehmung verändert und unser Bewusstsein eine andere Realität erschafft. Lassen Sie also Ihre Hemmungen los, und riskieren Sie mehr Spaß und Freude. Lachen erfordert keine große Anstrengung, aber es zahlt sich wirklich aus, eine positive Einstellung zu haben und eine fröhliche magnetische Schwingung auszustrahlen.

Bei der Aufforderung, in jedem Moment unbeschwert zu sein, handelt es sich nicht um ein abgenutztes Klischee, es ist vielmehr eine reale energetische Kraft. Eine freudige innere Haltung erhöht unsere Resonanz und entspricht dem Gefühl, das wir durch unseren Erfolg erreichen wollen. Die richtige emotionale Schwingung ist die beste Voraussetzung dafür, dass wir unsere Ziele erreichen. Die universellen Gesetze sprechen eine klare Sprache: Unsere innere Einstellung gegenüber dem Leben bestimmt, wie unser Leben aussieht.

Wir haben die Wahl, unser Schicksal in die eigene Hand zu nehmen, indem wir uns dafür entscheiden, pessimistisch oder optimistisch zu sein, das Leben als stumpfsinnige Plackerei oder als kreatives Abenteuer zu betrachten – und diese Entscheidung jeden Tag viele Male zu treffen. Wenn wir positive Schwingungen aussenden, wird das Universum uns mit herrlichen Geschenken überhäufen. Wir sollten dabei allerdings immer im Hinterkopf haben: Ein Erfolgsbewusstsein entsteht dadurch, dass wir jeden Tag im Hier und Jetzt Optimismus, Selbstliebe und eine fröhliche Energie ausstrahlen.

Quantencharisma

Selbst in diesem Moment bestimmt unser Bewusstsein unsere Wirklichkeit – daran wird sich nie etwas ändern. Schaffen Sie sich also ein neues, erfolgreiches Selbstbild. *Seien* Sie dieses Bild – und glauben Sie fest daran! Halten Sie es sich klar und deutlich vor Augen, und schauen Sie es sich jeden Tag an. Wenn es kontinuierlich in Ihrem Bewusstsein Gestalt annimmt, wird es zu Ihrer neuen Realität werden. Der Weg zum Erfolg ist mehr als alles andere eine innere Reise. Unsere bewusste Wahrnehmung und unsere Schwingungen haben ihren Sitz oder besser: ihren Ursprung in unserem Innern. Alles nimmt tief in uns selbst seinen Anfang.

Wenn wir an Menschen mit Charisma denken, fallen uns bestimmte Merkmale ein. Sie haben diese gewisse Lebensfreude, von der all ihre Handlungen zeugen und die alle ansteckt. Sie haben einen hohen Energiezustand, verfügen über eine große Begeisterungsfähigkeit und strahlen in allem eine friedvolle Würde aus. Auch Sie können eine solche innere Haltung in diesem Moment einnehmen und dadurch die Richtung, in die Ihr Leben verläuft, komplett verändern. Unsere Entscheidungsfähigkeit ist letztlich das, was uns befreit, denn wir können innerlich in jedem Augenblick Freude, Frieden und Begeisterung wählen. Da unsere Anziehungskraft von unserem Energiezustand abhängt, ist dies die höchste Schwingung, für die wir uns entscheiden können.

Unsere innere Ausrichtung ist das Bestellformular im Katalog des Universums, denn unser Bewusstseinszustand macht deutlich, welchen Dingen wir Priorität geben. Ob unser Fokus auf Mangel oder auf unbegrenzten Überfluss ausgerichtet ist, das Universum wird unsere Bestellung auf jeden Fall ausführen. Deshalb sollten wir uns nie von Problemen in Beschlag nehmen lassen. Denken Sie immer an die mögliche Lösung, und bleiben Sie standhaft in Ihrem Entschluss, nur positive und konfliktfreie Gedanken zu zuzulassen. Ihre bloße Absicht wird Sie mit dem göttlichen Willen und dem universellen Strom verbinden.

Jede einzelne Veränderung, die wir vornehmen, verändert auch die Richtung unseres Bewusstseins, und selbst eine kleine Veränderung unserer Wahrnehmung kann eine große Veränderung in der Realität bewirken. Die Welt bietet endlos viele Möglichkeiten, und das große Quantenfeld aller Optionen steht bereit, uns unsere Träume zu erfüllen. Wir sollten daher aufhören, uns zu widersetzen, und uns lieber innerlich öffnen, um die Geschenke des Universums empfangen zu können. Es bedarf nur unserer gezielten, selbstbewussten Intention, um einen nie versiegenden Kanal zur Quelle jeglichen Erfolgs herzustellen.

Wenn wir uns mit den universellen Gesetzen verbinden, beginnen die Funken unseres Erfolgs zu fliegen. Es entsteht eine Luftströmung, die buchstäblich elektrisch ist. Unsere ungebrochen optimistische Energie, verbunden mit einer klaren, selbstbewussten Intention, ist unser Quantencharisma. Sie ist die wirkungsvollste Ursache einer erfolgreichen Manifestation. Diese pulsierende Kraft durchströmt uns in diesem Moment als das grenzenlose Potenzial, das uns die unsichtbare Welt anzubieten hat. Wenn Sie die Glückseligkeit und Schönheit entdecken, die sich jetzt und immer in Ihrem Innern befindet, sind Sie bereits erfolgreich und dankbar für jeden Moment.

Die gegenwärtige Glückseligkeit ist der Anfang und das Ende Ihres Erfolgs, und es wird Zeit, dass Ihre kühnsten Träume in Erfüllung gehen. Ihr Schicksal nimmt auf der energetischen Ebene bereits Gestalt an. Nehmen Sie die wunderbare Energie in Ihnen und um Sie herum wahr, dann wird es nicht lange dauern, bis sich eine Zukunft voller Wunder vor Ihnen ausbreitet.

Affirmationen für einen Bewusstseinszustand, der kontinuierlich Erfolg anzieht

- Jeder Moment meines Lebens ist etwas Besonderes. Freudige Dankbarkeit ist meine ständige Grundhaltung.

- Ich bin immer bereit, jeden negativen, ängstlichen und begrenzenden Schwingungszustand zu verändern. Meine optimistische Grundeinstellung und meine fröhliche Energie sind hier und jetzt mein größter Erfolg.

- Ich sehe in allem, was ich tue, eine Möglichkeit, erfolgreich zu sein. Ich lebe heute aus einer inneren Freude heraus.

- Ich bin zufrieden und glücklich und nehme das Leben nicht zu ernst. Ich lache, habe Spaß und gehe Risiken ein.

- Ich schätze mich und mein Leben. Ich bestärke mich und sehe, wo ich hier und jetzt erfolgreich bin.

Nachwort

Die Macht des Universums ist unsere Macht.
Das Licht des Universums ist unser Licht.
Die Energie des Universums durchströmt unser
ewiges Bewusstsein und inspiriert uns zu
wunderbaren Schöpfungen.

Wir erschaffen in diesem Moment unsere Zukunft, indem wir fleißig in unserer Schicksalsfabrik arbeiten und die Energie, Information und Erwartung produzieren, aus der sich das Fahrzeug unserer zukünftigen Erfahrung zusammensetzt. Unsere Zukunft kann eine Rostlaube sein, die ständig repariert werden muss, oder eine prachtvolle Luxuslimousine, die wie geschmiert läuft und uns an großartige Ziele bringt. Es hängt einzig und allein von uns ab, denn wir entwerfen, bauen und fahren unseren Wagen in jedem Moment unseres Daseins.

Aus diesem Grund sollten wir die Themen nicht vergessen, von denen dieses Buch handelt. Wir leben und bewegen uns in den ganz realen Mustern der energetischen Welt und sollten diesen Bereich daher nicht als unrealistisch abtun. Es macht keinen Sinn, immer im alten Trott weiterzumachen, wenn wir dadurch unseren Zielen und Wünschen keinen Schritt näher kommen.

Lassen Sie sich für den Veränderungsprozess so lange Zeit, wie Sie brauchen, und nehmen Sie dieses Buch auf Ihrem Weg zum Erfolg immer wieder zur Hand. Sie werden sehen, dass auf jeder Stufe andere Informationen einen Nachhall in Ihnen finden. Führen Sie weiter Tagebuch, und vergessen Sie nicht all die Kräfte, die Ihnen ständig zur Verfügung stehen. Drei von diesen Kräften sind ein absolutes Muss, wenn Sie die Zukunft, die Sie in diesem Moment erschaffen, anders gestalten wollen.

Die drei Schlüssel zu einem selbstbestimmten Leben

Alle Kräfte, die wir in diesem Buch besprochen haben, sind von großer Bedeutung, wenn wir unser Schicksal aktiv gestalten wollen. Dennoch gibt es drei fundamentale menschliche Eigenschaften, die wir nicht außer Acht lassen sollten. Tatsächlich sind sie so wichtig, dass wir sie uns jeden Tag vor Augen führen sollten – besser noch jede Stunde oder sogar öfter. Die folgenden Tipps werden Ihnen helfen, den größten Nutzen aus ihnen zu ziehen. Denken Sie in Ihrem Alltag immer an diese drei Schlüssel zu einem selbstbestimmten Leben: Bewusstsein, Energie und Intention.

Bewusstsein

Unser Bewusstsein erzeugt unsere Realität, und daher sollten wir dafür sorgen, dass unsere Wahrnehmung immer positiv ist. Es ist wichtig zu wissen, worauf wir in jedem einzelnen Moment unsere Aufmerksamkeit richten. Konzentrieren wir uns in unserem Leben darauf, was uns nutzt und Freude bringt, werden diese Erfahrungen zunehmen, und zwar in dem Maß, wie wir ihnen Priorität einräumen. Beherzigen Sie die folgenden Ratschläge, um auf dem richtigen Weg zu bleiben:

- **Seien Sie kein Bewusstseins-Zombie.** Nehmen Sie bewusst wahr, was Sie denken und wie Ihr Denken Ihre Zukunft beeinflusst. Nur *Sie* können das kontrollieren, was Ihnen bewusst ist.

- **Denken Sie daran, dass Sie immer die Möglichkeit zur bewussten Entscheidung haben.** Beschäftigen Sie sich niemals zwanghaft mit dem, was falsch läuft. Richten Sie Ihre Wahrnehmung eher darauf, was *richtig* laufen kann, und halten Sie nur an diesem inneren Bild fest.

- **Achten Sie darauf, dass Ihre Selbstwahrnehmung immer positiv ist.** Wenn Sie anfangen, sich selbst zu bemitleiden, sollten Sie an das neue, positive Selbstbild denken, das Sie sich geschaffen haben.

- **Nehmen Sie immer das wahr, was Sie haben, und nicht das, was Ihnen fehlt.** Vergessen Sie nie, sich selbst wertzuschätzen und die guten Dinge in Ihrem Leben anzuerkennen. Auf diese Weise manifestieren Sie zukünftigen Überfluss.

- **Führen Sie sich ständig Ihre Möglichkeiten vor Augen. Erschaffen Sie positive Bilder von sich selbst und von Ihrem Erfolg.** Blenden Sie diese Bilder mehrmals am Tag in Ihre Wahrnehmung ein. Achten Sie darauf, dass die Bilder klar, in strahlenden Farben und direkt vor Ihrem inneren Auge erscheinen. Atmen Sie tief ein und aus, und erleben Sie die Freude und Begeisterung, die von diesen Bildern ausgeht. Auf diese Weise kommt es zu realen Reaktionen in den neuronalen Verbindungen im Gehirn, Neuropeptide werden ausgeschüttet und so bewusste Erwartungen erzeugt.

- **Vergegenwärtigen Sie sich Ihre Erwartungshaltung.** Lassen Sie jeden pessimistischen Gedanken los, und blicken Sie optimistisch in die Zukunft. Erwarten Sie nur das Beste für sich, Sie werden sehen, wie es sich nach und nach manifestiert.

Energie

Wir übertragen und empfangen ständig Energie. Alles, was uns zustößt, ist eine Reaktion darauf, was wir in jedem Moment ausstrahlen. Selbst in diesem Augenblick senden unsere Gedanken, Überzeugungen und Emotionen spezielle Signale aus, die Auskunft darüber geben, wer wir sind und was wir in unserem Leben akzeptieren. Wenn wir erfolgreiche Situationen und die Menschen anziehen wollen, die uns dabei helfen, sie zu erschaffen, muss unsere eigene Schwingung positive Gedanken, Überzeugungen und Gefühle ausstrahlen.

- **Denken Sie daran, dass Sie in jedem Moment Ihren Energiezustand selbst erzeugen,** auch wenn Sie sich dieser Tatsache nicht bewusst sind. Erzeugen Sie daher, so oft es geht, Gedanken und Überzeugungen, die positive und attraktive Schwingungen anziehen.

- **Glauben Sie an sich selbst, motivieren und unterstützen Sie sich ständig.** Die Schwingung des Vertrauens fängt bei der Selbstachtung an. Wenn Sie Gedanken hegen oder Aktivitäten nachgehen, die Ihrem Selbstwert schaden, laden Sie andere dazu ein, das Gleiche zu tun. Die Schwingung des Erfolgs befindet sich nie in Resonanz mit der des Selbstzweifels, daher sollten Sie jeden Tag den Glauben an sich selbst erneuern.

- **Seien Sie optimistisch.** Eine pessimistische Grundeinstellung hat absolut keinen energetischen Nutzen. Was auch in Ihrem direkten Umfeld geschieht, Sie können immer über die Probleme hinausschauen und sich dafür öffnen, die richtigen Lösungen zu empfangen. Denken Sie daran, wie gut die Dinge laufen könnten, und handeln Sie entsprechend.

- **Finden Sie Ihre wirkliche Bestimmung.** Ein Teil Ihrer Mission besteht darin, sich bewusst mit dem höheren Selbst zu verbinden, damit Sie mehr darüber erfahren, wer Sie sind und warum Sie hier sind. Wenn Sie beides herausgefunden haben, sollten Sie auf der Grundlage dieser Erkenntnis leben.

- **Konzentrieren Sie sich auf die Gegenwart.** Energetisch gesehen liegt Ihr Kraftzentrum im gegenwärtigen Moment. Vergessen Sie nicht, dass Sie jederzeit die Möglichkeit haben, Ihr Bewusstsein und Ihren Energiezustand zu verändern. Selbst wenn Sie eben noch voller

Negativität waren, können Sie sich jetzt für eine andere Schwingung entscheiden. Vergeben Sie sich, und lassen Sie die Vergangenheit los. Nutzen Sie die Kraft der Gegenwart, um eine positive Zukunft aufzubauen.

- **Praktizieren Sie Liebe und Dankbarkeit.** Liebe und Dankbarkeit sind die beiden attraktivsten Energien, die Sie überhaupt ausstrahlen können. Lieben Sie die Menschen, mit denen Sie zusammen sind, und schätzen Sie die Projekte, an denen Sie teilhaben. Seien Sie dankbar für alles, was Sie innerlich und äußerlich besitzen. Wenn Sie die Dinge in Ihrem Leben wertschätzen und dankbar für sie sind, ziehen Sie sogar noch mehr anerkennenswerte Dinge an.

Intention

Unsere Intentionen dirigieren unser Bewusstsein und unsere Energie und bestimmen auf diese Weise unsere Ziele im Leben. Wahrer Erfolg kommt niemals durch Angst zustande, sondern nur durch echte Beweggründe. Wenn wir unsere Ziele verfolgen, um ein sinnvolles und glückliches Leben zu führen, werden unsere Intentionen das freigiebige Universum dazu veranlassen, uns in jeder nur erdenklichen Weise zu unterstützen.

- **Machen Sie Ihr Glück, Ihr Selbstwertgefühl oder Ihre Identität niemals davon abhängig, dass Sie Ihre Ziele erreichen.** Auf diese Weise erzeugen Sie sonst garantiert Dringlichkeit und Verzweiflung, zwei überaus schädliche Energiezustände, die alles abstoßen, was zur Verwirklichung Ihrer Träume führt.

● **Überlegen Sie sich Ihre Intentionen genau – und zwar in Bezug auf Ihre beruflichen Ziele und Ihre täglichen Aktivitäten.** Reflektieren Sie, warum Sie bestimmte Dinge tun, und fragen Sie sich dann, ob Ihre Intention jedes Mal echt ist oder auf Angst beruht. Wenn Letzteres zutrifft, können Sie entweder Ihr Tun oder den Grund für Ihr Handeln verändern.

● **Achten Sie darauf, dass Ihre Intentionen nicht in Konflikt miteinander geraten.** Wenn Sie in einer bestimmten Sache nach Erfolg streben, sollten Sie sich sicher sein, dass Sie diesen Erfolg auch wirklich wollen. Machen Sie sich außerdem klar, dass sie ihn verdienen, und glauben Sie an seine Erreichbarkeit. Blockieren Sie Ihre Bestellung beim Universum nicht durch widersprüchliche Überzeugungen und Zweifel.

● **Lassen Sie jede emotionale Bindung an Ihre Ziele los.** Befreien Sie sich von Bedürftigkeit, Druck und Verzweiflung; seien Sie geduldig und ausdauernd. Wenn Sie darauf achten, schon jetzt zufrieden zu sein, erreichen Sie schließlich das, wonach Sie sich sehnen.

● **Leben Sie jeden Tag mit bewusster Intention, und entscheiden Sie sich ebenso bewusst für Glück und Freude.** Handeln Sie aus einer klaren Intention heraus – ob Sie einer täglichen Routine nachgehen oder etwas tun, um Ihre Träume zu verwirklichen. Achten Sie darauf, dass Ihr Handeln eine Bedeutung für Sie hat und Sie entspannt und mit liebevoller Wertschätzung handeln.

● **Verbinden Sie sich jeden Tag gezielt mit dem liebenden Ursprung, der universellen Intelligenz, dem grenzenlos mitfühlenden göttlichen Herzen.** Je mehr Sie dies zu einem aktiven Teil Ihres täglichen Lebens machen, desto mehr wird Ihre Energie mit dem grenzenlosen Quantenfeld aller Möglichkeiten im Einklang sein.

Den Erfolg mit anderen teilen

Bewusstsein, Energie und Intention bestimmen zwar zusammen unseren persönlichen Erfolg, aber wir sollten nicht vergessen, dass unsere Schwingung in die Welt ausstrahlt und das gemeinsame Schicksal der Menschheit beeinflusst. Die nichtlokale Natur dieses Einflusses bedeutet, dass wir überall etwas bewirken. Tatsächlich haben unsere höheren Intentionen eine genauso große Wirkung auf den Erfolg unserer Art, wie sie eine Wirkung auf unser eigenes Leben haben.

Jede Schwingung, die wir aussenden, bewegt die gesamte Menschheit in die eine oder die andere Richtung – und gibt den Ausschlag für Liebe und Erfolg oder für Hass und Zerstörung. Jeder verurteilende oder negativ-selbstkritische Gedanke verstärkt die Negativität der Welt, während der Fokus auf Mitgefühl und Fürsorge zur positiven Gesamtschwingung beiträgt. Schon die Intention, den Kampf im eigenen Geist zu beenden, wirkt sich darauf aus, den Konflikt an einem anderen Ort zu beenden. Dies ist die unleugbare Realität, die durch das M-Feld des gemeinsamen Bewusstseins geschaffen wird: Was wir denken, fühlen und tun, wirkt sich ständig auf unsere gesamte Art aus und bestimmt mit, was nah und fern geschieht. Wenn jeder von uns lernt, mit einer liebevolleren Frequenz zu schwingen, erschaffen wir uns nicht nur selbst ein besseres Schicksal, sondern tragen auch zu einer höheren Schwingung im Energiezustand der Menschheit bei.

Gute Schwingungen

Vergessen Sie nie Ihre positive Grundhaltung zum Leben. Gehen Sie in allem, was Sie denken und tun, von optimistischen, unsere Entwicklung fördernden Möglichkeiten aus. Fangen Sie mit den Affirmationen an, die am Ende jedes Abschnitts stehen, und fügen Sie später Ihre eigenen hinzu. Denken Sie daran, dass jeder gegenwärtige Moment eine energetische Entscheidung von uns erfordert. Wir sollten daher immer das wählen, was uns selbst, unsere Ziele und die Welt als solche positiv unterstützt. Nutzen Sie daher jede Möglichkeit zur bewussten Selbstbestimmung, und das Universum wird auf wunderbare Weise darauf antworten.

Tun Sie dies alles bitte nicht als idealistische Fantasiegebilde ab; es handelt sich um wissenschaftliche Tatsachen, die wir nicht ignorieren sollten. Unsere Frequenz durchdringt unaufhörlich jede einzelne Körperzelle und bestimmt jede Erfahrung, die wir machen. Wir haben ständig die Möglichkeit, auf einer höheren, positiveren Frequenz zu schwingen, und können uns in jedem Moment dafür entscheiden. In diesem Moment können Sie die Entscheidung treffen, die Ihr Leben für immer verändert – also entscheiden Sie sich für eine innere Haltung, die von Begeisterung und freudiger Erwartung erfüllt ist. Lassen Sie Ihren alten, ungesunden Energiezustand hinter sich, und schwingen Sie mit neuem Selbstvertrauen im Angesicht der unbegrenzten Möglichkeiten, die uns diese Welt bietet. Leben Sie mit der Vorstellung einer wunderbaren Zukunft, und es wird nicht lange dauern, bis diese Zukunft zu Ihrer Wirklichkeit wird. Sie bestimmen Ihr Leben in jedem Moment selbst. Seien Sie die Glückseligkeit, nach der Sie sich sehnen, und unbeschreibliche Schönheit und unermessliche Geschenke werden Ihnen zuteil werden.

Dank

Mein besonderer Dank gilt ...

... zunächst dem göttlichen Bewusstsein, das allen Dingen innewohnt und alles mit seiner Liebe durchdringt.

... meiner lieben Familie: Sarah Marie Klingler, Benjamin Earl Taylor jr., Vica Taylor, Jenyaa Taylor, Sheri Klingler, Davin Staurbringer, Yvonne und Earl Taylor sowie Kevin und Kathryn Klingler.

... der Familie meines Herzens: Barbara Van Rensselaer, Marilyn Verbus, Ed Conghanor, Julianne Stein, Melissa Matousek sowie Tom und Ellie Cratsley.

... der wunderbaren Familie, die mir bei der Veröffentlichung geholfen hat: Louise Hay, Reid Tracy, Jill Kramer, Shannon Littrell, Jessica Vermooten, Jacqui Clark, Richelle Zizian, Christy Salinas, Charles McStravick und allen liebenswürdigen Mitarbeitern bei Hay House.

... meiner Bürofamilie: der unverzichtbaren Noreen Paradise und der unerschütterlichen Rhonda Lamvermeyer sowie Karen Gray Price, deren Arbeit ich zutiefst schätze.

... meiner spirituellen Familie: Anna und Charles Salvaggio, Ron Klingler, Rudy Staurbringer, Flo Bolton,

Flo Becker, Tony, Raphael, Jude und dem Heiligen Geist in allem Leben.

... zum Schluss: Ihnen, meinem Leser oder meiner Leserin. Danke für Ihr Licht in dieser Welt! Möge Gott Sie segnen und Ihnen Glück schenken.

Empfohlene Literatur

Dyer, Dr. Wayne: *Mit Absicht. Den eigenen Lebensplan verwirklichen*, Goldmann, München 2007.

Eden, Donna: *Energy Medicine. Balancing Your Body's Energies for Optimal Health, Joy, and Vitality*, Putnam, New York 1998.

Herbert, Nick: *Elemental Mind. Human Consciousness and the New Physics*, Penguin, New York 1993

Herbert, Nick: *Quantenrealität. Jenseits der neuen Physik*, Goldmann, München 1990.

Hicks, Esther und Jerry: *Wünschen und bekommen. Wie Sie Ihre Sehnsüchte erfüllen*, Ullstein, Berlin 2008.

Klingler, Sharon: *Intuition & Beyond. A Step-By-Step Approach to Discovering Your Inner Voice*, Random House, London 2002.

Collier, Robert: *The Law of Higher Potential*, Book of Gold, New York 1947.

Mullis, Kary: *Dancing Naked in the Mind Field*, Pantheon Books, New York 1998.

Pearce, Joseph Chilton: *The Biology of Transcendence. A Blueprint of the Human Spirit*, Park Street Press, Rochester 2002.

Pert, Candace: *Moleküle der Gefühle. Körper, Geist und Emotionen*, Rowohlt, Reinbek 2001

Talbot, Michael: *Jenseits der Quanten*, Heyne, München 1990.

Talbot, Michael: *Das holographische Universum. Die Welt in neuer Dimension*, Droemer Knaur, München 1994.

Wolf, Fred Alan: *The Spiritual Universe. One Physicist's Vision of Spirit, Soul, Matter, and Self*, Moment Point Press, Portsmouth 1999.

Wolf, Fred Alan: *Der Quantensprung ist keine Hexerei. Die neue Physik für Einsteiger*, Fischer, Frankfurt a. M. 1990.

Zohar, Danah: *The Quantum Self. Human Nature and Consciousness Defined by the New Physics*, Quill, New York 1990.

Die Autorin

Sandra Anne Taylor arbeitet seit 25 Jahren als psychologische Beraterin in eigener Praxis. Sie hält auf der ganzen Welt Vorträge über die energetischen Gesetze der Manifestation und die Quantenmechanik des Bewusstseins. Sie ist Mitbegründerin der Starbringer Associates, einer Agentur für Vortragsredner und Berater, die Audio-Seminare für persönliche und berufliche Weiterentwicklung anbieten.

Sie lebt zusammen mit ihrem Mann und ihren beiden Kindern, die sie aus Russland adoptiert hat, in Ohio. Sie ist Mitbegründerin der Forever Families Foundation, einer nichtkommerziellen Organisation, die Familien im Bereich der Adoption unterstützt. Sandra Taylor befürwortet die Adoption von älteren Kindern und Jugendlichen aus dem In- und Ausland. Sie ist die Koordinatorin für den Bundesstaat Ohio des Projekts »Hoffnung«, eines Sommerprogramms, das Waisenkinder an Adoptiveltern vermittelt.

Weitere informationen:
www.sandrataylor.net
www.starbringerassociates.com

Die Lebenshilfe-Klassiker von
Hermann Meyer

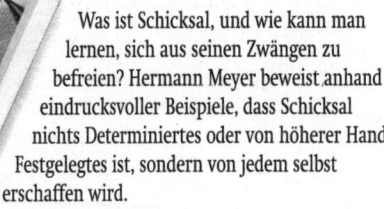

Was ist Schicksal, und wie kann man lernen, sich aus seinen Zwängen zu befreien? Hermann Meyer beweist anhand eindrucksvoller Beispiele, dass Schicksal nichts Determiniertes oder von höherer Hand Festgelegtes ist, sondern von jedem selbst erschaffen wird.

ISBN 978-3-442-21875-2

Den Traumpartner, wer hätte ihn nicht gerne? Hermann Meyer zeigt überzeugend, wie wichtig es ist, sich die eigenen problematischen Denk- und Verhaltensmuster vor Augen zu führen, um wieder frei zu sein für einen bewussten, kreativen Umgang in der Beziehung. Wer sich auf diesen Weg einlässt, wird auch den Partner anziehen, den er sich wünscht!

ISBN 978-3-442-21873-8